商业模式

Business Model

葛建新　主编

高等教育出版社·北京

内容简介

本书按照商业模式建构—商业模式创新—商业模式情境这一逻辑顺序展开。全书介绍了商业模式的概念和内容、商业模式设计要素和设计主题、不同企业成长阶段的商业模式设计，以及商业模式创新的焦点。同时，本书结合最新的商业实践，介绍了不同情境下的商业模式的设计思路、关键环节，包括共享经济、BOP市场、"互联网+"以及区块链情境下的商业模式问题。

本书适用于高等院校商科高年级本科生及研究生的教学使用。对于那些想了解创业及商业的最新实践，甚至想用新的方法去创业的非工商管理类学生与社会人士，本书也同样具有阅读价值。

图书在版编目（ＣＩＰ）数据

商业模式 / 葛建新主编. -- 北京：高等教育出版社，2020.9

ISBN 978-7-04-054277-6

Ⅰ.①商… Ⅱ.①葛… Ⅲ.①企业管理-商业模式-研究 Ⅳ.①F272

中国版本图书馆 CIP 数据核字（2020）第 104326 号

| 策划编辑 | 郭金录 | 责任编辑 | 郭金录 | 封面设计 | 张雨微 | 版式设计 | 于 婕 |
| 插图绘制 | 黄云燕 | 责任校对 | 王 雨 | 责任印制 | 赵义民 | | |

出版发行	高等教育出版社		网　　址	http://www.hep.edu.cn
社　　址	北京市西城区德外大街4号			http://www.hep.com.cn
邮政编码	100120		网上订购	http://www.hepmall.com.cn
印　　刷	鸿博昊天科技有限公司			http://www.hepmall.com
开　　本	787mm×1092mm　1/16			http://www.hepmall.cn
印　　张	12.5			
字　　数	280千字		版　　次	2020年9月第1版
购书热线	010-58581118		印　　次	2020年9月第1次印刷
咨询电话	400-810-0598		定　　价	38.00元

编委会主任

徐　飞

编委会副主任

刘志阳　周　斌

委　员
（按姓氏笔画排序）

于晓宇　王小华　邓　飞　邓汉慧　冯　林　邬爱其　刘彪文　杨　俊
林　嵩　赵　旭　贾建锋　夏清华　黄兆信　葛建新　靳景玉　蔺　楠

总前言

徐 飞

上海财经大学　常务副校长

教育部高等学校创新创业教育指导委员会　副主任

中国高等教育学会创新创业教育分会　理事长

新时代创新创业核心教材丛书编委会　主　任

著名智库卡夫曼基金会有观点显示,任何一个社会的进步都有两项基础性工程:一是教育,开启青年人心智,培养年轻人成长;二是创业,通过创业将思路变成出路,想法变成办法,企划变成现实。

诚然,教育和创业是全社会最值得关注的两大领域,在新时代尤其如此。当前,一方面中国社会面临以大数据、云计算、人工智能、量子通信、区块链等前沿科技为代表的第四次工业革命的新挑战;另一方面,中国创客、创客空间和众创空间契合了大众创业、草根创业的新浪潮以及万众创新、人人创新的新态势,大众创业、万众创新的"双创"行动,呈现出井喷式的大发展并走向全面升级的新时期。

在新科技革命和"双创"升级的双重背景下,高校作为知识的策源地和人才培养的主战场,必须积极回应时代的新要求。大学通过全面深化创新创业教育改革,提高服务国家创新发展水平,帮助更多的人加入到"双创"的社会变革大潮中,这是大学主动对接科技革命、产业变革和创新型国家建设的新使命和新担当。

从世界各国大学改革的实践看,很多大学将创新变革的企业家精神引入并根植于广大师生员工心中,在学校各项工作中充分体现创新精神、创业意识和创造能力,自觉走上"创业型大学"的发展道路。实际上,创业型大学已逐渐成为超越"研究型大学"的一种新的大学发展理念,强调大学在主动适应外部环境倒逼内部组织变革尤其是教育综合体制改革的同时,大学各个部门还要切实承担起促进经济发展、积极服务社会和国家的重任,这是创业型大学最重要的两项使命。

推进创业型大学建设,核心任务应该是将创新创业教育融入大学人才培养方案,重中之重是围绕人才培养新需求,组织编写适应时代新要求的体系化教材,《新时代创新创业核心教材系列丛书》正是回应这一新需求的产物。此《丛书》由中国高等教育学会创新创业教育分会联合有关高校,汇聚全国相关专家共同编写。其中,上海财经大学刘志阳教授主编《创业管理》,中央财经大学葛建新教授主编《商业模式》,重庆工商大学靳景玉教授与毛跃一教授主编《创业金融》,中南财经政法大学邓汉慧教授等人主编《创业风险识别与规避》。这四本书几乎涵盖了创业活动的主体内容,便于创业者从整体性上有重点地把握创业活动的关键环节,顺利有效地开展创新创业实践。

　　具言之,作为创业管理领域的综合性教材,《创业管理》一书从增强创业活动认知、提高创业管理能力出发,针对创业者在初创阶段可能遭遇的一系列障碍,配套相关创业理论和解决方法,让创业者和创业团队熟稔创业的基本步骤,洞悉创业的核心内容。同时,该书还紧密结合国内外最新创业动态,详细阐述精益创业、社会创业等全新创业思想,旨在引导创业者充分认识和了解创业领域的前沿内容。

　　《商业模式》详细描述了企业创造价值、传递价值和获取价值的基本原理,这些原理对创业主体创业实践的成功至关重要。该书按照商业模式"建构—创新—情境"的逻辑顺序展开,对不同情境下商业模式的设计思路和关键环节,以及共享经济、金字塔底层市场、"互联网+"、区块链等当今热门情境下诸多商业模式问题进行了深入探讨。该书十分注重理论解析,从学理上论证商业模式的依据与出处,重点介绍商业叙事和游说展示工具包等商业模式设计工具;与此同时,也非常强调理论运用和实操,关注不同商业模式的应用场景,特别是聚焦当前中国管理实践中的热点领域,向创业者提供不同情境下商业模式的设计内容。

　　毫无疑问,创业离不开创业投资的支持。《创业金融》在分析创业企业融资需求和融资途径的基础上,详细探讨创业投资机构的具体运作和投资选择,系统阐述创业投资的资金募集、投资运作机制、组织结构、管理机制和退出机制,力求使创业融资和创业投资能够达到共赢。换言之,既能够让创业者通过高质量的商业计划书引入高质量种子天使;同时,还有利于规范投资机构的创业投资,引导其合理配置资金,进而激发创业金融市场活力,带动社会创业经济发展。

　　通常,创业者大都创业经验不足。常言道,人们从失败中学到的教训,往往比从成功中学到的经验更宝贵、更真切、更深刻。《创业风险识别与规避》汇集了大量创业失败案例,通过分析这些真实的失败案例警示创业者避免重蹈覆辙。通过重点揭示创业过程可能出现的各种风险,包括创业者的自带风险、创业团队风险、创业财务风险、创业市场风险等,着重阐述创业风险识别和规避方法,致力于培养创业者的风险意识,引导创业者树立正确的创业风险观。须知,风险既是一种挑战,也是一种机会。正所谓风险酝酿机遇,危机孕育生机。

　　作为创新创业教育方面的系列教材,《新时代创新创业核心教材系列丛书》可供高等院校本科生、职业院校学生、部分MBA学生和社会创业人员使用。整体来看,《丛书》具有以下四个特点:

　　第一,聚焦创业前沿。《丛书》注重凝聚第四次工业革命浪潮下中国创新创业教育领域的最新教学成果、学术成果和创业实践成果。无论是理论呈现还是创业案例,都体现创新性、时代性和前沿性。

　　第二,突出理论阐释。《丛书》编写者都是全国知名高校具有丰富理论素养和实践经验的教授,有深厚的学术功底和理论积淀。他们注重将传统的故事化、经验型创业素材进行理论提升,致力为创业者提供坚实的学理支撑和智力赋能。

　　第三,注重案例引导。《丛书》在突出理论内容的同时,也注重案例引导,书中案例大都选自国内创新创业一线,具有很强的本土化特点和丰富鲜活的中国元素,具有较高的参考性、借鉴性和启发性,可供创业者研读和复盘。

第四，凸显系统配套。《丛书》每本书都配套了相应的在线视频、习题集和大量案例，可以让读者在全面领会掌握知识要点的同时，通过多样化的学习场景和学习方式，系统性地提高创新创业能力。

本质上，创新创业教育是向学生播撒创新创业精神的种子，而不是单纯的职业技能培训或创办企业前的辅导。因此，高校创新创业教育，最重要之处是充分激发学生内在的积极性、主动性和创造性，使他们把创新创业视为一种信仰，一份"志业"，成为融入他们骨髓和血脉内在生长的基因。在此基础上，构建由教师和学生组成的"学习共同体"，变单向教育为双向训育，实现教学相长。

创新创业教育还应紧密结合高校学生的领域知识和学科优势，紧密结合国家发展战略和地方经济、行业发展趋势，深入开展校地合作和产教融合。大力倡导、热切鼓励高校学子充分利用自身的智力资源和专业优势，在战略性新兴产业，在高技术、高智能、高知识密集领域大展宏图，奋发有为，以创新创造引领创业，并充分发挥创投和创意的作用。此外，创新创业教育应优化评价评估，强调"成绩、成果、成效"导向，逐步实现全方位、引导式、闭环路、精准化的创业教育评价评估。

《丛书》的出版离不开编委会其他有关成员的智慧贡献，在此一并表示诚挚的感谢！同时，也要由衷感谢高等教育出版社的大力支持。《丛书》编写因多方面因素仍有诸多不足，还望同行专家和广大读者批评指正。

徐 飞

2020 年 5 月

前　言

还记得二十年前，与大街上铺天盖地的 dot-com 公司的广告一起火爆的，是商业模式这个概念。一时间，但凡对互联网经济有过亲身体验或者有所耳闻的人，都对"商业模式就是赚钱的模式"这句话不陌生。商业模式、纳斯达克上市和（期权）行权承载着无数创业者和 IT 精英对驰骋商界、实现财务自由的向往。互联网泡沫泛起又落下，学术界和商界对于商业模式的研究一直坚定而持续地存在，这一研究也成为人们了解产业发展和企业组织变化的重要方式之一。

1957 年商业模式首次出现在学术论文中，1960 年"商业模式"首次出现于学术论文的标题并作为关键词。此后 30 多年时间里，以商业模式为主题的研究成果陆续发表，比如在 ABI 商业数据库中以商业模式为关键词的学术论文共有 166 篇。商业模式真正成为研究热点是在 20 世纪 90 年代中期以后，这一时期新兴电子商务企业的成长速度之快、运营效率之高，原有的经济学、管理学等学科理论还不能很好地诠释，于是创业、战略管理研究领域的学者纷纷运用商业模式这一概念，系统地描述企业关键的业务流程以及这些业务流程之间如何建立联系。互联网经济的兴起是推动商业模式迅速普及的原因之一，全球新兴市场的快速发展、金字塔底层市场的需求逐渐增加以及后工业化时代不断变化的产业边界与组织规模则进一步推动并丰富了商业模式研究的深度与广度。

本书的主要创新点在于：首先，本书注重从学理上论证商业模式概念的依据和出处，这使得本书不仅仅是一部商业模式的应用手册，更是一部具备一定学术价值的文献导论。其次，本书重点介绍了商业模式设计的工具，包括商业叙事和游说展示工具包（pitch deck），这是目前商业模式教材或相关书籍中尚未重点关注的。最后，本书强调商业模式的应用场景，并且着眼于当前中国管理实践中的最热点领域，分析不同商业模式的特点和关键环节，具有良好的应用价值。

2004 年中央财经大学商学院开始本科生创业教育的探索，先后受到各级表彰。中央财经大学商学院的创业教育基地被教育部、财政部联合授予"普通高校人才培养模式创新实验区"（2007），并获得国家级教学成果二等奖（2009）以及北京市教学成果特等奖（2008），创业教育团队被评为北京市"优秀教学团队"（2010）。中央财经大学商学院创业教育的特色之一，是一直重视创业教育与创业研究的融合，教研相长，相互增益，取得了丰富的创业研究成果，获得了多项国家级和省部级课题资助，在国外 SSCI 期刊以及国内重要中文核心期刊上发表了大量的研究论文。

本书的核心作者均为中央财经大学商学院创业教育团队成员，长期从事创业课程的教学和创业研究。本书的具体编写分工如下。第一章、第五章：葛建新、李彤；第二章、第八章：林嵩；第三章：周卫中、张鹤；第四章、第六章：刘小元、赵嘉晨；第七章：周卫中、王刚。商学院的研究生徐正达、王珊珊、张晶、李静、薛慧丽参与了前期资料的收集与整理。

本教材的编写和出版是全国财经院校创新创业联盟的系列教研成果之一。作为全国财经院校创新创业联盟秘书长、上海财经大学商学院副院长、创业学院执行院长刘志阳教授以创业的精神构建了这个全国财经高校创业教育的交流平台，从联盟的创立到日常运作刘教授投入了大量的时间和精力。感谢刘志阳教授和全国财经院校创新创业联盟成员高校的同仁们，每一次的交流与调研都令我们受益匪浅。感谢高等教育出版社的编辑同志，多次莅临联盟的会议，对教材编写进行指导。

由于作者才学所限，书中难免存在疏漏与表达不周之处，恳请各界同仁以及广大读者不吝指教！

作者

2020 年 5 月

目　录

第一章
商业模式概述

学习目标

1. 掌握商业模式的概念和构成要素。
2. 理解不同情境下的商业模式。
3. 了解构建商业模式的工具及其运用。

开篇案例：

雀巢胶囊咖啡的商业模式

雀巢是咖啡行业的知名企业,其生产的一款产品叫做胶囊咖啡,最早在1976年由雀巢的一名工程师发明。胶囊咖啡是将咖啡豆先研磨成咖啡粉,再装进独立小包装的金属胶囊里,其特点是咖啡新鲜、便于储存。相比于传统的咖啡机而言,其做法简单、易操作。将一颗咖啡胶囊放入胶囊咖啡机,无须研磨,无须自己控制温度和水量,只需按动"开始"键,机器自己就会自动控制水温、水量以及咖啡萃取时间。这就意味着有了胶囊咖啡,消费者在家就可以轻而易举地做好一杯咖啡饮品。所以,当胶囊咖啡诞生的时候,所有雀巢的人都认为这个产品一定会大卖。

但是没想到这个创新型的产品推向市场以后,并未得到市场的热烈响应,销量也不尽如人意。1988年,雀巢换了一位总经理,这位总经理对雀巢的胶囊咖啡做了一系列变革,并建立了新的商业模式。从此以后,雀巢的胶囊咖啡业绩一路飙升,2017年为公司创造的业务收入达到90亿美元。那么,这位总经理是如何对雀巢胶囊咖啡的商业模式进行变革的呢?

雀巢的胶囊咖啡需要搭配雀巢咖啡机使用,因此,新上任的总经理采取的第一个措施就是将雀巢咖啡机的价格压到极低,使得有消费意向的人都可以用低价购买到胶囊咖啡机。而一旦购买了咖啡机,消费者就有了不让咖啡机闲置、想要冲泡咖啡的想法，因此会不断地购买咖啡胶囊。在这个过程中，消费者的价格敏感性降低了：咖啡机很便宜，咖啡胶囊的单位价格较低，因此很容易被接受。由于胶囊咖啡的单位利润率很高，雀巢通过这种方式获得了很高的销售收入。

除了让消费者能够轻易地接受这个产品，雀巢公司还做了第二件事，即为了防止竞争对手的模仿，雀巢对其胶囊咖啡的生产申请了大量的专利，进行了专利保护，使得其他人不能使用与雀巢相同专利的产品，并且雀巢的咖啡机只能使用雀巢的咖啡胶囊。与此同时，雀巢对用户也采取了牢牢锁定的策略，即使用雀巢咖啡胶囊和咖啡胶囊机的用户，必须成为会员。成为会员后可以快速便捷地进行产品预订，并且可以获得更多咖啡相关的信息。一旦雀巢会员的咖啡机出现了故障，雀巢会在第一时间为其配送一台新的咖啡机。

由此可见，商业模式的变化，带来了雀巢胶囊咖啡的极大成功。这种商业模式被称为"剃刀模式"，即采用分离价格销售产品，对同一产品的一部分做低价处理，对另一部分则高价出售。正如消费者使用剃须刀后，就会不断消耗刀片，在这个过程当中公司销售低廉的剃须刀，而通过销售刀片带来利润。最早是吉列公司采用了这种巧妙的商业模式，获得了成功，雀巢胶囊咖啡正是借鉴了这样的商业模式。

案例来源：倪云华．雀巢为什么能持久盈利？它的商业模式是这样［EB/OL］．人人都是产品经理网，2019-04-25．

20世纪90年代以来，随着互联网技术的普及，企业开始探索通过新方式、新途径进行经营活动以建立竞争优势，学术界对商业模式的研究也逐渐深入乃至形成了专门分支。作为市场经济中的主体，每一个企业都有自己的商业模式，即使在同一行业中，企业之间的商业模式也可能千差万别。但是，在不同的产品、企业甚至行业之间，商业模式可能相通，并可以相互借鉴。从开篇案例中我们可以看出，雀巢胶囊咖啡正是借鉴了吉列公司的经验而成功地进行了商业模式变革。在本章中，我们将介绍商业模式的概念和内容，不同情境下的商业模式，以及商业模式建构的基本内容。

第一节　商业模式的概念与构成

一、商业模式的概念

按照蒂斯（Teece D）的观点，早在前古典经济时期人们就把商业模式（business model）与贸易、经济行为关联起来。[1]1957年，理查德·贝尔曼（Richard Bellman）等学者将商业模式用于企业在信息技术背景下运营活动的系统建模研究。[2]1960年，商业模式首次出

---

①　Teece D. Business models, business strategy and innovation［J］. Long Range Planning, 2010, 43（2-3）: 172-194.

②　Richard Bellman, Charles E. Clark, Donald G. Malcolm, et al. On the construction of a multi-stage, multi-person business game［J］. Operations Research, 1957, 5（4）: 469-503.

现在学术论文的标题与摘要中[①]，但是这一概念并没有引起学术界太多的关注。Ghaziani 等人利用关键词搜索 ABI 商业信息数据库中的文献，发现 1975—1994 年，把 "business model" 作为关键词的学术文献只有 166 篇，而在 1995—2000 年，这样的文献已多达 1 563 篇。[②]从 20 世纪 90 年代中期开始，商业模式的概念变得流行起来，创业与战略研究领域的学者纷纷运用商业模式这一概念，系统地描述企业关键的业务流程以及这些业务流程之间如何建立联系。有学者推测，商业模式概念的广泛运用，是受互联网经济的兴起、新兴市场的快速发展、金字塔底层市场的需求以及后工业化时代不断扩大的产业边界与组织规模等因素的驱动。[③]

作为一个新兴的理论概念，商业模式已经成为观察、研究各类管理问题的新视角。然而，迄今为止学术界对商业模式的概念界定尚未达成一致。Massa 等人将现有关于商业模式的概念归纳为以下三种：第一，商业模式是关于企业如何运作的故事；第二，商业模式由一系列相互依赖的活动构成，这些活动围绕中心企业展开，并且不断突破中心企业边界向外扩展；第三，商业模式陈述了企业对在为顾客提供价值、传递价值过程中产生的收入与成本结构的逻辑、数据和依据。[④]

在商业模式的各种定义中，大多数学者都强调了企业活动的重要性以及系统性，用以直接解释企业如何做业务，与此同时，不仅强调如何获取价值，更强调如何创造价值。这与蒂斯的界定相近或一致。[⑤]为此，我们认为商业模式是价值创造的设计、传递、实现的机制，包括一个由活动与资源构成的网络，为目标客户提供持续的产品和服务价值。

二、商业模式的构成要素

学术界对商业模式的认知是不断演进的。早期阶段主要是对商业模式的整体性描述，学者分别从不同的角度阐述商业模式的含义。后来，学者们开始关注商业模式的分类，通过识别、描述商业模式要素，进一步丰富了对商业模式概念的认知，并且在这个阶段，价值概念引起了学者们的重视。[⑥]

随着学术界对商业模式概念的认知和解释更加完善，学者们意识到不仅要明确商业模式应该包括哪些构成要素，还应该研究这些构成要素之间的层次关系，构建可以指导企业实践的商业模式理论框架和系统模型。尽管学术界所用术语不同，但是对商业模式构

① Jones G M. Educators, electrons, and business models: A problem in synthesis[J]. Accounting Review, 1960, 35 (4): 619–626.

② Ghaziani A, Ventresca M J. Keywords and cultural change: Frame analysis of business model public talk, 1975–2000[J]. Sociological Forum, 2005, 20(December): 523–559.

③ Zott C, Amit R, Massa L. The business model: Recent developments and future research[J]. Journal of Management, 2011, 37(4): 1019–1042.

④ Massa L, Tucci C L, Afuah A. A critical assessment of business model research[J]. Academy of Management Annals, 2017, 11(1): 73–104.

⑤ Zott C, Amit R, Massa L. The business model: Recent developments and future research[J]. Journal of Management, 2011, 37(4): 1019–1042.

⑥ Morris M, Schindehutte M, Allen J. The entrepreneur's business model: Toward a unified perspective[J]. Journal of Business Research, 2005, 58(6): 726–735.

成内容还是趋于一致的,包括价值主张、市场细分、实现价值主张所需要的价值链结构、实现价值的机制,以及这些要素之间的连接。[①]

正是在这样的背景下,亚历山大·奥斯特瓦德(Alexander Osterwalder)等人在前人研究的基础上,提出商业模式是用来表达企业的商业逻辑,它包含一系列要素以及表达要素关系的概念和工具,并在此基础上构建了一个层次分明、关系清晰的商业模式系统模型。该模型包括四个紧密连接的组成部分,即提供的产品和服务(the offering)、客户(customers)、基础设施(infrastructure)、财务能力(financial capability),这四个部分同时并存、不可或缺,每个部分由特定模块支持,共有九个模块。这九个模块之间如何建立联系反映着企业家对市场的独特洞察。[②]

奥斯特瓦德等人开发的商业模式模型,具有整体性和系统性的特点,在全世界具有很广泛的运用,其具体内容如下。

(1)提供的产品和服务。这是商业模式的第一个组成部分,是指企业向特定顾客提供的产品和服务内容,以及所创造的价值。这一部分包括的模块是顾客价值主张。

(2)客户。这是商业模式的第二个组成部分,是指处于特定细分市场内的消费者群体,以及与之的接触、交流。这一部分包括的模块是顾客细分、客户关系以及渠道通路。

(3)基础设施。这是商业模式的第三个组成部分,是指企业为了实现其价值主张而必须具备的资源,包括人力资源、技术、产品、供应商、合作伙伴、现金等。这一部分包括的模块是关键性活动、关键性资源以及关键合作。

(4)财务能力。这是商业模式的第四个组成部分,界定了企业为了应对运营支出和相关负债所需要的收入和形成的成本结构。这一部分包括的模块是收入来源、成本结构。

三、商业模式的情境化

商业模式是一个在实践和理论研究的交织中不断发展和完善的概念,因此要从实践的角度,联系不同的情境,深刻地了解其内涵。情境是与现象有关并有助于解释现象的各种刺激因素,它广泛存在于组织的内部和外部。情境化是指在研究现象时,识别并考察这些现象所在情境中相关的和有意义的元素,目的是在不同的客观现实中解决该情境中的重要问题。[③] 在不同的国家、地区、组织之间,文化、企业能力、组织结构和人们的行为反应等存在显著差异。各种独特的情境造成了企业许多关键战略要素的差异,并且在许多管理实践方面也不尽相同。情境化既注重管理的全面性,也注重管理的差异性。对商业实践中一些重要现象和问题进行研究和理解时,应当考虑情境因素,设计并实施情境嵌入式的管理研究。[④]

商业模式的情境化与商业模式研究的多元化、运用领域的广泛性密切相关。本书根

① Foss N J, Tina Saebi. Fifteen years of research on business model innovation: How far have we come, and where should we go?[J]. Journal of Management, 2017, 43(1): 200–227.

② Alexander Osterwalder, Yves Pigneur. Business model generation: A handbook for visionaries, game changers, and challengers[M]. New Jersey: John Wiley & Sons, 2010: 14.

③ 陈晓萍,徐淑英,樊景立. 组织与管理研究的实证方法. 2版[M]. 北京:北京大学出版社,2012: 297–320.

④ 苏敬勤,张琳琳. 情境内涵、分类与情境化研究现状[J]. 管理学报,2016, 13(4): 491–497.

据现有研究成果,将商业模式情境化归纳为国别、产业(新兴产业如互联网)、特定市场(如金字塔底层市场)以及创业等角度。

(一)中国情境下的商业模式

与西方相比,中国有其特有的情境和文化特点,在战略、商业模式等方面的研究与运用应与中国的实际相结合。中国的经济转型是在法律制度、文化制度、行政制度需要进一步健全的背景下向市场经济模式过渡,这种差异使得中国在创业活动、企业发展方面面临着与西方成熟经济背景截然不同的环境。

例如,在西方国家习以为常的数字内容消费模式,即为网络音乐、视频、电子书籍、软件等内容进行付费的模式,近几年在中国才慢慢为消费者所接受。中国消费者享受了长时间的免费音乐、视频和软件,以及网络上大量非正规出版的电子书,在版权付费方面的意识较为淡薄,早期的音乐、视频等网站收入主要来自吸引用户以获得广告收入。即使现在大部分提供数字内容的门户都采用了数字内容收费的形式,仍有许多消费者不习惯,甚至抵触。因此西方的商业模式在中国并不适用,这也是一些国外企业进军中国市场时会碰壁的原因。

反过来,在国内运营得较为成功的商业模式,在国外也不一定适用,如网络文学。在文化传媒发达、文学出版业兴旺、版权意识较强、内容审核较为宽松的西方发达国家,相比于网络写作带来的微薄报酬,写作者更倾向于走传统出版的道路,因此西方发达国家并不推崇网络出版这种模式。而在出版业壁垒高、版权意识较为薄弱的中国,互联网激发了写作者的创作热情,对于网络写手而言,网络出版相比于传统出版的成本要低很多,因此催生了中国独特的网络文学产业。

虽然成功的商业模式在向其他国家、地区转移时会出现水土不服的情况,但这并不代表西方发达国家的商业模式不能为我们所用。采用情境化的方式,进行独特的商业模式改进、创新,能够实现有效的商业模式移植。网络游戏的免费模式就是中国的一大创新。国外的游戏大多数需要先购买才能使用,早期的中国游戏公司也采用这种模式,但后来发现网络盗版私人服务器屡禁不止,打之不尽,再后来游戏公司调查发现,质量与官方游戏相差甚远的私人服务器吸引人的地方在于免费,这是中国版权意识不强、消费者消费习惯与西方不同产生的结果。因此游戏公司改变了策略:游戏其实是可以免费的,然后利用收费道具和增值服务获得收入。从此就有了中国独特的游戏免费模式。中国的游戏产业也没有因此吃亏,反而成了利润极高的产业之一。

(二)贫困地区情境下的包容性商业模式

长久以来,扶贫问题都是各界十分关注的问题,金字塔底层(bottom of pyramid, BOP)市场的商业模式创新也受到全世界学者和创业家的广泛关注。普拉拉德(Prahalad C K)认为,世界范围内处于经济金字塔底层的低收入群体内蕴含着巨大的价值潜力,如果企业商业模式的创新可以满足其内在需求或帮助其提升拥有的资源能力,不仅可以获得经济回报,还能通过提高穷人的生活质量与生产能力等方式帮助其缓解甚至脱离贫困。[①] 亚洲开发银行于 2007 年首次提出包容性增长的概念,认为各国各地区在强调经济增长的同时

---

① Prahalad C K. The fortune at the bottom of the pyramid: eradicating poverty through profits[M]. Philadelphia: Wharton School Publishing, 2005: 1-2.

应注重减少由各种因素所引起的参与机会不平等,使经济增长带来的益处能够惠及尽可能多的民众。[①]而包容性商业模式是一种兼顾经济和社会效益的商业模式,是将发达地区的发展经验同贫困地区发掘的智慧和经验相结合,以更好地创造价值,与此同时让贫困地区的居民受益,其实质是在贫困地区创造共享价值。[②]包容性商业模式单单依靠企业自身的力量很难实现,还需要政府组织与非政府组织(non-governmental organization,NGO)等机构的共同参与。

中国政府对农村贫困人口脱离贫困线的问题十分重视。在政府进行扶贫工作的同时,企业看到 BOP 市场的价值潜力,也积极参与其中,并且在价值创造、经营模式、利润获取等方面进行创新,构建能够实现包容性增长的商业模式,促使贫困地区提高自我发展能力,使扶贫由"输血式"向"造血式"转型,实现共赢。

贫困地区企业商业模式的着眼点在于详细的当地市场调研与信息收集、本地能力的开发、基础设施的建设、社会资源的获取与利用、与当地政府或非政府组织的共同协作等。BOP 市场具有多样性,不仅在贫困地区和非贫困地区市场间存在差异性,在贫困地区之间的差异性也很大。企业在进入贫困地区时对市场的充分调研和市场逻辑的改变十分重要。

案例 1-1

可口可乐瓶盖能当作通话费

可口可乐公司于 2001 年秋季正式推出一元钱可乐计划,试图打开中国和印度贫困地区的市场。在中国,可口可乐公司的目标是把分销网络延伸至县城和人口不低于 5 万的乡镇,其策略是降低成本,采用低成本的单人份包装和 200 毫升的可回收玻璃瓶。2004 年分别在兰州、湛江、重庆建立三家瓶装厂,同时聘请葛优制作"城镇乡村版"广告以拉进和乡镇消费者的距离。虽然可口可乐付出了诸多努力,但市场反应并不佳,根本原因在于没有转变市场逻辑,将 BOP 市场看作次级市场,认为只要采取低价策略,就可以顺利进入 BOP 市场,但事实证明仅仅采用低价策略是远远不够的。但在 2015 年,可口可乐在迪拜推出了一项面向迪拜南亚劳工的活动。在迪拜有大量的南亚劳工,他们因为家庭贫穷出来打拼,住着最简陋的房屋,拿着每天 6 美元的工资。对他们来说,劳累的生活中最幸福的时光就是与家人通话的时候,每分钟 0.91 美元的通话费用对比他们每天 6 美元的工资,让打电话成为了奢侈。迪拜可口可乐在了解到这批人的实际情况后,联合扬罗必凯广告公司开发了一款可以用可乐瓶盖当通话费的电话亭装置,把这些电话亭放到工人们生活的地区,每一个可口可乐瓶盖都可以免费使用 3 分钟的国际通话。迪拜的可乐售价是 0.5 美元,与之前相比,通话费用划算了许多。这项活动在迪拜受到了欢迎和赞赏,也推动了可口可乐在迪拜 BOP 市场上的销售。虽然这只是一个简单的活动,还难以算作一个完整的商业模式,但可口可乐的举动意味着

---

① 刘嫦娥,李允尧,易华.包容性增长研究述评[J].经济学动态,2011(2):96-99.

② 田宇,卢芬芬,张怀英.中国贫困地区情境下的包容性商业模式构建机制:基于武陵山片区的多案例研究[J].管理学报,2016,13(2):184-194.

其对 BOP 市场观念的转变以及对 BOP 群体的尊重,相比十几年前在开拓中国贫困地区市场时的行为是一个很大的进步,对于可口可乐在 BOP 市场上的商业模式创新而言是一个好的起点。

案例来源:章军华,田书军. 跨国公司进入中国 BOP 市场的策略分析——基于可口可乐公司的实证分析[J]. 上海经济研究,2007(2):93-95.

关于 BOP 市场条件下的商业模式设计问题,我们将在第五章进行详细的讲述。

（三）互联网情境下的商业模式

互联网的出现改变了信息蕴含的价值。在互联网时代早期,新兴的电子商务（E-Commerce）产生了全新的价值创造方式,以往的创业理论和战略管理理论都不能完全解释这种价值创造方式[①],而商业模式作为全新的概念,能够整合性地阐释价值创造过程,因此迅速得到推广。

互联网的出现拓展了交易的时间和空间,降低了固定成本,扩大了顾客范围,减少了烦琐的中间环节,增加了跨界合作,而且更容易产生长尾效应,颠覆传统的商业模式。1998 年 Priceline 网站为其核心业务模式"用户定价系统"申请专利,使得更多企业家对互联网催生的新商业模式更加有信心。互联网时代最常见的商业模式就是电子商务模式,包括企业对企业（business-to-business，B2B）、企业对个人（business-to-consumer，B2C）、个人对个人（consumer-to-consumer，C2C）、线上到线下（online-to-offline，O2O）模式等。电子商务模式节约了店面成本,使买家与卖家能够直接交流、反馈迅速,已经被大众所接受,对传统零售业产生了很大的冲击。除了电子商务模式,互联网情境下产生的商业模式还包括开放模式、平台模式、信息媒介模式、广告模式、订阅模式等。

案例 1-2

车主邦——中国首家油电一体的商用车能源互联网开放平台

随着社会不断发展,我国的汽车保有量逐年上升,石油消耗量也在不断增长,同时,在政策的鼓励下,我国新能源汽车市场需求螺旋式上升,带动了充电桩的普及。目前我国有汽车 1.94 亿辆,其中包含超过 3 000 万辆的商用车。在中国物流行业中,由于能源成本长期居高不下,中国物流行业整体利润率不足 8.1%,而各大加油站、充电桩运营商之间的竞争也十分激烈。

车主邦的创始人戴震及时洞察到汽车能源行业的发展趋势,捕捉到中国商用车能源市场的矛盾:首先,商用车是汽车能源消费主力军,急需降本增效的燃油解决方案;其次,中国燃油供给市场极度分散,长尾品牌急需导流和赋能;最后,中国新能源汽车

---

① 龚丽敏,魏江,董忆,等. 商业模式研究现状和流派识别:基于 1997—2010 年 SSCI 引用情况的分析[J]. 管理评论,2013,25(6):131-140.

市场发展迅速,推动汽车充电市场同步快速增长,但充电市场痛点明显,电桩利用率只有5%,急需整合优化。由此,戴震萌生了创业的念头,中国首家油电一体的能源互联网平台车主邦就此诞生。

车主邦建立于2016年,是中国首家油电一体的商用车能源互联网开放平台,为商用车司机提供多样化服务。当前,车主邦签约的合作品牌加油站已经超过3 000家,在全国范围内接入30余万根充电桩,覆盖城市超过200个,并提供一系列辅助服务(包括加油优惠、商用车充电、新能源商用车租赁、定位服务、金融服务、违章查询、一键救援、优惠停车、商用车出售等十几项商用车出行服务,兼具深度和广度),覆盖全国90%以上的商用车平台,为3 000多万商用车司机提供服务,并且合作规模仍在不断扩大。

在互联网时代,全球最大的出行服务提供商Uber没有一辆汽车,全球最大的零售服务提供商阿里巴巴没有一件库存,全球最大的住宿服务提供商Airbnb没有一套房产,全球最大的交通服务提供商携程没有一架飞机。同样,车主邦的愿景是"成为全球最大的能源互联网中心Hub",却不拥有任何加油站或充电桩,其商业模式的重点在于打造一个油电一体化的能源互联网平台,解决供需两端痛点。

具体来说,商用司机首先在车主邦的App上进行注册与认证,通过该App定位并选择与车主邦具有合作关系的加油站或充电站,为加油站或充电站带来导流效应,加油站或充电站通过车主邦向其提供的软件即服务(software-as-a-service,SaaS)系统进行结算,在支付的同时将本次订单收入的5%~10%让利给车主邦,而车主邦则将其中的大部分(订单收入的4%~10%)让利给司机,实现司机的优惠加油或充电。

对于加油站和充电桩运营商而言,通过车主邦庞大的用户群,能够给加油站,尤其是非"两桶油"(中石油、中石化)加油站,以及充电桩运营商带来强大的导流效应,显著提升客流量。此外,车主邦后台的互联网大数据分析还能为加油站、充电站赋能,利用价格分级、智能用户标签等手段,帮助零售网点实现精准营销,并通过SaaS系统提高便捷程度,提高响应速度,提升车主消费体验,提升用户黏度。

对于商用车司机而言,通过车主邦App进行消费,油价能够比市场低4%~10%。一站式便捷加油服务,即快速定位油站、比价导航、优惠快捷支付、免排队等服务为司机缓解了因单一品牌油站无法覆盖全部用油需求而要办多张加油卡所造成的现金流压力,同时还通过线上统一账户解决了司机管理多张卡的麻烦。充电桩选择多元化,且实时监控,有助于避免坏桩,提高司机的用户体验。

这样的商业模式在节约司机加油、充电支出的同时提高了加油站的客流量,在此过程中车主邦也收取了一定的中间费用,实现了商用车司机、加油站或充电站、车主邦平台的三方共赢。目前,车主邦为中国物流企业或个体司机提升了将近30%的利润,其合作规模和用户规模在不断扩大。由此可见,在互联网快速发展的背景下,商业模式的设计及创新十分重要。

案例来源:根据公开资料整理而成。

第二节　创业过程中的商业模式

一、通过构建商业模式验证创业机会

创业机会是创业研究的热点话题之一,创业的过程通常是从识别创业机会开始。柯兹纳(Kirzner I)认为创业机会是未明确的市场需求或未得到充分利用的资源或能力,[①] 而一个商业模式的出现,往往都源自用户痛点,源自因用户未被发现或未被满足的需求而产生的创业机会。

(一)商业模式建构与创业机会的开发与利用

商业模式是开发、识别机会的价值创造机制,商业模式的构建本身就是对机会的开发、利用过程。[②] 商业模式的构建需要创业者对企业内外部环境、与各利益相关者的关系进行仔细的审视,组织资源进入企业,整合资源。随着市场需求日益清晰以及资源日益得到准确界定,创业机会将超脱其基本形式,逐渐演变成商业概念(business concept),包括如何满足市场需求或如何配置资源等核心计划。随着商业概念不断丰富,它会变得更加复杂,将涵盖产品和服务、客户、基础设施建设、金融能力等多方面的内容,最终演变为完善的商业模式(business model),将市场需求与企业资源与能力结合起来。[③]

(二)商业模式设计与创业机会开发过程中的风险

在创业机会开发过程中,商业模式能够在不确定的环境中为创业企业提供一定程度的可预测性,因而有助于降低创业失败的风险,提高创业成功率。[④] 发现创业机会时,如果创业者不加思考地对创业机会进行开发,常常会以失败告终。创业失败的原因往往不是创业者努力不足或机会不好,而是在于创业者没能深思熟虑,把握住创业机会的内在逻辑,没有在开发机会的过程中对创业活动进行协调。如果创业者一味地关注价值创造因素或满足顾客需求等片面因素,忽视可行性分析和收益分析等方面,没能从整体的角度考虑创业机会的开发利用,就容易导致失败。新创企业利用商业模式可以更加全面地对创业活动进行思考,能有效避免创业者匆忙创业造成的失误,从而提高创业成功率。另外,商业模式关注企业整体性和系统平衡,因而能较好地减轻或避免因企业快速成长引发的问题和不对称现象,实现企业的平稳发展。[⑤]

(三)商业模式创新与创业机会转化为创业绩效

创业机会识别与开发是企业成长的关键,也是企业绩效的重要来源。那么,如何将所

① Kirzner I. Entrepreneurial discovery and competitive market process: An Austrian approach[J]. Journal of Economic Literature 1997, 35(1):60–85.

② Zott C, Amit R. Business model design and the performance of entrepreneurial firms[J]. Organization Science, 2007,18(2).

③ 王伟毅,李乾文.创业视角下的商业模式研究[J].外国经济与管理,2005,27(11):32–40.

④ 张敬伟,王迎军.新企业商业模式构建过程解析——基于多案例深度访谈的探索性研究[J].管理评论,2014,26(7):92–103.

⑤ 王伟毅,李乾文.创业视角下的商业模式研究[J].外国经济与管理,2005,27(11):32–40.

识别的创业机会成功转化为企业绩效？研究表明,商业模式创新是使创业机会转化为创业绩效的有效途径。[①] 这是因为,机会本身并不能直接创造价值,而是要通过一系列机会开发活动,达到提升企业绩效的目的。商业模式是企业在开发商业机会的过程中,为了创造价值而设计的交易活动的组合方式,而商业模式创新是企业通过变革或重构活动系统的要素或主题,以开发创业机会从而实现价值创造的活动。为了开发机会并提升创业绩效,企业需要接近、获取并整合利用机会开发所需的关键性资源。商业模式创新本身就被视为对市场机会的把握,是创业的机会开发机制,它通过对企业活动的重新组合配置,能帮助企业有效地开发利用商业机会。

二、商业模式与商业计划的关系

要掌握商业模式的内涵,首先要厘清商业模式与相关概念之间的关系,比如商业计划(business plan)。商业模式与商业计划都对企业的行动起到一定的指导作用。那么,商业模式与商业计划之间到底存在什么样的联系？又有什么不同呢？

创业是一个动态、复杂的过程,新创企业要依赖于一系列准备活动以实现资源的合理配置,进而顺利创建新企业,而商业计划的制定则是其中关键的一环。商业计划是一个详细计划,它设定了企业在一段时间内的目标,通常是 3 年、5 年或 10 年。[②] 现实中各个企业的商业计划呈现方式有所不同,有的商业计划十分详尽和深入,有的则比较简略,有一些企业在成立时甚至没有撰写商业计划。毕海德(Bhide A),对 2002 年 Inc.500 企业创业者是否在创建企业之前撰写商业计划的调查显示,"只有 40% 的创业者表示曾经撰写商业计划,其中又有 65% 的创业者承认后来的行动远远偏离了最初的商业计划"[③]。商业计划的效用在学术界存在较大的争议,但研究表明,商业计划对新企业绩效的积极影响不容忽视。

商业计划通常包括企业概述、经营理念、生产计划、财务预测、经营管理、市场营销计划等内容。商业计划书是商业计划的载体,其所包括的基本内容见案例 1–3。

案例 1–3

商业计划书示意

1.0 企业概要

    1.1 企业名称和地址

    1.2 企业历史和业务的简要描述

    1.3 市场及其发展趋势概述

    1.4 企业战略及其关键成功因素概述

[①] 郭海,沈睿.如何将创业机会转化为企业绩效——商业模式创新的中介作用及市场环境的调节作用[J].经济理论与经济管理,2014,34(3):70–83.

[②] 帕特里克·福赛思.商业计划[M].陈赋明,译.北京:华夏出版社,2004:2.

[③] Bhide A. The origin and evolution of new businesses[M]. New York: Oxford University Press, 2000.

2.0　愿景和使命陈述

    2.1　管理者对公司的愿景陈述

    2.2　管理者对公司的使命陈述

3.0　公司产品和服务

    3.1　产品和服务描述

    3.2　客户利益

    3.3　科技

4.0　市场及竞争情况分析

    4.1　总市场和目标市场

        4.1.1　市场需求

        4.1.2　市场规模及其发展趋势

        4.1.3　历史的及预期的市场增长状况

    4.2　行业分析

        4.2.1　SWOT（优势、劣势、机会、威胁）分析

        4.2.2　行业内的主要参与者

        4.2.3　经济、竞争及其他发展趋势

        4.2.4　行业内的主要竞争者

5.0　经营战略和市场营销计划

    5.1　价值主张

    5.2　竞争优势

    5.3　竞争目标与营销战略

        5.3.1　定价战略

        5.3.2　广告和促销战略

        5.3.3　分销战略

        5.3.4　市场营销战略

        5.3.5　销售战略

6.0　生产计划

    6.1　生产流程

    6.2　质量保证

7.0　组织和管理概要

    7.1　组织图和组织结构

    7.2　人事计划

8.0　财务计划

    8.1　一些重要假设

    8.2　损益表

    8.3　资产负债表

可以看出,商业计划更像是一个包含了重要的基础数据和业务计划指标的文件[1],相比于商业模式更为具体,是对包括商业模式在内的商业策划、系统、战略以及行动整体进行的"剧本化(方案化)"。商业模式需要落实到商业计划中,形成可行的"剧本",才能付诸实践,以商业模式为中心的计划的好坏是决定创业成败的关键。[2] 商业模式是商业计划制定过程中的重要内容,商业计划制定的阶段应该包括[3]:

第一步,确定商业模式,包括明确构建商业模式的背景和情景,对商业模式的理念做出假设,对商业模式的各个构造块进行确定等。

第二步,重复假设验证周期。验证上一步假设的理念,并且实施标杆分析,寻找最佳实践,确定业务范围。

第三步,设定作为战略目标的商业目标。预测市场规模,根据预测结果和企业的环境、战略方向、资源与能力设定商业目标。

第四步,使商业战略体系化。利用树状图、商业计划书、商业计划大纲等工具构建商业计划体系,把商业计划落实到行动上。

第五步,制作企业收支计划、评价体系以及商业风险预案等具体内容,如对企业未来的收支状况进行预测和评估,构建商业风险预案,并对商业计划进行评价等。

在实施计划的过程中,应经常检查计划,确保计划的正确性和可行性,当发现商业计划与现实条件或战略目标相冲突时,应及时改进商业计划。企业可以开发或利用商业计划检查表,定期对企业的商业计划进行检查。

三、商业模式与收入模式的关系

通过所提供的产品和服务来获取收入是每个企业必须具备的能力。那么收入从何而来?这就需要借助一个概念:收入模式。收入模式(revenue model)是指一个企业产生收入的框架,它确定了要实现的收入来源、提供什么价值、如何定价以及谁为价值买单,是商业模式的关键组成部分,主要确定将创造什么样的产品或服务来产生收入,以及明确产品或服务的销售方式。概括地说,收入模式有三个要点:主营业务、客户及赢利点。收入模式包括许多种类,如分销模式、代理模式、出租模式、服务模式、广告模式等。

在早期的商业模式相关研究中,学者们倾向于认为收入模式就等同于商业模式,认为

---

[1]　乔基姆·W.斯托克.商业计划[M].徐世垣,译.北京:中国劳动社会保障出版社,2004:4.

[2]　HRInstitute.商业模式思维的30个技巧[M].谭冰,译.上海:上海交通大学出版社,2015:5.

[3]　HRInstitute.商业模式思维的30个技巧[M].谭冰,译.上海:上海交通大学出版社,2015:125.

商业模式创新就是揭示企业收入模式设计、运作与改进的内在逻辑。[①] 随着商业模式研究的深入,现在人们倾向于认为收入模式是商业模式的一部分,收入模式设计是商业模式构建的基本任务。[②] 商业模式是企业采取行动所依据的蓝图,而收入模式是其中的核心,价值链分析、资产配置是其中的重要活动。在创业过程中,创业者会制订商业计划和设计商业模式,但是,如果没有一个相对完善的收入模式,商业计划和商业模式设计也就不能发挥作用。相反,如果一个创业者对于如何产生收入有一个明晰、可行的计划,将会吸引更多的外部投资。因此,创业者要常常思考以下问题:

第一,顾客愿意为这个产品或服务支付多少钱?

第二,顾客规模应该维持在什么水平、数量?

第三,通过销售,公司能得到多少收入?

第四,如果公司有多个收入来源,那么每个收入来源占总收入的比例是多少?

收入模式是商业模式构建过程中的重要步骤和关键环节,关注的是企业获取利润的方法和途径以及如何实现产品本身的价值。而商业模式除了包含收入模式,还包含企业战略、经营方式、产品定位、客户关系等各方面内容,讨论的是整个交易结构,包括交易对象、交易内容、交易方式、交易定价等,关注的是方向的正确性以及模式的持续性,用于明确企业的用户价值以及其在产业中的定位等问题。如果说利润报表是给财务人员使用的一种工具,那么商业模式就是管理者和企业家必备的工具之一。[③]

比如,当我们谈论搜索引擎的收入模式时,无外乎广告模式,无论是页面广告、关键词广告还是竞价排名的方式,都是通过广告获得收入。但当我们讨论谷歌的商业模式时,绝不仅限于此。谷歌的商业模式为开放模式,作为全球最大的搜索引擎公司,谷歌一直将"整合全球信息,使人人皆可访问并从中受益"作为其价值主张和使命宣言。在这样的思想指导下,谷歌的所有商业活动过程中都贯穿着开放的理念。谷歌通过与相关书店、零售商以及支持各种电子书形式的网络公司等进行联盟,整合和利用资源,让消费者不受设备、软件、操作系统以及零售商的限制,在互联网上随时能买到自己想要的书。在信息分享方面,谷歌等搜索引擎更是开放共享,让互联网用户的智慧和资源在全球范围流转,以满足用户的需求。[④] 正因为有这样开放的平台,谷歌等搜索引擎通过广告获取收入的方式才得以实现。

第三节　构建商业模式的工具

一、商业模式的构建过程

商业模式的构建,就是根据商业模式中各个板块的任务属性、任务目标,对该板块中

---

① 刁玉柱,白景坤. 商业模式创新的机理分析:一个系统思考框架[J]. 管理学报,2012,9(1):71-81.

② 郭毅夫. 企业商业模式转型模型构建[J]. 中国流通经济,2012,26(8):73-77.

③ Eckhardt J. Opportunities in business model research[J]. Strategic Organization, 2013, 11(4):412-417.

④ 高欢,张文松. 基于知识产权的开放式商业模式设计[J]. 经济研究导刊,2012(31):176-178.

各类活动进行架构塑造。[①] 商业模式的构建过程一般包括以下几个步骤:第一步,外部环境分析,即分析企业外部环境的变化及其趋势。第二步,内部条件分析,即组织现状分析,确定企业的核心资源和核心能力。第三步,进行商业模式设计,描述组织角色、内部流程及外部关系。第四步,商业模式的实施,从旧的商业模式转变为新的商业模式。第五步,试错、反馈与控制,商业模式的创新是一个持续的试错—学习过程[②],需要观察市场上用户对于新的商业模式的反应与预期是否一致,以及采取的策略是否获得预期的效果[③]。

商业模式是在特定的环境中构建的,影响商业模式设计和构建的因素包括以下四个方面。第一个影响因素是市场,包括细分市场、市场需求、市场问题、转换成本、市场吸引力等。第二个影响因素是行业,包括供应商、竞争对手、替代品、潜在进入者、顾客等。第三个影响因素是宏观经济,包括全球市场情况、经济基础设施、资本市场状况、资源状况等。第四个影响因素是重要趋势,包括技术发展趋势、社会和文化趋势、经济发展趋势、法律法规趋势等。

在分析了商业模式环境之后,就可以用 SWOT、波特五力模型等工具进行环境评估。前文提到,商业模式的情境化是商业模式运用的重要内容,正确评估商业模式环境是构建成功的商业模式的前提,因为只有真正适应客观环境的商业模式才能在激烈的竞争中取得成功。

商业模式的设计方法包括客户洞察、视觉化思考、模型构建、讲故事和场景设定等[④],决策者的认知和合法性等因素会影响商业模式的设计和构建[⑤]。因果逻辑和效果逻辑是两种决策方式,前者先明确设计目标,再确定价值创造逻辑、可能的利益相关者及活动分工,以及如何获取价值等;后者则首先看有哪些手段(我是谁? 我认识谁? 我知道什么?),再考虑引入哪些感兴趣的利益相关者组成联盟,并在构建的过程中积极调整直至实现目标。[⑥] 研究表明,一部分创业者有目的地利用商业模式作为工具和框架,提出一系列详细的因果关系链并在实践中进行验证,进而对自身业务进行调整;另一部分创业者在创业过程中并非按计划逐步开展创业活动,而是即兴而作,随着对机会的探索和把握不断发展和修正对机会的认知。总之,决策者要根据面对的环境条件的变化,在商业模式设计时既可以采取因果逻辑设计,也可以运用效果逻辑创造,甚至可以是上述两种思维的

① 李东.商业模式构建:互联网 + 时代的顶层布局路线图[M].北京:北京联合出版公司,2016:56-57.

② Sosna M, Trevinyo-Rodríguez R N, Velamuri S R. Business model innovation through trial-and-error learning: The naturhouse case[J]. Long Range Planning, 2010, 43(2): 383-407.

③ 刘玉芹,胡汉辉.商业模式的设计及其在企业管理中的应用[J].科学学与科学技术管理,2010,31(3): 134-138.

④ Alexander Osterwalder, Yvex Pigneur. Business model generation: A handbook for visionaries, game changers, and challengers[M]. New Jersey: John Wiley, 2010: 126-189.

⑤ 张敬伟,崔连广.作为工具的商业模式:理论与实证最新进展[J].研究与发展管理,2016,28(4): 52-60.

⑥ Sarasvathy S D, Venkataraman S. Entrepreneurship as method: Open questions for an entrepreneurial future[J]. Entrepreneurship Theory and Practice, 2011, 35(1): 113-135.

结合。①

二、商业模式的可视化——商业模式画布

可视化（visualization）指通过启发式草图、概念图等包含了信息的图像作为交流工具，以传递信息、加强印象，并使观众将图形中的信息所要表达的意义在脑海中重新构建起来。②随着计算机技术的发展，可以借助计算机来实现可视化，构建交互式的沟通工具以加强沟通双方的认知。③

商业模式不仅要为企业内部人员所了解和熟知，有时还需要被潜在的投资者、顾客等企业外部人员在较短的时间内了解并且产生认同，因此在商业模式构建的过程中，开发一种能够更方便地描述商业模式设计意图、增进不同群体对于商业模式理解的工具就显得非常重要。Osterwalder 在其著作《商业模式新生代》中设计的商业模式画布（business model canvas）就是这样一种可视化工具，即把商业模式设计的关键模块放入一个商业模式画布当中。④商业模式画布中包含的 4 个主要方面和 9 个模块，分别是：① 提供的产品和服务方面（包括价值主张一个模块）；② 客户方面（包括客户细分、渠道通路、客户关系三个模块）；③ 基础设施方面（包括核心资源、关键业务、关键合作三个模块）；④ 财务能力方面（包括收入来源、成本结构两个模块）（见图 1-1）。商业模式画布作为一种通用语言，使得看起来很复杂的商业模式的设计变得简单易操作，更重要的是，便于商业模式在不同利益相关者之间的沟通。

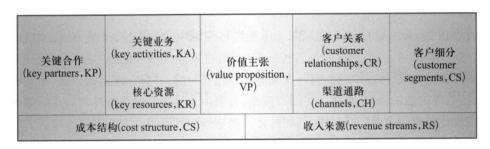

图 1-1　商业模式画布布局

在制作一个简单画布的时候，便利贴等工具经常能够派上用场，这有利于随时增删元素以及改变元素的位置，使得商业画布在创意产生初期能够根据灵感而随时变动。

① Eckhardt J. Opportunities in business model research［J］. Strategic Organization, 2013, 11（4）: 412–417.

② Eppler M J, Burkhard R A. Visual representations in knowledge management: framework and cases［J］. Journal of Knowledge Management, 2009, volume 11（4）: 112–122（11）.

③ Card S K, Mackinlay J D, Shneiderman B. Readings in information visualization: using vision to think［M］ SanFrancisco: Morgan Kaufmann Publishers Inc., 1999.

④ Alexander Osterwalder, Yvex Pigneur. Business model generation: A handbook for visionaries, game changers, and challengers［M］.New Jersey: John Wiley, 2010: 14.

无论是绘制商业画布,还是利用其他可视化工具,都可以从9个模块入手,也可以根据实际情况对构造块进行灵活的增减、调整或改变。草图和图画能够将商业模式变成一种更加容易沟通的形式,基于简单图画解释和交流商业模式能够给人一种直观的感觉。

三、商业模式的叙事和故事板

20世纪60年代末,受结构主义思潮的影响,叙事学(narratology)作为一门学科在法国正式诞生,它是关于叙述、叙事文本、形象、事象、事件以及"讲述故事"的一整套理论。[1] 叙事(narrative)涉及某一段具体的时间和某一个(或几个)具体的空间,不能脱离具体时空。[2] 叙事所涉及的传达给观众的内容是一系列相关联的事件[3],即讲述一个故事。

把市场看作是舞台,商业模式就是其中"创造和提供价值"的"故事",把故事呈现给观众时,要引起观众的共鸣,才算是成功[4]。这里的观众可以是员工、投资者,也可以是顾客。讲故事能够使听故事的人树立认知标杆,有助于吸引利益相关者投入资源,使企业在与相关者的互动中实现市场创造和企业成长。[5] 叙事是描述时间顺序的一种文本,利用商业叙事的方法,创业者需要阐述企业在特定的环境中如何获得成功。[6] 商业模式就是一个故事,讲故事的目的是为了把抽象的商业模式以具体形象的方式呈现出来。这个故事要简单易懂,可以从公司或客户的视角出发,可以借用的技巧包括谈话、图画、视频、角色扮演、文本等。

故事板(story board)这个词来源于影视媒体领域中的故事板,也叫分镜,原指电影、动画、电视剧、广告、音乐录像带等各种影像媒体,在实际拍摄或绘制之前,以图表的方式来说明影像的构成,将连续画面以一次运镜为单位作分解,并且标注运镜方式、时间长度、对白、特效等的做法,旨在制作一种阅读规则,并借由这种规则诠释事件与对象。如今,故事板在设计过程中也被广泛采用,其在设计领域中指一种以视觉方式讲述故事的方法,用于陈述设计在其应用情境中的使用过程,让产品设计师在特定产品使用情境下全面理解用户和产品之间的交互关系。在商业领域中,则产生了商业叙事的概念,用于陈述商业模式情境下对应的商业模式。

商业叙事可以说明一个业务是如何产生、补偿和分享价值的。在实践中,创业者往往会通过故事的方式向利益相关者描述、解释和兜售企业的商业模式,这在创业初期会产生较好的效果,也能起到很重要的作用。商业叙事有利于"观众"了解相关情境,发现问题,

① 谭君强.叙事学:叙事理论导论[M].北京:北京师范大学出版社,2015:1.
② 龙迪勇.叙事学研究的空间转向[J].江西社会科学,2006(10):61–72.
③ 谭君强.叙事学:叙事理论导论[M].北京:北京师范大学出版社,2015:7.
④ HRInstitute.商业模式思维的30个技巧[M].谭冰,译.上海:上海交通大学出版社,2015:137.
⑤ Santos F M, Eisenhardt K M. Constructing markets and shaping boundaries: Entrepreneurial power in nascent fields [J]. Academy of Management Journal, 2009, 52(4): 643–671.
⑥ 张敬伟,崔连广.作为工具的商业模式:理论与实证最新进展[J].研究与发展管理,2016,28(4):52–60.

解释行为与目的；有利于清晰地呈现商业模式内容，使人一目了然，便于准确沟通，建立共识，甚至激发讨论、想象与创意，提供一种有助于相互对话、形成共同理解的语言，能够为模糊的情境提供意义，对于说服持怀疑态度的利益相关者有很大的帮助；能够在沟通的过程中引起反思，增添细节，有助于不断改进、完善商业模式。

爱彼迎（Airbnb）曾经受到迪士尼纪录片的启发，制作了一个 Airbnb 使用者的故事板，一幕幕画出旅人和出租者在使用 Airbnb 平台之前会有的疑虑、彼此相遇时的心情和谈天的内容等，发现整个故事的关键在于有一个好的"地主"。因此，Airbnb 开始经营出租者社群，让出租者彼此分享经验，增进大家的服务能力，并从中挖掘新产品和服务，根据出租者的交流和反馈改进自己的产品设计和营销重点。[①]

一个好的故事架构，通常结构完整、逻辑清晰、重点明确，商业叙事也是一样的，商业叙事的过程包括[②]：

第一步，确定出发点、情境以及相关角色，书写从事件触发到结束的故事。

第二步，确定表达信息以及层级，简明扼要地清晰传达。

第三步，创建粗略的故事情节，确定时间轴后添加其他细节，可采用框架、图片、辅助文本说明等技巧来实现。

第四步，创建完整的故事板，确定展现方式，考虑顺序和视觉表现手法，强调重点、避免重复。故事板除了可以通过文字、图片等静态方式进行展示，还可以采用视频等动态方式。

四、游说展示

游说展示（pitch）通常被用在与潜在投资人、用户、合作伙伴和合伙人的线下或线上会面之中。既然是游说，便要增强商业模式对别人的吸引力和说服力。

pitch 一词来源于棒球当中"投球"的专业术语，而"pitch"的目的就是要让接球手或捕手成功接到自己投出的球。在游说展示中，pitch 的目的便是把握对方的心理，用尽可能精练的语言让对方对你的商业模式一目了然，从而产生更大的兴趣和欲望，让对方想要继续深入了解。好的 pitch 要有好的节奏感和清晰的逻辑，并且各环节环环相扣，pitch 的设计、打磨和练习十分重要，因为它决定了商业模式最开始在"观众"眼中的吸引力。投资者的想法变化无常，创业机会转瞬即逝，创业成败也许就取决于 pitch。

pitch deck 是一种简短的演示形式，通常使用 PPT、Keynote 或 Prezi 等演示工具来编写，用来向不同的听众快速、有效地概括创业者的商业模式，展示产品特性、运营规划、团队成就和商业计划等核心竞争力信息。前文提到的商业计划书固然重要，能提供的信息也更为详尽，但很少有人会花费时间仔细钻研动辄几十页、上百页的商业计划书。pitch deck 将重要信息一一呈现，信息浓缩度高，并且图文并茂，易于演示和讲解，有助于对方在最短的时间内了解一个商业模式的内容和重点，以及一个公司的核心特性和竞争力。

① 西域过客 01. 一张商业模式图，告诉你 Airbnb 是怎么越做越大的［EB/OL］. 360 图书馆，2018-09-11.

② 代尔夫特理工大学工业设计工程学院. 设计方法与策略［M］. 武汉：华中科技大学出版社，2014：101–103.

研究发现,创业者往往将商业模式视为获取资源的市场工具,通过以语言、PPT 或申报书等为表现形式的展示,让利益相关者清晰地理解新创企业的价值,最终帮助其获取所需要的资源。[①]

在被构建起来之前,商业模式是一个模糊的东西,创业者自身也许有所了解和体会,但却无法把它介绍明白。想要清楚地传达自己商业模式的核心思想,并针对不同的对象、不同的场景适时做出调整,借助 pitch deck 这个工具就是一个不错的选择。当然,想做好 pitch deck,首先要拥有一个好的创意和对商业模式的完整把握。有了创意、对商业模式的完整掌握和 pitch deck 这样的工具之后,还需要有充足的准备、良好的演示能力和应变能力,将这个工具发挥出更好的作用。此外,使用 pitch deck 还有以下几个技巧:

第一,pitch deck 需要建立在经得起推敲的数据支持之上。脸书(Facebook)创立之时给了投资人一个媒体包,里面包含公司的价值、定位、各项计划、关键指标以及基于现有的用户进行其中的数据分析,体现出了脸书的价值,这使得哈佛辍学的扎克伯格从亿万富翁、风险投资家彼得·蒂尔(Peter Thiel)的手中获得了 50 万美元的投资,成功将宿舍项目变成了自己的事业。[②]

第二,用尽可能少的词汇描述你的商业模式。pitch deck 是一个简短的演讲工具,通常基于幻灯片等工具进行展示,牢牢把握住观众,不做任何多余的赘述是十分重要的。

第三,有时可以采用透明化 pitch deck 的方式提升企业的传播力。Buffer 是一个社交媒体的调度平台,曾经采用透明化 pitch deck 的方式用 13 页的幻灯片换来了 50 万美元的融资,创始人甚至把自己的 pitch deck 上传到网上帮别的公司筹集资金,也使自己的公司获得了更多的资源。当然,在 pitch deck 中包含商业机密的情况下,这种方式不适用。

第四,可以通过对比或类比的方式突出企业与利益相关者之间的关联。

案例 1-4

Buzzfeed 的 pitch deck

2008 年,Buzzfeed 在纽约唐人街的办公室只有五位正式员工,网站拥有超过 70 万的独立用户却没有盈利,如今,这家公司的估值超过了 15 亿美元。2016 年前纽约时报副总裁 Martin Nisenholtz 曝光了 2008 年 Buzzfeed 的 pitch deck,这份文件简洁且重点突出,可以作为一个优秀的范例,其部分内容如图 1-2 所示。

① Doganova L, Eyquem-Renault M. What do business models do: Innovation devices in technology entrepreneurship [J]. Research Policy, 2009, 38(10): 1559-1570.
② 凤凰网资讯频道, 2018-09-12.

图 1-2 Buzzfeed 的部分 pitch deck

案例来源:阑夕.如今已估值 15 亿美元的 BuzzFeed,2008 年的首次融资 PPT 长啥样[EB/OL].虎嗅网,2016-02-02.

本 章 小 结

　　20 世纪 90 年代中期开始,商业模式的概念变得流行起来。作为一个新兴的理论概念,商业模式已经成为观察、研究各类管理问题的新视角。然而,迄今为止学术界对商业模式的概念界定尚未达成一致。在商业模式的各种定义中,大多数学者都强调了企业活动的重要性以及系统性,用以直接解释企业如何做业务;与此同时,不仅强调如何获取价值,更强调如何创造价值。为此,我们认为商业模式是价值创造的设计、传递、实现的机制,它包括一个由活动与资源构成的网络,为目标客户提供持续的产品和服务价值。

商业模式包括四个紧密连接的组成部分,即提供的产品和服务、客户、基础设施、财务能力。这四个部分同时并存,不可或缺,每个部分由特定模块支持,共有九个模块。这九个模块之间如何建立联系反映着企业家对市场的独特洞察。

商业模式的情境化与商业模式研究的多元化、运用领域的广泛性密切相关。本书根据现有研究成果,将商业模式情境化归纳为国别、产业(新兴产业如互联网)、特定市场(如金字塔底层市场)以及创业等角度。对于商业模式内涵的理解以及商业模式的正确构建和使用,要在特定的情境化条件下进行,在实践过程中更要把握情境,深入调研,反复推敲,建立合适的商业模式。

商业模式与创业机会之间有着密不可分的关系,创业机会的成功开发需要商业模式作为保障,通过构造商业模式,也能够验证创业机会。创业企业成长过程的实质就是从发现创业机会,建立恰当的商业模式,到商业模式的动态调整与完善,并影响创业绩效的过程。商业模式是对创业机会、创业资源和创业能力的动态整合。

商业模式与商业计划(business plan, BP)、收入模式(revenue model, RM)的内涵十分相似,它们之间既存在联系,又存在区别,商业计划是商业模式的具体化,收入模式是商业模式的重要内容。在理解商业模式的内涵时,要充分把握商业模式、商业计划与收入模式的含义以及它们之间的关系和区别。

商业模式是在特定的环境中构建的,市场因素、行业因素、宏观经济因素、重要趋势等都会影响商业模式的设计和构建。商业模式的构建需要利用可视化工具,除了绘制商业画布,商业叙事(story board)、游说展示工具包(pitch deck)也可以作为商业模式构建的工具,还可以用作与外界进行商业模式沟通的工具。

复习思考题

1. 什么是商业模式?试着分析一些你所熟悉的企业的商业模式。
2. 中国情境下的商业模式与西方有什么不同?
3. 商业模式与创业机会之间有什么关系?
4. 商业模式与商业计划、收入模式有什么不同,又有什么联系?
5. 用可视化工具描述你所熟悉的企业的商业模式。

即 测 即 评

请扫描二维码进行即测即评。

本章案例分析

知乎商业模式升级：推盐选会员提高优质内容获取效率

一直围绕知识付费布局的知乎如今又有了新动作。

2019年3月18日，知乎正式宣布推出"盐选会员"这一新的会员服务体系。相较于2018年知乎大学推出的"读书会会员"和"超级会员"，此次知乎所推出的"盐选会员"围绕知乎全平台内容与用户服务进行了多项升级，核心涵盖高价值"付费内容"权益、"社区功能"权益及会员用户的"身份权益"三个维度。

用一句简单的话来概括，知乎将其以往推出的所有分支会员全部打包进"盐选会员"，并加入了付费内容之外的其他权益。这透露了一个信号，即知乎不仅要提供好的内容，还要通过产品形态的更新来降低用户获取优质内容的成本。

此外，这也可以被解读为是知乎在商业化领域的进一步探索。一个可以佐证的因素是，知乎在最近将知乎大学事业部更名为知乎会员事业部，更加明确地将会员业务作为知乎公司战略发展目标之一，而知乎大学作为支持专业内容生产者生态的服务体系将继续保留。

1. 结合社区内容实现高质量内容价值再分配

作为内容社区产品，知乎一直希望能够通过用户生成内容（user generated content，UGC）和专业生成内容（professional generated content，PGC）的不断迭代，实现高质量内容的重新组织和价值再分配。2019年年初，知乎内部就明确了一个大方向，即把"会员"业务作为2019年公司战略发展的重要目标之一。而"盐选会员"正是这一目标的阶段性体现。

知乎方面表示，此次升级会员体系的初衷也是遵循此前知乎在2018年提出的"让每个人高效获得可信赖的解答"的目标。

在知乎内生态循环的过程中，用户每天产出大量内容，并通过赞同、感谢、收藏等多种互动方式形成正向反馈和信赖的基础；在此之上，知乎会员则成为了用户获取可信赖解答的重要方式。知乎创始人、CEO周源表示，"会员应该成为知乎内容消费的第二场景，并且与社区内容有更深入的融合，我们希望把知乎'盐选会员'服务打造成为全网优质付费内容的精选。"

在会员体系建设方面，知乎曾于2018年由知乎大学这个子部门发起，相继推出"超级会员"和"读书会会员"。相比之下，"盐选会员"则是由知乎提出基于全站的会员体系。从某种程度上讲，可以看出知乎进一步完善其商业模式的诉求。

对比三者的会员权益，"超级会员"和"读书会会员"主要聚焦在知识付费本身，通过二者为用户提供一站式的精选知识服务；而"盐选会员"则新增了更多社区功能方面的会员权益。

比如在社区功能权益维度，用户可以通过首页关键词屏蔽、评论区发图等专属功能提升日常使用知乎的浏览、讨论体验；付费内容维度，新增了包括《VOGUE服饰与美容》《南方人物周刊》《财经》《中国新闻周刊》在内的超过300个杂志刊物，3 500多个盐选私家课和Live讲座，超过10 000本盐选电子书，600余位盐选专家领读等；身份权益方面,知乎新增了会员专属标识、会员专属客服等。

关于内容消费,周源曾向知乎副总裁、会员事业部负责人张荣乐传递这样一个观点,他认为这是一个以十年期来衡量的市场。

张荣乐对腾讯《深网》说,知乎仍然处于内容消费的早期阶段,要做许多基础工作和解决底层问题,比如优质付费内容、进入社区的场景,社区的服务也需要通过升级来帮助用户更高效地获取高价值内容。

"比如目前用户的信息环境普遍是信息泛滥和过载的问题,同时,真正有价值的内容被大量低质量、垃圾信息所淹没,没有得到有效传播和与价值相匹配的收益,这些都需要长期的工作来解决。"张荣乐表示。

2. 不追求短期利益,重在提高内容获取效率

从近两年来看,知乎正在加快产品推进的节奏,尤其是围绕商业化变现这件事。

知乎方面称,商业化一直是知乎的战略重点,不过在不同阶段,公司会有不同的节奏和目标考量。张荣乐称,知乎不会着眼于短期的利益,而是希望能够培育市场健康增长,更有效率。

2016 年是知乎的一个重要转折点。这一年,知乎问答产品"值乎"和"知乎 Live"先后上线。这些被看作知乎在商业化上的尝试为后来的大步快走打下了基础,定下了基调。

2017 年,知乎正式进入全面商业化阶段,并逐渐形成商业广告和知识服务两个模式。周源曾表示,这一年知乎发展得非常快,无论是整个用户规模的增长,还是合作端,都有非常多的变化。

事实上,除了知识服务,知乎在商业广告上的投入力度也在不断加大。成立至今,知乎已经在信息流中上线了原生文章广告、展示广告、原生问答广告(包括品牌提问、亲自答、Live 特别现场)等产品,线下则以盐 Club、盐沙龙做依托,并将上线新的曝光类硬广产品"品牌专区"。

2018 年,在知乎完成了 2.7 亿美元融资后,曾表示将在商业化等方面做更多投入,在之前阶段,知乎的收入的确以商业广告为主。当时知乎方面曾披露,2018 年上半年知乎的营收额相比去年同期增长 340%,知乎大学的付费人次则达到 600 万。

知乎大学是由原有的"知识市场"业务升级而来,同时也是知乎知识付费服务领域具有代表性的重要布局。知乎大学的意义在于积累了很多高价值,相比社区内免费问答更加标准化、结构化的内容。比如,知乎之前通过打磨,为用户提供 600 余本由经济学家梁小民、社会学家李银河、物理学家李淼等名家领读人精心解读的语音领读书。从这个层面来看,盐选会员则意味着知乎不再仅仅着眼于知识服务的维度,还要通过更多对服务的优化,让用户以更低的成本获取更多的优质内容。

在 2019 年,知乎希望通过会员的推出和服务优化,正式升级为双引擎驱动。围绕这一目标,知乎还会做更多探索。

案例来源:相欣. 知乎商业模式升级:推盐选会员提高优质内容获取效率[EB/OL].腾讯网,2019-03-19.

案例分析问题:

1. 请从商业模式构成要素的角度,分析知乎商业模式的变化。

2. 请从知识付费的未来趋势,分析知乎商业模式可能遇到的机遇与挑战。

参 考 文 献

1. 刁玉柱,白景坤.商业模式创新的机理分析:一个系统思考框架[J].管理学报, 2012,9(1):71–81.

2. 郭海,沈睿.如何将创业机会转化为企业绩效——商业模式创新的中介作用及市场环境的调节作用[J].经济理论与经济管理,2014,34(3):70–83.

3. 王伟毅,李乾文.创业视角下的商业模式研究[J].外国经济与管理,2005,27(11):32–40.

4. 张敬伟,王迎军.新企业商业模式构建过程解析——基于多案例深度访谈的探索性研究[J].管理评论,2014,26(7):92–103.

5. Alexander Osterwalder, Yvex Pigneur.Business model generation: A handbook for visionaries, game changers, and challengers[M].New Jersey: John Wiley & Sons, 2010.

6. Richard Bellman, Charles E.Clark, Donald G.Malcolm, et al.On the construction of a multi–stage, multi–person business game[J].Operations Research, 1957, 5(4):469–503.

7. Bhide A.The origin and evolution of new businesses[M].New York: Oxford University Press, 2000.

8. Doganova L, Eyquem–Renault M.　What do business models do: Innovation devices in technology entrepreneurship[J].Research Policy, 2009, 38(10):1 559–1 570.

9. Eckhardt J.　Opportunities in business model research[J].Strategic Organization, 2013, 11(4):412–417.

10. Ghaziani A, Ventresca M J.Keywords and cultural change: Frame analysis of business model public talk, 1975–2000[J].Sociological Forum, 2005, 20(December):523–559.

11. Jones G M.Educators, electrons, and business models: A problem in synthesis[J]. accounting review, 1960, 35(4):619–626.

12. Massa L, Tucci C L, Afuah A.A critical assessment of business model research[J]. Academy of Management Annals, 2017, 11(1):73–104.

13. Morris M, Schindehutte M, Allen J.The entrepreneur's business model: Toward a unified perspective[J].Journal of Business Research, 2005, 58(6):726–735.

14. Foss N J, Tina Saebi.Fifteen years of research on business model innovation: How far have we come, and where should we go? [J].Journal of Management, 2017, 43(1):200–227.

15. Sarasvathy S D, Venkataraman S.Entrepreneurship as method: Open questions for an entrepreneurial future[J].Entrepreneurship Theory and Practice, 2011, 35(1):113–135.

16. Sosna M, Trevinyo–Rodríguez R N, Velamuri S R.Business model innovation through trial–and–error learning: The naturhouse case[J].Long Range Planning, 2010, 43(2):383–407.

17. Teece D.Business models, business strategy and innovation[J].Long Range Plan-

ning, 2010, 43（2-3）: 172-194.

18. Zott C, Amit R, Massa L.The business model: Recent developments and future research［J］.Journal of Management, 2011, 37（4）: 1 019-1 042.

课 后 阅 读

1. 三谷宏治.商业模式全史［M］.马云雷,等,译.南京:江苏凤凰文艺出版社,2016.

2. HRInstitute.商业模式思维的 30 个技巧［M］.谭冰,译.上海:上海交通大学出版社,2015.

3. 亚历山大.奥斯特瓦德.伊夫·皮尼厄.商业模式新生代［M］.黄涛,郁婧,译.北京:机械工业出版社,2016.

4. Jim Collins.Good To Great［M］.Random House Business, 2001.

5. Adrian J.Slywotzky, David J.Morrison, Bob Andelman.The profit zone［M］.New York: Crown Archetype, 2002.

6. Alexander Osterwalder, Yves Pigneur.Business model generation: A handbook for visionaries, game changers, and challengers［M］.New Jersey: John Wiley & Sons, 2010.

第二章
商业模式设计要素与
设计主题

学习目标

1. 理解商业模式不同主题的特征。
2. 解释商业模式设计的核心逻辑。
3. 应用商业模式的不同主题来解释现实问题。

开篇案例：

江小白的商业模式

"每个吃货,都有一个勤奋的胃和一张劳模的嘴","吃着火锅唱着歌,喝着小白划着拳,我是文艺小青年",这是一个坚持称自己为"传统白酒企业"的宣传语,是不是跟脑海中的白酒企业有些大相径庭?

江小白很年轻,这家 2012 年 8 月注册的公司,跟那些几十年历史的老酒企一比,好像太嫩了些。正是这家青葱公司,在 2013 年下半年实现盈利,2013 年全年达到综合收支平衡,销售额为 5 000 万元。从成立公司到在业内打响名声——"我是江小白"——这个品牌仅用了一年的时间。

曾经有一项调查针对 25~30 岁年轻人,调查他们对白酒的态度,结果发现有 95% 左右的年轻人第一选择不会是白酒。他们普遍认为:白酒口味太冲,不适合自己;场合有限,觉得太过正式;度数高,容易醉酒;给人感觉不够时尚。

2013 年出尽风头的江小白看中并着力发掘的,正是这群对白酒用脚投票的年轻人。

与一般的白酒公司不同,但和饮料公司的做法类似,江小白有自己具体的形象:黑色头发略长,发型比较韩范儿,戴着黑框眼镜,标准漫画的大众脸型。打扮是白 T 恤搭配灰色的围巾,外套是英伦风的黑色长款风衣,下身配的是深灰色牛仔裤和棕色休闲鞋。如果要想象一个现实人物,大概就是《男人帮》里孙红雷扮演的顾小白。

除了具象化的形象与容易记住的名字,江小白为媒体赞许最多的,是它O2O的营销模式。既然品牌是一个人物,人物就应该赋予他故事。2011 年 12 月 27 日,江小白发布了自己在新浪上的第一条微博:我是江小白,生活很简单!到目前为止,江小白发布微博近 8 000 条,粉丝数超过 10 万。

在白酒的 8 000 亿大蛋糕中,江小白不过刮掉了薄薄一片奶油,它所主打的小清新市场,也不是现在白酒的主流市场。另外,江小白目前尚未有风投进入,是否能够做大,这样的模式能否在北上广同样获得认同,还说不清楚。

案例来源:黄文潇.酒泡互联网[J].中国企业家,2014(6):94–97.

本章主要讲授商业模式的主题形式以及相应的内在构成逻辑。商业模式是一个系统化的整体,其内在构成模块之间存在着一定的逻辑。随着商业模式的主题变换,其内在逻辑也发生重心上的调整,从而在设计方面也出现了差异化特征。按照商业模式概念的构成要素,可以区分出三类不同的商业模式主题:营销和用户导向的商业模式主题、生产和运作导向的商业模式主题、资金和利润导向的商业模式主题。[①]本章将分别介绍这三类主题的特征。

第一节 营销和用户导向的商业模式主题

一、营销和用户导向的商业模式设计思路

营销和用户导向的商业模式强调营销和用户先行,用市场和用户来引领整个商业模式的开发和运行。在前面的章节中所提到的商业模式 9 大模块可以依托这一逻辑进行设计。

首先,市场营销的目的是为了让企业利用创造的价值满足市场的需求,从而获取一定的利润。用户开发是市场营销的基础,也是产品销售成功的首要因素。在这一类型的商业模式中,管理者要把营销和用户作为管理的起点,从用户入手思考商业模式的内在逻辑。企业需要对用户进行细分(customer segments),从而更清楚地理解企业的用户基础和可能的成长空间。很明显,企业所面临的客户是一个越来越多元化的群体,他们在需求、购买能力、接触渠道等方面有着显著的差异。企业必须明白哪些客户是该服务的对象,并针对该用户群的特征,设计出针对性更强的商业模式。[②]

在确定了细分市场后,要进一步刻画该细分市场上消费者的特征,并据此制定出有针

[①] Gummesson E, Nenonen S, Storbacka K. Business model design: Conceptualizing networked value co-creation[J]. International Journal of Quality and Service Sciences, 2010, 2(1), 43–59.

[②] Teece D. Business models and dynamic capabilities[J]. Long Range Planning, 2018, 51(1), 40–49.

对性的客户开发和维系策略。这也正是建立客户关系（customer relations）的主要内容。企业可以选择助理式的客户关系，为客户提供更为优质的服务，也可以选择自助或自动化服务的形式来降低成本，或是选择社区或共创的模式来让客户为企业创造价值。选择何种客户关系受到企业价值（value propositions）主张的影响。企业价值是服从于市场和用户的需求特征的。如果客户的核心需求是获取更好的服务质量，那么在客户关系中，选择助理式的服务就更容易建立市场；而如果客户的核心需求是获得性价比最高的产品，那么选择自助式服务也可以在降低成本的基础上很好地服务客户。

　　企业的核心资源（key resources）和关键业务（key activities）是声明价值主张并确立客户关系的基础。[①] 核心资源是企业提供价值主张的前提，企业无力提供超出核心资源能力的产品或服务，也无法满足消费者过高的需求；而关键业务则是企业在如何使用核心资源产出产品和服务上做出的选择，这些产品和服务构成了企业的价值主张基础。企业要选择与自己的核心资源相匹配的客户群，并根据自己的关键业务建立合适的客户关系。

　　面向特定的用户群体，企业要确立营销渠道（channels）与客户产生真正价值上的往来。渠道不仅仅承担了销售产品和服务的任务，还要帮助企业传递价值主张、稳固客户关系、提供售后服务等。渠道的选择在一定程度上取决于企业的关键合作（key partnerships）关系。企业的合作关系是包括供应商、渠道商关系在内的一系列利益相关者关系。从建立渠道的角度来看，如果企业能够与渠道商建立合作的伙伴关系，那么在产品的市场营销中，企业就可以更低的成本推广产品，同时降低营销风险，优化商业模式。

　　营销和用户导向的商业模式也形成了特定的成本和收入结构。企业的成本主要来源于开发、维护客户的成本以及营销成本。企业的价值主张可以清晰地从成本构成上反映出来。如果企业更加注重消费者的体验，愿意在维护客户关系上花费更多的费用，那么企业的客户开发成本就较高；如果企业更加注重渠道商，那么企业的市场营销成本就比较高。[②]

　　企业的收入来源可以被分为两类。一类是来自于渠道的直接销售收入，此类收入一般是一次性的，即产品或服务在交易完成时就获得了收入。另一类是来自于客户为了获取企业提供的价值以及售后服务而支付的长期费用。售后服务既是企业为了维护客户关系而提供的服务，也是企业价值主张的一部分。

　　根据上述分析，营销和用户导向的商业模式设计思路如图 2-1 所示。

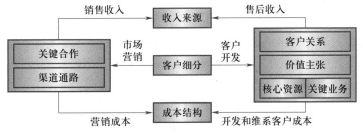

图 2-1　营销和用户导向的商业模式逻辑

①　Barney J. Firm resource and sustained competitive advantage［J］. Journal of Management, 1991, 17（1）: 99–120.

②　Bogers M, Hadar R, Bilberg A. Additive manufacturing for consumer-centric business models: Implications for supply chains in consumer goods manufacturing［J］. Technological Forecasting and Social Change, 2016, 102（1）, 225–239.

二、营销和用户导向的商业模式关键环节

营销和用户导向的商业模式的关键环节是客户细分。只有正确地认识到企业所面向的目标客户,才能有的放矢地实施相应的营销策略,进而建构与之配套的商业模式。客户细分是指对消费者按照某种标准进行分类,不同分类的需求具有显著的区别。企业在规划商业模式时要选择某一个或几个细分客户群作为自己经营的目标群体。这一点对于创业企业特别重要。因为通常来说,刚刚创立的企业很难在一开始就针对一个很大的市场开展经营活动。他们的资源和能力可能仅仅能支持一个较小的细分市场。

客户细分的关键是识别消费者的需求,并对不同的需求进行区分。消费者需求的不同可能由许多不同的因素造成,如地理因素、人口因素、心理因素、行为因素等。一般来说,越是显性的指标,如地理或者人口统计学特征,越容易识别。不过这样容易识别的指标也往往很难造就真正有价值和有发展空间的机会和商业模式。相反,那些难以直接发现的细分指标往往能够帮助企业发现具备巨大成长潜力和差异化特征的机会。①

需要注意的是,客户需求一般可以分为显性需求和隐性需求。显性需求是指客户已经发现了市场上的产品无法满足其需求,客户明确地提出希望新产品能够解决什么问题。隐性需求是指客户还不能指出希望新产品能够做什么样的改进,但是客户已经察觉到了目前的产品有一定的缺陷;隐性需求的出现还有可能是由于客户目前缺乏满足自身需求的购买力,但随着客户经济能力的提高,这些隐性需求会逐渐转变为显性需求。因此在针对客户需求进行细分的时候,除了观测显性需求,还要积极探索客户的隐性需求。

市场细分的前提是获取客户的信息。这一过程一般被称为市场调研。在收集客户的具体信息之前,企业应当对整个行业情况进行大体的了解,通过线上公开资料等信息熟悉行业的竞争情况,摸清市场上现有的产品可以满足消费者怎样的需求。在此基础上,企业应在调研前提出几个可能的潜在市场需求,并在进一步的调查中验证或替换。为了收集客户的原始信息,企业可以采用以下几种调研方法:① 观察法,是指调研人员通过观察客户的言行举止、表情变化、实际使用产品的动作等一系列行为,来获取客户对某一类产品的需求特征。② 询问法,一般是指使用问卷、电话访谈或面谈等方式,向消费者进行提问,从而获得消费者需求特征的一种方法。这种方法获取信息较为简洁、速度较快,目前较多地被企业所采用。③ 实验法,是指在一定情景下让消费者对产品的某种设计进行评价或做出选择,一般调查的规模较小,但应用很广泛。

除了对消费者进行直接的调研外,企业对渠道信息进行的调研也十分重要。直接接触消费者的渠道商可能更加了解客户需求,也掌握了更多的客户信息,可以有效地帮助企业对市场情况进行预测。例如,在汽车行业中,客户的信息都集中在终端渠道商手中,客户的维系也是由4S店进行。企业在获取客户信息的过程中应当借助多方的力量,合理利用自己重要合作伙伴提供的资源,尽可能了解市场需求的真实情况。

仅仅获取客户信息还无法为企业构建商业模式提供充分的依据。在通过市场调研的

---

① Grover R, Srinivasan V. A simultaneous approach to market segmentation and market structuring[J]. Journal of Marketing Research, 1987, 24(2): 139–153.

方法获取了客户的需求后,还需要对需求进行分类。一般而言,消费需求主要包括使用价值、审美价值、社会象征、附加服务等内容。根据内容侧重点不同,企业可以将需求分为不同的类别。在对客户进行细分时,根据客户最看重的需求内容,将客户分为不同的群体。

客户的需求分类意义在于为企业的市场细分提供了充分的依据。企业应当根据自身的核心资源、关键业务、重要合作等选择合适的细分市场进入。一方面,企业在选择细分客户群时要根据自己的核心资源能够提供的能力,既不能选择无力满足的需求,也不应选择过低的需求造成核心资源的浪费;另一方面,在选择了细分客户群后,企业要根据该客户群的具体需求对核心资源进行有针对性的开发和利用,创造出有差异化的价值主张,从而在竞争中获取优势。

在营销和用户导向的商业模式中,客户细分是整个主题的根基。精准地把握用户需求,找到适合企业的细分市场,合理地利用企业的核心资源制造出消费者能够接受的价值主张,是企业在市场上获取竞争优势的保障。

三、营销和用户导向的商业模式范例

汽车行业采用的就是典型的以营销和客户开发为主题的商业模式。汽车生产商会针对不同的细分市场推出不同的汽车,如丰田公司针对低端市场和中端市场分别推出了致炫和凯美瑞两个不同的品牌。不同客户群体的购买能力有着明显的区别,选择低端车的消费者对售后及增值服务付费的意愿就要明显低于选择中端车的消费者。针对不同的细分客户群,汽车公司也会提供不同的产品和服务。无论是车辆本身的性能,还是车辆享受的售后服务,都有着明显差别。

对于汽车企业而言,其核心资源在于生产和制造汽车的核心技术。汽车企业拥有的核心资源不仅包括生产线生产汽车的能力,也包括品牌、专利和版权等知识资产。目前,汽车企业越来越多地涉足于金融行业,通过汽车贷款等方式为消费者提供更多的购买选择,这些金融资产也成为了汽车企业的核心资源。汽车企业不仅提供了整车的销售,也提供了足够的配件和备件供消费者购买,这为消费者升级或保养汽车提供了选择的余地,也增加了自己扩展价值主张的能力。

汽车企业的关键业务主要是制造产品。企业可以利用自己掌握的核心资源,生产出能够满足消费者需求的产品。但是随着社会的发展、车联网等概念的提出,汽车行业的关键业务也在逐渐向平台拓展。车联网以车内网和车际网为基础,为车辆和交通部门提供道路信息,可以提供保障行车安全、保证交通秩序和防止交通堵塞等功能。车联网的发展使得汽车企业从传统的硬件提供商转向了硬件和软件的共同提供商,拓展了汽车企业的经营范围,从而扩大了其在市场上的能动性。

汽车企业的核心资源和关键业务为其价值主张提供了保障。对于不同的细分客户群体,汽车企业的价值主张也有所不同。对于低端市场客户群而言,汽车企业提供的主要是一个稳定可靠的代步工具。低端市场的客户选择该车企的原因更多是性价比的因素。而对于中高端市场的客户群而言,汽车企业提供的不仅仅是一个舒适的汽车,还提供了品牌声誉、售后服务保障等,在一定程度上,这些汽车本体外的附加价值才是客户进行选择决策的主要因素。

　　根据不同的细分市场,汽车企业也会与消费者建立不同的关系。对于低端市场而言,汽车企业对客户的获取和维系主要是通过提供价格优势进行的。低端车的销售更多的是在类似于汽车超市的地方,消费者与厂商之间的关系并不十分紧密。而对于中高端的市场,汽车企业对客户的获取和维系主要是通过 4S 店进行的,其工作人员会为消费者提供类似于专用个人助理的服务,与消费者建立更为紧密的关系。客户购买汽车前的咨询服务,购买中的支持,以及购买后的售后服务等,一般均由同一个销售代表完成。客户和销售代表之间形成了一对一的关系。

　　除此之外,汽车企业会为购买同款汽车的客户提供车主俱乐部的服务,从而建立企业与消费者以及消费者之间的社区关系。在车主俱乐部中,企业和客户及客户间可以进行更为深入的互动,让客户进行知识和经验的交流、互相帮助解决问题等。企业也会定期组织车主活动,通过野外拉力等形式联络车主间的感情。车主俱乐部不仅提升了客户的体验,让客户感受到了更多的价值,也增加了客户的品牌忠诚度。对于企业而言,车主在俱乐部中也可以更容易地针对产品提出自己的意见,或是提出自己对未来产品的预期,这些都有利于帮助企业了解市场需求,从而进行新产品的开发。在一定程度上,车主俱乐部还可以增加客户的再次购买行为,从而为企业提供持续的收入。

　　不过,目前我国的汽车企业的市场营销活动则简单得多。目前绝大多数汽车企业都选择了 4S 店经销模式。4S 店可以细分为以下几种:一般代理店,只提供汽车的销售或维修服务,不具备全部的服务功能,也不仅仅代理一个品牌的汽车,汽车超市也属于该种类型;直营店,汽车企业自己建立的渠道,可以提供车辆售前和售后的全部服务,在规模和服务质量上都处于顶端地位,一般作为模板店存在;品牌专营店,仅销售某一品牌的车辆,一般可以提供售前和售后的全部服务,规模较大。4S 店与汽车企业更多的是一种合作伙伴的关系。4S 店不仅承担着销售的职能,也承担着传播品牌形象、提供售后服务、提供汽车金融等一系列任务。

　　随着网络的发展,汽车直销也成为了一种新型的营销模式。在这种模式下,客户可以跳过渠道直接与厂商打交道。这种模式虽然较为新颖,但仍然存在一些问题。比如,在购车前无法享受到 4S 店提供的试驾服务;汽车金融贷款的选择局限于汽车企业,无法参考其他企业的情况进行比较;售后服务与保养只能选择厂商的直营店,选择更为便利的 4S 店往往要多付费用,等等。

　　该种商业模式下汽车企业需要耗费大量的投入用于市场调查。企业必须根据细分市场确立产品的价值主张,提供满足消费者需求的产品。企业收入则主要有两个来源:一是汽车销售的一次性费用;二是进行售后服务所获得的持续性收入。一般来说,企业在将汽车派给渠道时就已经收取了汽车的费用,但由于销售返点的存在,企业还会将销售额的一部分补贴到渠道中。而售后服务主要由渠道开展,4S 店进行保养或维修时主要收取的就是服务费或工时费,当然售后服务也可以包括销售企业生产的配件或备件。除此之外,一些汽车企业拥有自己的金融公司,因此也可以获得一些汽车金融分期方面的收入。

　　整体来看,汽车企业和渠道是一种积极的合作伙伴关系,渠道更多地承担了市场营销与客户开发的职能,企业则主要是针对不同的细分市场提供具有不同价值主张的产品。在这种商业模式中,4S 店从实际接触的层面为客户提供服务,企业通过车主俱乐部的形式从附加价值的层面维系客户。由于汽车置换的周期较长,因此企业的收入来源主要是在维系客户中产生的售后服务等活动。这也解释了为何对于汽车行业而言,商业模式的重心落在了营销和维系客户上。

案例 2-1

零跑汽车的销售模式

1996 年,长安铃木主机厂投资的第一家 4S 店在重庆开业。这是中国汽车 4S 店开始销售的第一年。2005 年,国家颁布了《汽车品牌销售管理实施办法》,开始规范汽车销售体系。2009 年,全国乘用车销量达到 10 331 万辆,增长 52.9%。同年,汽车销售额突破 1 000 万元,首次成为世界最大的汽车生产和销售国。

自 2010 年以来,中国汽车市场发生了变化,主要汽车制造商的汽车销量较往年有所下降。在国内汽车市场低迷的背后,4S 店的营业额也有所下降。近年来,4S 汽车商店的流失和资金链的破裂很常见。特别是 2018 年,有数据显示,中国只有 30% 的 4S 店盈利,加上全年库存高,许多 4S 店的投资者不得不出售他们的店面,甚至申请退出。

在这一背景下,汽车销售出现了新的模式。

浙江零跑科技有限公司是一家创新型的智能电动汽车企业(以下称零跑汽车),由浙江大华技术股份有限公司及其主要创始人共同投资成立。公司成立于 2015 年,总部位于浙江杭州滨江高新开发区,业务范围涵盖智能电动汽车整车设计、研发制造、智能驾驶、电机电控、电池系统开发,以及基于云计算的车联网解决方案。

2018 年 7 月,零跑汽车在成立 36 个月后,号称自主研发了三电系统、智能网联系统、自动驾驶系统三大核心技术。2019 年 6 月 28 日,搭载了上述核心技术的零跑 SO1 正式交付,这是一款售价为 11.99 万~15.99 万元的双门四座轿跑车。按照创始人朱江明的计划,SO1 定位于"家庭的第二辆车,年轻人的第一辆车"。2020 年年末,零跑首款 SUV 车型 C-more 概念车的量产版将正式上市。同年零跑汽车还将推出一款内部代号 G03 的四门微型电动车。到了 2021 年,零跑汽车将拥有 4 款产品。

在销售方面,零跑汽车采用的是"直营+城市合作伙伴"模式。这一模式是指,零跑汽车在大本营杭州自己建立一个直营店,而将其他城市的营销渠道进行区域独家授权给合作伙伴,可以说是"城市独家代理商"。

"直营"就是指零跑汽车的直营体验中心。在这个中心,零跑汽车建立了一个标准化的服务系统,作为随后所有体验商店的模型。同时,这一中心也作为高标准人才培养基地,为合作伙伴培养更多具有高端素养的"零跑体验店工程师"。"城市合作伙伴",是指零跑汽车在不同城市开发的优秀经销商,他们享受本市独家授权,主要承担本市用户的线下体验、产品交付和售后维护保养。零跑汽车将如何帮助城市合作伙伴?具体来说,零跑汽车将负责统一的店面设计和装修、提供统一的软件服务操作平台、统一的人员选择和专业培训认证,以及提供驻店经理支持。

在"直营+城市合作伙伴"的新营销模式的基础上,零跑汽车也致力于建立以用户为中心的生命周期服务。在用户选择、使用和保持汽车的整个过程中,零跑汽车提出了专心、专业、专注的高服务标准。"专心"是指未来所有零跑车型将在线上提交订单线下交付,用户可以通过零跑APP检查进度,并自由选择送车上门或在最近的门店取车。"专业"是指所有零跑体验店都有"零跑体验店工程师"提供服务,专注于智能电动车产品动力的认知、分享和体验,为用户带来高效、实用的车辆使用和车辆维修技巧。"专注"是指企业建立车辆信息管理平台,实时检测车辆状态,实现问题的提前预警,以OTA远程协助技术解决大部分车辆问题。

2018年11月10日,零跑汽车全国首家直营零跑中心在总部——杭州滨江芯图大厦一楼正式开业。杭州直营零跑中心在空间上可分为体验区和服务区两大功能区块。体验区承担着零跑造车理念、自主研发技术展示等功能,通过静态显示和数字虚拟交互相结合,体验者可以直观地体验到零运行的汽车;服务区负责解决售后服务的各种功能需求。功能上分为贵宾室、办公室、休息区、服务中心。这种方法是否能带来汽车领域的变化,还需要进一步的关注。

案例来源:1. 谢莹洁."零跑SO1"完成交付零跑汽车如何从博弈中突围[EB/OL].投资者网,2019-07-18.

2. 电动大咖.要做汽车界的"华为",零跑汽车底气何在?[EB/OL].易车网,2019-04-01.

3. 翁萌零跑汽车布局新销售模式,首家直营体验中心11月正式开业[EB/OL].亿欧网,2018-09-20.

第二节 生产和运作导向的商业模式主题

一、生产和运作导向的商业模式的设计思路

生产和运作导向的商业模式强调企业内部的生产运作环节先行,用积极的生产运作管理来引领整个商业模式的开发和运行。[①]

生产和运作导向,就是让企业将产品生产和运作的整个流程的建设作为商业模式的核心线索。生产和运作管理依托于企业所拥有的资源。为了让整个产品的生产线能够有效运转,企业要把所拥有的资源要素,不论是实体资源还是无形资源全部结合在一起,实现资源利用的最大化。对于创业活动来说,资源始终是匮乏的。因此从生产和运作的角度来看,企业在设计商业模式时应该首要考虑的是核心资源。但是在大多数情况下,企业的资源很少能够完全满足其生产运作需求,有些资源就需要通过与其他企业的重要合作来获得。

合作伙伴的意义不仅在于提供资源,同时也可以和企业一起完成一些关键的业务,这

[①] Wirtz B W, Pistoia A, Ullrich S, Vincent Göttel. Business models: origin, development and future research perspectives[J]. Long Range Planning, 2016, 49(1), 36-54.

同样有利于生产和运作环节的推进。关键业务的构建,有利于企业将自己的价值主张传递出去。但根据企业的核心资源不同,组织的关键业务也有所不同。像徐州工程机械集团等大型制造业企业的关键业务在于产品的设计和制造;而像阿里巴巴等电商平台拥有巨大的流量,企业的关键业务在于平台开发和客户维护。

对于企业来说,核心资源和关键业务是相辅相成的。如果缺少核心资源,企业的关键业务无法实现,而关键业务缺位,企业也无法了解核心资源是否能够充分有效。

产品生产出来后,企业需要一系列的运作环节将产品销售出去。在这个过程中,企业的客户细分就派上用场了。企业根据关键业务的不同将客户进行细分,当然细分的标准有很多,包括性别、年龄、地区、个人偏好等。客户细分有利于企业集中资源、降低成本,同时也有利于制定更精准的销售目标,获得更多的效益,减少企业的周转压力。

在确定了服务对象后,企业通过向客户传递价值主张来实现企业的收入。价值主张是企业内部的生产与运作环节在客户管理方面的延伸。[1] 基于客户细分,企业可以通过多种方式,量身为客户创造价值。对于那些注重品质、忽略价格的客户,企业有必要采取差异化的战略,为客户提供高品质的独特服务;如果企业的细分客户是价格敏感型的人群,企业可以采取低成本的战略,通过范围经济、规模经济等方式为客户提供价格低廉的产品。根据细分客户的需求,每个价值主张都包含一类或者几类产品和服务。这些反过来又促进企业有针对性、更有效率地进行生产和运作管理。

企业也可以通过渠道通路间接地为细分客户创造价值,渠道通路作为企业与客户的连接点,加强了二者之间的联系。对于企业来说,可以通过渠道通路直接联系客户,了解客户的需求,为下一次的生产做好调研基础。渠道作为营销的一部分,对于产品的销售十分重要,因此企业会通过加盟代理、特许经营等多种方式打开渠道通路,扩大产品的销售。

不论是客户细分、价值主张还是渠道通路,这些环节的实质都是企业的客户关系管理。客户关系受到客户细分和获取的驱动。稳定的客户关系有利于企业运营的稳定,使企业沿着既定的战略方向发展。同时,良好的客户关系还能够提升客户对企业的信任度,更有利于产品的销售。

企业生产和运作环节的一个重要方面是企业的成本与收入。不论是获得核心资源、执行关键业务还是选择关键合作的过程中都会引发大量的投入,从而形成企业的成本。很多以低成本作为战略方向的企业,尤其需要在这些方面节流。即使战略重心不是低成本,对于很多生产企业来说,通过形成规模经济、范围经济来有效地降低成本,也可以为企业创造更大的价值。

另一方面,企业的资源获取与投入也离不开资金的流入。企业进行客户细分以提供更有针对性的产品和运作模式,将产品销售出去,其成果是获得收入。如果企业的收入无法涵盖企业的成本,企业的生产与运作环节设计就是入不敷出的。只有企业的收入能够以较大水平超过企业的成本支出,企业的商业模式才是有吸引力的。

根据上述分析,生产和运作导向的商业模式设计思路如图 2-2 所示。

---

① Starr, Martin K. Commentary on knowledge creation and dissemination in operations and supply-chain management [J]. Production and Operations Management, 2016, 25(9), 1 489-1 492.

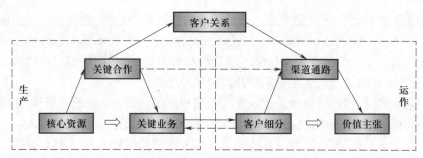

图 2-2　生产和运作导向的商业模式逻辑

二、生产和运作导向的商业模式的关键环节

生产和运作导向的商业模式的关键环节是核心资源的获取。核心资源是指企业在生产和运营中所拥有的独特的资源要素。当这些资源要素是稀缺的、难以模仿的、不可替代时，能够为企业带来持续的竞争优势。企业在选择商业模式前，应先考虑企业是否具有满足产品设计的核心资源。只有企业自身拥有所需的核心资源，才能考虑下一步发展的关键业务。当企业自身的资源无法满足需求时，企业可以通过与其他企业的关键合作，来实现自身核心资源的完整，使核心资源成为企业的独特竞争力，为企业创造价值。

企业的核心资源主要包括有形资源和无形资源。一方面，对于以生产和运作为核心的企业来说，最重要的资源就是生产设备，当企业拥有庞大、先进且高效率的生产设备时，将有利于企业形成规模效应，从而成功实施低成本战略。企业资金链条的稳定也是商业模式发挥作用的基本保障。另一方面，企业的无形资产包含企业的品牌和拥有的专利等，尽管企业需要耗费长时间的物力、财力去形成品牌、开发专利，但这些无形资产一旦形成，就能为企业创造更大的价值。当然一个成功的商业模式的实现必不可少优秀的人才。对于高新技术行业来说，一批具有专业知识和创新意识的员工对企业的研发创新意义重大。对于文化创意企业来说，具有想象力和创造力的设计师尤为重要。

随着技术的不断变革，竞争的不断加剧，如何获得和使用核心资源是企业所面临的重要问题。如果是提供实体产品的企业，为了让产品相对于其他企业具备更强的差异化特征，这时知识资产就极其重要。企业通常在获得收入后，会把一定比例的营业收入投入下一年的产品研发中，加大对新产品的探索和开发，形成一个良性循环。同时，随着居民生活水平的提高，消费者越来越看中高品质的产品，更倾向于选择自己熟知的产品，因此企业也要进行品牌的建设，通过"产品＋品牌"形成自己独特的核心资源，从而为商业模式的设计与开发提供更多支撑条件。

不过，企业的产品研发和品牌建构都需要经历漫长的时间，企业自身的实力可能无法在短期内满足核心资源的充实。当企业自身的核心资源不够支撑时，企业可以寻求其他关键合作来获取所需的核心资源。企业可以通过与高校、研究所共同进行新产品的研发，依托其他技术平台，形成自己的核心资源。企业也可以通过战略联盟、收购兼并等手段获得一些现有品牌的使用权。

在构建核心资源的时候，需要注意资源并不仅仅是存在企业内部就可以了，还需要企业进行资源的整合。资源整合，就是让核心资源之间（如果企业拥有多个核心资源的话），或者是核心资源与企业生产或运作的其他环节之间匹配起来，让资源服务于企业的生产运作环节，真正让核心资源发挥其作用。如果企业不能够有效利用的话，企业所认定的核心资源就不是真正的核心资源，它们的作用仅仅是摆设而已。

三、生产和运作导向的商业模式范例

著名的快时尚服装品牌连锁店 Zara 采用的就是典型的以生产和运作为主题的商业模式。服装行业是一个企业云集、竞争十分激烈的行业，不同的企业采取着不同的商业模式。对于高端品牌 LV、Dior 等奢侈品企业来说，主要通过向奢侈品消费群体传递贵族、时尚的价值主张形成自己的商业模式。对于电商平台淘宝上的众多服装企业来说，通过向低收入群体传递低价、便捷的价值主张也形成了自己的商业模式。在服装行业还有一个特立独行的企业，另辟蹊径地在中价位服装领域开创了属于自己的独特的商业模式，并获得了巨大的成功，这家企业便是 Zara。在服装行业，产品的差异性是企业要向客户传递的一个重要的价值主张。尤其是对于时尚的青年人来说，他们不仅希望通过服装彰显自己独特的个性，也希望能够身着最前卫、最流行的时尚服装。Zara 正好有着能够生产出满足消费者时尚需求的服饰，并且能够快速上架供消费者挑选。

对于 Zara 这样以产品设计和生产运作为中心的商业模式的企业来说，其核心资源保证了企业能够持续获得核心竞争力。Zara 的核心资源包括它具有一定的实体资源，Zara 的产品制造通常都是由企业自身来完成，其创始人在西班牙建立了仓库、地下传送网络，并且拥有自己的航空基地，尽管"欧洲制造"成本非常高，但这样可以快速将新款产品推出，能够打造企业"快"的核心理念。另外，集团内部可以为 Zara 提供稳定的原材料，但 Zara 仍需更多的原材料，为了减少对供应商的依赖，降低供应商反应时间过长的风险，Zara 通过与多家原材料供应商合作，保证快速地获得生产的原材料。同时，Zara 有非常优秀的设计师团队，他们不仅从各个顶级的时尚秀场中找寻灵感，还会从当前街头巷尾的年轻人身上探求时尚因素，并将感知到的时尚元素重新整合，甚至能够在 20 分钟内就设计出最新款的服装。经常的情况是，在时装周结束前，消费者就可以在 Zara 的店里购买到类似的服装了。与其他服装零售集团相比，Zara 的设计师们每年可以推出上万款走在时尚最前沿的服装。

Zara 的关键业务就在于它的生产和运作活动。在生产方面，Zara 通过垂直的模式能够实现快速的生产。由于自己包揽设计、制作、生产的各个环节，因此 Zara 能够自己随时掌握整体情况，实现上下游方面无阻碍的沟通。近年来，Zara 也开始采取了一些代加工的模式，但只是将缝纫工作外包，其他重要裁剪环节都是在企业的严格控制下进行，以保证产品的质量和品牌声誉。在物流方面，Zara 的快也体现在机制上。为了保证"快"，Zara 从不采用海陆运输方式，而是不顾高成本地全部采用航空运输。

在客户细分方面，Zara 主要将目标客户定位于年轻、追求时尚、具有一定消费能力的年轻人。这一类消费群体由于收入有限，并不能经常将奢侈品服饰收入囊中，但又有着对时尚的高度追求，同时他们也具有一定的消费能力，看重产品的质量和品牌。因此，Zara 的产品设计、运作模式都是为了满足这一细分客户的消费需求。

通过向目标客户传递着差异化、多样化的服装款式，Zara 选择"多款式、小批量"的生产方式以打造"独一无二"的价值主张。这样不仅增加了消费者可选的款式样式，提升了购物欲望，还降低了企业的库存成本以及产品打折导致收入降低的可能。

在渠道通路方面，Zara 主要通过实体门店进行销售，也会辅以电子商务业务方便客户选购。通常 Zara 会选择城市的中心位置开设店铺，与 LV 等国际大品牌相邻，其店内装潢也会非常考究，在吸引更多消费者的同时也为他们带去高品质的购物体验。在销售过程中，企业总部会根据各个直营店的销售信息，直接分配产品。同时采取饥饿营销的方式有意制造服装短缺的现象，纵然是当季热销爆款，他们也只提供一定的数量。通常一家店里相同款式的衣服只会有几件，并且不会进行补货。有时在 Zara 的店面里，有些产品即使还有库存但在决定下架后，就不会再销售。这种饥饿营销的方式，使消费者有一种你必须现在就赶紧购买，不然就再也买不到了的感觉，也因此积攒了一大批忠实的消费者。

在与消费者的接触过程中，Zara 也是十分看重客户关系。他们不会向客户不停地推荐各种服装，而是给消费者一种自由挑选的氛围，但是在他们有需求时会及时提供帮助。Zara 的各个门店也会将消费者的情况随时向 Zara 的信息中心传递。Zara 的设计师们会直接与各个店面的店长们对话，直接根据顾客的需求进行产品颜色、款式等方面的修改。由于消费者的需求是不断变化的，从店铺收集到这些信息后，Zara 能够凭借自己的"快"，生产出最流行的产品，满足消费者的需求。

对于 Zara 来说，为了实现其"快"的核心竞争力，在生产和运作过程中并不以降低成本为首要目标，而是主要采取差异化的战略为客户创造价值。尽管欧洲制造和航空运输的方式需要消耗大量的资金，但 Zara 从不在广告营销方面投入大量的费用，与其他品牌相比，Zara 的制造和运输成本远远不及他们在广告方面砸入的重金。另外，由于"快时尚"的流行，也为 Zara 带来了巨大的收益。产品上架速度快、数量小，刺激了消费者的购买欲，同时产品不需要打折就可以有很好的销售量更为 Zara 创造了巨大的价值。整体来说，销售量保证了 Zara 的收入来源，也完全能够支撑企业在生产方面的高成本。

基于"快时尚"的核心理念，Zara 在调研、设计、生产以及运输等各个环节高度整合，利用自己的核心资源，积极响应顾客的需求，针对自己的目标客户传递企业的价值主张，提供更多的增值服务。同时，企业通过垂直化的供应链模式，让商品流通率大大提升，通过产品的快速更换率，为企业成功打下基础。Zara 这种以"快时尚"生产和运作为核心的商业模式使企业领跑于各服装品牌。

第三节　资金和利润导向的商业模式

一、资金和利润导向的商业模式的设计思路

资金是企业能够存货和流转的润滑剂。企业成立的最终目的是实现利润最大化。[①]那么，企业如何才能实现利润最大化呢？总体而言，主要有两种途径：一是增加收入；二

---

① Shafer S M, Smith H J, Linder J C. The power of business models[J]. Business Horizons, 2005, 48(3), 199–207.

是降低成本。资金和利润导向的商业模式设计就需要紧紧抓住这两条原则。

首先,企业仍然要把客户放在商业模式的核心位置。不过,此时的企业并不仅仅强调营销和客户管理,而是结合客户的特征深入思考如何提高企业的盈利能力。没有(可获益的)客户,企业就难以获得利润,也就难以存活。为了使企业能够更加有效地管理客户,并且更好地满足不同客户的消费需求,企业可以考虑根据客户的需求偏好和个体行为等特征,把客户分成不同的细分类别。例如,企业可以根据不同客户群体的收入水平及其为产品和服务的需求和付费意愿进行客户细分。这样可以有针对性地、尽量多地深度开发不同类型的市场,抓住更多的潜在客户并达成关键合作,从而在提高客户满意度的同时提高产品、服务收费,最终实现利润最大化的目的。客户细分是客户关系得以维持的基础。企业可以通过为客户提供专用的个人助理服务,全方位、深层次地满足客户的需求,实现增加收入的目的。除此之外,还可以通过共同创造的方式与客户共同创造价值,如鼓励客户参与到创新设计过程中来。这样不仅可以与客户建立更加长久信赖的关系,还可以由客户分摊成本,从而实现利润增长。

企业要把收入作为商业模式的首要出发点。收入来源是企业从每个客户群体中获得的现金收入,是维持企业运营的持续动力。传统的商业模式通常包含两种不同类型的收入来源。第一种收入来源,是与客户在买卖交易过程中所获得的收入,即产品或服务在交易完成时就获得了收入,并为销售方实现了货币的时间价值,杜绝了应收账款变为坏账的可能性。这是企业经营时最理想的状况。第二种收入来源,是客户为了获得更加全面的售后服务而需要持续支付的费用,常见于生产设备、家用电器或电子产品行业。

不过,随着企业经营环境的变化,现在企业,特别是新兴领域的企业,已经出现了很多新型的收入来源。比如,企业在销售产品的同时提供产品出租服务,一方面,可以实现资源的有效利用而增加企业的租赁收入;另一方面,可以满足那些资金不足和对产品使用频率较低的客户的需求。再比如,互联网企业在为众多网民提供网络资信、电子邮箱、资源下载等服务的同时,他们的收入来源却是网络广告收入。总而言之,企业应该在保证主营业务收入的同时,尽可能多地开发其他业务收入,从而获取更多的利润。

成本结构是企业为了运营商业模式所引发的一系列成本。从资金和利润导向的角度来看,成本主要来源于生产成本和期间费用。生产成本,指的是企业为了生产产品或提供劳务所需要支付的相关费用。期间费用,指的是在生产经营过程中企业所需支付的相关费用,包括财务费用、管理费用和销售费用等。通常来说,新创企业在建构商业模式的时候,不论采取哪一种成本结构,都应该努力追求成本最小化。一方面在生产过程中应该实现原材料的有效利用,避免浪费;另一方面在经营过程中,控制费用支出,减少借款利息和与管理相关的花费。除此之外,企业还可以通过扩大产量和经营范围的方式,实现规模经济和因扩大范围而产生的成本优势。

价值主张是企业得以吸收客户的资金创造收入和利润的一个内在逻辑。[①]价值既可以是定量的,如产品的价格或者服务的速度等;也可以是定性的,如产品设计或者客户体验

---

① Ulaga, W, Eggert A. Value-based differentiation in business relationships: gaining and sustaining key supplier status[J]. Journal of Marketing, 2006, 70(1), 119-136.

等。企业针对不同客户实施不同的价值主张,有助于提高客户对企业的忠诚度,实现长期合作共赢,从而有利于企业获利并实现基业长青。企业实施价值主张需要考虑的要素除了新颖性、定制化、风险抑制、便利性,还需要重点考虑的因素是价格和成本削减。企业可以通过降低价格满足价格敏感型客户的需求,还可以通过帮助客户削减成本的方式创造价值,这样能够为客户解决资金烦恼。迎合客户需求的价值主张有助于销售渠道通路的畅通。

根据上述分析,从资金和利润的角度来讲,企业的商业模式逻辑如图 2-3 所示。

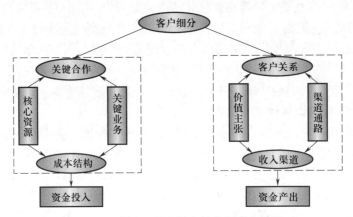

图 2-3 资金和利润导向的商业模式逻辑

二、资金和利润导向的商业模式的关键环节

资金和利润导向即意味着企业要把财务状况作为商业模式的核心要务,要努力促进企业实现收入最大化和成本最小化,从而最终实现利润最大化的目的。由此可知,财务要素对于商业模式目标的实现具有促进作用,在商业模式设计中需充分考虑财务因素。在此种商业模式的建构中,为了有效控制企业的资金往来和成本结构,提升企业的利润,创业者应当尝试编制一份线索清晰的利润表,借此摸清企业的资金去向和利润构成。

利润表是反映企业在某一特定时期(如季度、半年度、年度)经营绩效的一种重要的财务报表。通过对利润表进行解读和分析,如分析企业的营业收入、营业成本的数值大小、变化趋势以及产生变化的原因,可以帮助报表使用者准确把握企业的发展态势和经营业绩,进而分析和预测企业未来的现金流量,判断企业的盈利能力及挖掘具有增长潜力的项目,为财务报表的使用者进行商业决策提供参考。

利润表编制的理论依据是"收入 – 费用(+ 利得 – 损失)= 利润"。同时,按照收入实现原则和配比原则,使得一定时期内营业收入与同一会计期间收入、成本相配比,即可计算净利润。企业在生产经营过程中会产生工资、利息、广告、运输等各种费用支出,也会取得销售收入等各种收入,收入与费用支出的差额就是企业的盈利,反映了企业在某一会计期间的经营成果。如果企业经营不当,费用支出大于取得的收入,说明企业发生亏损;反之,企业取得盈利。无论是亏损还是盈利,企业都应该按时编制利润表。因此对利润表的条目进行编制,实际上就是企业反思和分析企业整个商业模式的运作流程,以及企业资金和利润结构的过程。

利润表的基本形式如表 2-1 所示。

表 2-1　利润表示例

编制单位:　　　　　　　　　　　　　年度　　　　　　　　　　　　单位:元

项目	行次	上年数（略）	本年累计数
一、主营业务收入	1		
减:主营业务成本	4		
主营业务税金及附加	5		
二、主营业务利润（亏损以"–"号填列）	10		
加:其他业务利润（亏损以"–"号填列）	11		
减:营业费用	14		
管理费用	15		
财务费用	16		
三、营业利润（亏损以"–"号填列）	18		
加:投资收益（损失以"–"号填列）	19		
补贴收入	22		
营业外收入	23		
减:营业外支出	25		
四、利润总额（亏损总额以"–"号填列）	27		
减:所得税	28		
五、净利润（净亏损以"–"号填列）	30		

作为企业,利润（净利润）最大化始终是经营者的初衷和不断追求。从净利润计算的关键环节可知,实现利润最大化主要通过两种途径:一是增加企业的主营业务收入和其他业务利润,做到"开源";二是减少企业的主营业务成本、销售费用、管理费用和财务费用等开支,做到"节流"。

在增加企业收入层面,企业应该把客户放在重中之重的位置上。企业要对客户按照需求、购买能力、购买意愿、接触渠道等方面特征进行细分。然后针对每一类型的客户制定出详细的客户开发策略,通过渠道通路,将企业的价值主张,如新颖性、定制化、风险抑制、便利性、产品价格等传递给客户,以最大程度地满足不同类型客户群体的需求,从广度上抓住更多潜在客户,提升企业的销售额,增加企业的营业收入。同时,对于已经建立客户关系的老客户,也要加强维护,做好售后服务,重视客户提出的关于产品改善的问题。这样既可以通过提高客户满意度而追加销售,进一步扩大销售额,又可以加强客户对本企业品牌的忠诚度,为以后年度的主营业务收入提供保障。除此之外,企业还可以通过增加其他业务收入的途径提高总体收入水平。比如,对于高速公路服务区而言,不仅可以为司乘人员和旅客提供饮食住宿服务,为沿途车辆提供加油、汽车修理服务及其他配套服务以增加主营业务收入,还可以通过餐桌广告增加广告费收入,为快递业提供仓储管理、物流配送和货物中转等服务,增加其他业务收入。

在减少企业成本层面,企业应从核心资源和关键业务入手,减少企业的主营业务成本。为了维持企业的生存发展,每一个企业必须拥有领先于其他竞争对手的核心资源和关键业务,而这些往往伴随着一定成本。为了节约成本,就要求企业在生产过程中实现原材料的有效利用,避免浪费。同时,对企业的销售人员、管理人员的花费也要有所控制,做到"不该花的钱不花",以此降低企业的销售费用、管理费用。除此之外,企业还可以通过扩大产量和经营范围的方式,实现规模经济和因扩大范围而产生的成本优势。

三、资金和利润导向的商业模式范例

资金和利润导向的商业模式的典型范例之一是建立在高速公路旁的服务区。[①] 服务区针对不同的细分市场提供不同的服务,有明确的客户细分,主要分为三类:旅客、司机和合作商。服务区一方面可以为高速公路上的旅客和司机提供人员休息区(包括饮食、住宿等)。另一方面,也可以为沿途车辆提供加油、汽车修理服务及其他配套服务。除此之外,服务区还通过为两个或多个相互依存的客户细分群体提供服务,营造消费者在服务区休息的良好氛围和环境,从而为合作商创造盈利机会。合作商通过更加物美价廉的商品和优质的服务吸引更多司乘人员购买自己的产品,由此不仅可以提高自己的收入,还可以使服务区免费为消费者提供服务,从而降低服务区的经营成本。客户细分往往和客户关系是密不可分的,服务区精确的客户细分有助于客户关系的建立和维护,提高服务区的盈利能力。

服务区的核心资源在于在高人口密度和高车辆密度的相对封闭的场所搭建服务平台。平台通过促进各方客户群体之间的互动来创造价值。为了实现服务区平台运营商的定位,服务区在平台管理、服务提升和平台推广三方面分别采取如下措施:

在平台管理上,服务区通过严格专业化的品牌管理体系进行品牌管理,在实现品牌连锁差异化的同时,规范供应商在服务区设置的各种品牌。为了提高平台的运行效率,服务区对平台的人、财、物实施三位一体的管理模式,确保服务区对司机和旅客提供全方位服务。除此之外,服务区还进行了终端管理,进而提升平台的视觉识别度。

在服务提升上,服务区采用高速驿网的核心价值,具体而言有三大特点,一是追求社会责任感;二是以客户为中心;三是不断追求创新,试图以此为宗旨进而为客户提供高品质的服务。在对消费者的服务上,服务区充分考虑消费者需求的多样性,有针对性地为消费者提供专业化、个性化服务。对于普通的价格敏感型消费者,服务区提供公共服务,满足该部分群体基本的生活需要。对于愿意为某些个性化服务额外支付费用的消费者,服务区还专门为其量身打造所需的产品和服务,在增加营业收入的同时也提高了消费者对服务区的满意度。服务区还为合作商提供品牌维护,帮助合作商进行员工培训,以达到建

---

① 朱维杰.商业模式对盈利能力的影响研究——以 X 高速公路服务区为例[D],浙江工商大学硕士学位论文,2013.

立优质服务平台的目的。

在平台推广上,服务区可以通过挖掘自身媒体,如餐桌广告,使旅客和司乘人员在进餐时潜移默化地受到广告的影响。服务区还可以通过创办高速驿网杂志,利用媒体的方式推广高速驿网品牌,从而提升它们在消费者心目中的美誉度和知名度,最终达到扩大消费群体、增加销售额的目的。在平台发展成熟后,还可以以"路"为中心,沿高速路、省道、国道进行复制和扩张平台模式,从而占据更大的市场,提高盈利水平。

服务区的重要合作主要体现在与合作商和消费者之间建立的合作伙伴关系。服务区为合作商提供人口密度和车辆密度均较高的相对封闭的市场,并且提供资源和服务。这使合作商可获得消费潜力大、流动性较强的市场,有利于产品和服务的销售。为了回报服务区,合作商除了为消费者提供有保障的优质服务来为服务区赢得良好口碑,还定期向服务区提供租赁场地的租赁费。如此一来,就可以在服务区、消费者和合作商三者之间形成良性循环,最终达成三方共赢的局面。

服务区的收入来源是多样性的。最初阶段,服务区通过经营性设施(主要包括加油站、餐饮部门、购物超市、娱乐休闲、商务活动等设施)为高速公路使用对象提供必须或者可选的服务,进而获得经济效益。随着经济与社会的发展,高速公路服务区所承载的功能也得到了更加广泛的扩展。比如,有的服务区充当起旅游集散地的角色,有的服务区充当起特产展示销售区的角色。这些功能为服务区出租场地提供了机会,深度挖掘了服务区的潜能,实现了收入的多元化。与此同时,物流业的兴起与发展也为服务区的发展带来了新的契机,服务区可以在空余的场地筹建仓库为快递企业提供仓储管理服务,也可以与特定的电商合作,提供物流配送、货物中转等服务。

服务区的成本构成主要体现在服务区人力成本、公司运营成本(项目运营、采购、物流)以及平台开发与维护成本。服务区在生产运营过程中,人力资本所占比重较大。因为,服务区远离市区,雇用的工作人员往往难以像其他工种的雇员一样正常上下班,服务区需要花费成本为这部分员工提供食宿和高额工资,以提高员工的满意度,使其为消费者提供更优质的服务。公司运营成本也是成本构成的重要组成部分。位于相对封闭的高速公路上,给服务区生产运营过程中原材料的采购、运输造成一定程度的不便性,为了节约单程进货成本,服务区往往会实施一次性大量采购,由此又会产生仓储成本。

整体而言,服务区的商业模式是以客户细分为核心,通过服务区场地和设施、与合作商建立有效合作平台,最大限度地满足客户需求,实现收入的多元化和持续性。

本 章 小 结

本章是对商业模式内在构成模块和逻辑的进一步分析。基于商业模式的九大模块构成,本章区分了三类不同导向的商业模式。其中:

营销和用户导向的商业模式强调营销和用户先行,用市场和用户来引领整个商业模式的开发和运行。营销和用户导向的商业模式的关键环节是客户细分。

生产和运作导向的商业模式强调企业内部的生产运作环节先行,用积极的生产运作管理来引领整个商业模式的开发和运行。生产和运作导向的商业模式的关键环节是核心资源的获取。

资金和利润导向的商业模式强调企业的利润最大化,即通过增加收入或降低成本的基本原则来实现企业的价值主张。资金和利润导向即意味着企业要把财务状况作为商业模式的核心要务。

这三类商业模式存在不同的内在逻辑、关键环节和应用场景。这也正是创业者在设计和创新商业模式时所必须考虑到的。特别是随着技术和经济的不断发展、演化,新的产品和行业不断出现,创业者尤其应当积极探索不同类型商业模式的开发,或者是它们的不同组合,才能适应商业模式的新发展情境。

复习思考题

1. 营销和用户导向的商业模式、生产和运作导向的商业模式、资金和利润导向的商业模式之间最本质的差异是什么?

2. 请分别列举一个制造业和服务业的企业案例,说明其商业模式属于哪一类型商业模式。

即 测 即 评

请扫描二维码进行即测即评。

本章案例分析

"小毛驴"的商业模式

1. 公司简介

4月28日,北京郊区凤凰岭下,田野碧绿、空气怡人。小毛驴市民农园的一块菜地里,几个戴草帽的农夫装扮的人正蹲在田间种菜、浇水。事实上,这些人既不是农民也不是雇工而是这些菜的消费者。

"生产者和消费者合一,种在当地,吃在当季。"小毛驴市民农园的创始人之一石嫣管这叫"短链农业"。"短链农业"是相对于工业化、规模化、漫长的食品产业链而言的。石嫣28岁,是中国人民大学农村与农业发展学院在读博士。

2009年3月,"小毛驴"以社区支持农业(community supported agriculture,CSA)模式正式对外运营,方式有两种:一种是农园每周为会员配送有机蔬菜;另一种是会员须每周到农园参与劳动,租用"小毛驴"以30平方米为单位的地块若干,自己管理并收获有机蔬菜,"小毛驴"提供应季种植的种子、有机肥料、水和技术指导。前者叫配送份额,后者叫劳动份额。至2010年,二者的数量分别达281户和123户。

"CSA,就是当地的消费者通过参与农产品生产的全过程来自我认证。而一旦产品服务于常规化的市场,就需要第三方认证。认证成本很高,每个品种1万元,小农场很难承担。"石嫣说。2008年,她曾在美国明尼苏达州的地升农场(Earth rise)当了半年农民,那边的 CSA 农场,很多都没有进行第三方认证,消费者如果对有机性心存怀疑,只需亲临农场走走看看,兴致上来了,干脆挽起袖子参与农场的劳动。

除了消费者亲身参与劳动,"小毛驴"与当地农民还建立了"雇佣制"的合作方式,这种方式将单家独户农民转型生态有机耕种的风险揽了过来。目前定期在农园工作的有15 名农民,负责配送份额的耕作,按天付工资,月薪 1 500 元左右。

根据生产方式不同,"小毛驴"采取了不同的合约方式:对于"配送份额"而言,规定在每个季节的种植之初,预付下一季蔬菜的全部费用,三口之家每周配送一次,一季预交2 400 元;对于"劳动份额"而言,则以家庭为单位,租一个 30 平方米的标准单位,预付年租金 1 500 元;2011 年新增托管劳动份额,消费者播种,预付年租金 3 000 元,农园代为浇水、施肥、除草、间苗、整枝、除虫。2010 年,农园的蒿子秆生虫害,全部被深埋,使得配送份额在当季没有收到蒿子秆,播种蒿子秆的"劳动份额"也是颗粒无收。

2. 行业内的主要模式

在食品安全问题频发的背景下,各种替代食品模式不断涌现,尝试着突破现有的食品帝国现状,以保障食品安全。目前,国内在短链食品上存在几类主要的发展模式:

社区支持农业。社区支持农业是指社区的消费者对农场运作作出承诺,与农民共同承担粮食生产的风险和分享利益。这一理念的关键在于避免中间商来操纵食品经济,建立生产者和消费者之间直接的联系和信任关系。在此模式下,农民在具有生态安全的农业系统中生产能带来健康的食物,消费者承担生产耕作的风险但是能够获得健康放心的食品。

农夫市集。当前有机农夫市集的模式在全国各地受到关注。如北京有机农夫市集从2010 年就开始发起,至今已经举办了 10 多次大型市集,参加的农户和消费者迅速增加。该市集坚持对所有北京的农户实行先拜访、后入市的原则,保证人们可以买到没有添加任何化学成分的农产品。

巢状市场。巢状市场是特定的生产者生产出的高质量农产品与特定的消费者直接联结。由于减少了不必要的中间环节,不仅城市消费者能够享用价廉安全的农产品,而且农民也可增加收入。在项目前期,项目人员在宣传、下乡拜访农户、建立生产者及消费者小组、带领消费者前往农村购买农产品方面做出了大量努力,而在项目活动比较常规化以后,项目人员逐渐退出,由当地农民自己接受订单、组织往城市送货。

数字化农业。在信息化时代,互联网在这一场食品安全危机中也逐渐发挥出重要作用。一些企业可以使用现代信息技术对农业生产过程进行全程跟踪记录,从而提升用户的信任度。

3. 商业模式的未来挑战

"小毛驴"本质上还是一家企业,隶属国仁城乡(北京)科技发展中心,后者是一家非营利性社会企业,2008 年 5 月成立,注册资金 30 多万元人民币。注册资金由中国人民大学温铁军、香港中文大学刘建芝等教授捐赠而来。尽管不以营利为目的,终归还是会遇到发展壮大、路往哪里走的问题。事实上,许多风投来找过"小毛驴",但他们大都要求 3 年的回报期。"一个猪棚,只能放 10 头猪,按风投的规划就放 100 头,这是原则问题,我们都拒绝了。这种资金就不来了。"石嫣一撇嘴,倒有些自嘲的味道。目前,CSA 运转依靠预算,预算开支多少,招募多少份额,以此确定每个份额的价格。可以说,管理者的工资与农园的利润,都是在年初预设好的。

"小毛驴"与消费者共同转嫁了农民转型有机农业的风险,其自身的运营风险如何控制?石嫣的导师温铁军算了一笔账:2010年,农园收支勉强平衡,配送份额、劳动份额加上一些零散的养殖、接待、零售,构成收入部分,支出部分包括农资投入、雇佣费用、固定资产、培训开支等,合计100多万元,其中尚未包括地租和实习生的开支。2011年是基地共建免地租的最后一年,来年,130亩的地皮费用也要纳入预算。

对于"小毛驴"的未来,石嫣希望它能够成为一个消费者合作社,几百户会员共同投资,每个人都是股东,参与农耕的监督与管理,这是CSA最纯粹的模式。"石嫣他们未来都会是'局外人',农民与消费者之间将建立直接的合作关系,风险共担。当下,他们其实是以一种雇佣关系,一方面给农民降低风险,另一方面为农民有机生产树立标准。""劳动份额"之一的尹瑞庆对记者说。

案例来源:1. 吴琼.小毛驴:"短链农业"如何回归[J].中国企业家,2011,1:61–63.
2. 林杜娟.食品安全危机背景下中国短链食品的发展与前景[J].绿色科技,2013,3:157–161.

案例分析问题:

1. "小毛驴"的商业模式有什么特点?
2. 未来"小毛驴"可能遇到哪些挑战?

参 考 文 献

1. 吴琼.快时尚服装品牌竞争力来源分析——以ZARA为例[J].科技创业月刊,2014(1):77–79.

2. 丁金辉.奢华产业企业商业模式与竞争优势研究[D].南开大学,2009.

3. 闫文丽.快时尚商业模式比较研究[D].北京服装学院,2010.

4. 吴昕烨.我国快速时尚品牌发展策略研究[D].浙江理工大学,2014.

5. 张梦霞.市场调研方法与应用[M].北京:经济管理出版社,2011.

6. 龚益鸣,丁明芳,崔建.顾客需求识别及其模型[J].复旦学报(自然科学版),2003,42(5):718–720.

7. 石玉杰.编制利润表时应注意的问题[J].中国集体经济,2010,5:158–159.

8. 钱红光,代文,王芬.基础会计[M].大连:东北财经大学出版社,2016.

9. 王朝弟.我国商业银行资金运作模式变迁的机理和规范路径[J].金融监管研究,2013,4:1–21.

10. 薛维峰.利润创造的两种逻辑与商业模式范式根本转变商业时代[J].商业时代,2012,28:4–5.

11. Barney J.Firm resource and sustained competitive advantage[J].Journal of Management,1991,17(1):99–120.

12. Grover R,Srinivasan V.A simultaneous approach to market segmentation and market structuring[J].Journal of Marketing Research,1987,24(2):139–153.

课后阅读

1. 亚历山大·奥斯特瓦德,伊夫·皮尼厄,格雷格·贝尔纳达,艾伦·史密斯.价值主张设计:如何构建商业模式最重要的环节[M].余锋,曾建新,李芳芳,译.北京:机械工业出版社,2015.

2. 陈威如,余卓轩.平台战略:正在席卷全球的商业模式革命[M].北京:中信出版社,2013.

3. 魏炜,朱武祥.新金融时代:发现商业模式[M].北京:机械工业出版社,2009.

4. 魏炜,朱武祥,林桂平.基于利益相关者交易结构的商业模式理论[J].管理世界,2012,12:125–131.

5. Hedman J, Kalling T.The business model concept: Theoretical underpinnings and empirical illustrations[J].European Journal of Information Systems, 2003, 12(1):49–59.

6. Demil B, Lecocq X.Business model evolution: in search of dynamic consistency[J]. Long Range Planning, 2000, 43(2–3):227–246.

7. Morris M, Schindehutte M, Allen J.The entrepreneur's business model: Toward a unified perspective[J].Journal of Business Research, 2005, 58(6):726–735.

第三章
企业成长与商业模式设计

学习目标

1. 理解企业的性质与目的体系。
2. 把握企业生命周期的特点。
3. 理解企业在不同发展阶段商业模式的特点。
4. 理解企业发展各阶段的商业模式设计。

开篇案例:

从利基到蓝海:万恩化学的商业模式设计

　　万恩化学是一家以生产商务洗涤剂为主要业务的企业,成立于20世纪90年代初。自成立开始,万恩化学经历了三个不同的发展阶段——洗涤剂生产、自动控制、洗碗机租赁,终于从竞争激烈的洗涤剂这一"红海"中发现了洗碗机租赁这一"蓝海"。

　　创业之初,万恩化学生产宾馆、酒店用于清洗床单、毛巾、餐具的商务洗涤剂。该行业多为中小企业,进入门槛不高,竞争十分激烈。由于无法与国外的大品牌竞争四星级以上酒店等高端市场,几乎所有国内同行都把目标瞄准三星级宾馆。这一市场也成为名副其实的"红海"。其商业模式也十分简单:生产+销售。但数年后,发现利润越来越薄,必须寻求其他出路。

　　1999年前后,创始人意识到必须对商业模式进行重新设计。因为他发现,由于洗涤质量受人为因素影响较大,同行中不少人通过回扣等手段同客户负责人搞好关系,而导致其客户流失。于是组织力量加强研发,通过自动控制系统防止操作人员干预洗涤过程,及时提供供货、维修服务,有效地改善了洗涤质量,迅速占领了中端市场。这一时期的商业模式为:产品+销售+服务。

> 2008 年北京奥运会召开前夕,政府对餐饮企业餐具清洁等方面提出了更高要求。万恩化学经过分析,认为随着人工成本的上升,洗碗机取代人工洗涤是一个趋势。于是,通过自主研发开发出洗碗机进行租赁,迅速赢得了眉州东坡酒楼、华天饮食等客户,也带来了洗涤剂业务的快速增长。洗碗机租赁成为"蓝海"。公司的商业模式也转变为:产品+销售+租赁+服务。到 2018 年,公司已经成长为行业内唯一通过国家规定的 QS 标准(食品安全标准)认证的企业,在全国设有 18 家分支机构,形成强大的经营服务网络,成为龙头企业。
>
> 案例来源:根据公开资料整理而成。

随着信息化的全面发展和互联网的高速联通,企业面临着瞬息万变的内外部环境,企业的发展和成长必须紧跟环境的改变、行业的调整以及市场的变化等外部环境的要求,同时也要时刻洞察企业自身所处发展阶段和行业地位,不断审视自身采取的商业模式是否能与复杂的市场环境相匹配,及时针对企业具体阶段和发展状况设计更为有效的商业模式,使之与企业的组织设计相契合。

第一节　企业的性质

本书的研究对象是商业模式。如果商业模式是企业价值创造的逻辑系统,那么在设计商业模式之前有必要理解企业的性质。本节试图回答以下问题:企业是什么? 企业的目的是什么? 为什么企业需要创新? 商业模式与创新之间存在什么关系?

一、企业的概念

"企业"一词是一个舶来品,日本人首先将"enterprise"翻译为"企业"这一汉字组合,之后"出口"到中国。"企"就是企图,也就是有野心的图谋;"业"的本意是"技艺",引申为"困难的事情"。"企业"的本意就是企图完成困难的事情。

企业不仅是管理学和经济学的研究对象,也是其他社会科学研究中不能忽视的对象。不同的学科对于企业有着不同的理解,所以尽管我们平时都使用这一汉字组合,但是对企业的定义却是多种多样的。即使在同一学科中,不同的历史时期和不同的学者认识也不尽相同。

管理学对企业的理解是与"组织"联系在一起的。与其他学科相比,管理学最为突出的特点在于:它强调具有利己性的同时具有利他性,主张在人与组织的关系中理解管理现象。所以,管理学中的"企业"概念也是随着组织观的演变而变化的。

为了理解企业的概念,我们不妨先来回顾一下管理学发展历史中对组织认识的演变。美国学者里查德·斯科特使用一个矩阵来说明管理学中组织观的演变。这个矩阵的横坐标是封闭性和开放性,即认为组织是封闭的或是开放的,代表了对组织与环境关系的认识;而纵坐标是人性观,也就是说,是将人当作为了追求经济利益而活动的"理性人",还是将人当作存在多种需要、在与他人的合作中生存的"社会人"。

1938年,切斯特·巴纳德(Chester I.Barnard)在《经理人员的职能》一书中提出了有机的、系统的组织观。之后,日本学者山本安次郎在此基础上提出了"管理存在"概念。协作体系(cooperative system)和管理存在(administrative being)是有机体系统理论的核心概念。

1. 协作体系

巴纳德认为,人是一个具有自由意志和选择力、决定力的主体,而不是被操纵的客体。这不同于"经济人假设",也不能与"社会人"假设画等号。个人的活动受到来自物的因素、人的因素和社会因素的制约,为了克服这些制约就有必要参与协作。协作体系是"由两个以上的人为了一个或更多目的进行协作而引起、处于明确的系统关系中的物理的、生物的、人的、社会的要素所组成的复合体"。

由此可见,协作体系是由物的体系、人的体系,以及社会体系组成的一个整体,不同类型的协作体系的共性在于"组织系统"的存在。巴纳德对正式组织的定义是:"经过有意识的调整的两个以上的人的活动或力的体系。"正式组织的成立需要具备三个要素:共同目的、协作意愿和沟通;同时,正式组织为了继续生存需要具备两个条件:有效性和效率。

2. 管理存在

山本安次郎(Yamamoto Yasujiro)在1961年提出了"经营体"概念,认为"经营体"是一个由"企业""事业"和"经营"组成的整体,三者分别代表"意志主体""行为主体"和"经营对象"。它们之间的关系用一句话来表达就是"企业经营事业"。

小笠原英司(Ogasawara Eiji)指出,山本安次郎对企业的理解可以用"经营存在论"来概括,主要观点为:经营体中,"企业"(即意志主体)是一个主体,"事业"(即经营对象)是一个客体,二者通过"经营"(行为主体)形成统一。所以,经营体的实质就是一种存在,是一个主客统一体。意志主体、行为主体和经营对象又分别代表了管理存在的6个领域,即所有与支配、组织与管理、事业与作业。

二、企业的目的体系

在创业过程中,无法回避的第二个问题是:创业的目的是什么? 创业目的也可以理解为企业的目的,但是要与创业者个人的创业动机相区别。因为新创企业一旦成立,本身就成为一个有机体,创业者个人的意志不能代表企业的意志。在任何时代,企业的目的都可以概括为以下三个方面:利润目的、生存目的和社会目的。

(一)利润目的

企业的利润目的就是通过经营获得利润。无论是在资本主义国家还是在社会主义国家,无论是国有企业还是私有企业,作为一个从事经济活动的组织,企业必须获得比投入更大的产出,也就是说必须获得利润。

企业的经营活动的实质是一种创造价值的过程,为了使这种过程得以延续,需要企业能够从经营活动中获得利润。所以,企业追逐利润无可厚非。问题的关键在于,是否将其作为企业的唯一至高无上的目的?

(二)生存目的

如前所述,企业是一个由意志主体、行为主体和经营对象构成的有机体,是一种管理存在,所以它和其他有机体一样具有生命。企业如同它的产品一样具有生命周期,而对于新创企业而言其"寿命"在大多数情况下是短暂的。我们通常将那些历史悠久的企业称为"百年企业",这句话其实有两方面的含义。一是企业是一个有机体,其生命周期可以比人类更长。二是企业"生命"的延续绝对不是一件轻而易举的事情,因为大多数的新创企业还没有经历发展、成熟就在草创期"夭折"了。

企业的生存目的就是使企业能够持续地开展经营活动。无论企业的性质如何,生存都是企业实现目的和目标的前提。新创企业的生存必须具备两个方面的条件。一方面,它必须有效地实现创业目的;另一方面,它必须使成员在创业活动中获得满足。正如求生是人的本能一样,生存和活动的延续可以说是企业的基本要求之一。

（三）社会目的

利润目的和生存目的分别指追求利润和求得生存的目的,这两种目的是企业生存和发展的基础。与此同时,企业作为一个管理存在必须通过事业完成社会使命。利润目的和生存目的相对于社会目的而言,只能是一种手段。

小笠原英司认为,企业的目的体系由利润目的、生存目的和社会目的构成。他指出,有必要对企业目的体系进行分层次的构建,即将企业的事业使命置于利润目的、生存目的这两种利己的目的之上。也就是说,企业的存在意义在于通过事业完成社会使命,而获得利润和实现生存是事业活动的目标。

三、企业家精神

创业与创新是一对不可分割的概念。较早提出创新概念是经济学家约瑟夫·熊彼特（Joseph Alois Schumpeter）,但是他对创新与企业家精神的研究并没有引起人们更多的关注。直到彼得·德鲁克（Peter F. Drucker）出版了《创新与企业家精神》,熊彼特的研究才重新开始引起人们的关注,尤其是当企业面临的经营环境急剧变化时,创新的重要性就会显得更加重要。

（一）熊彼特对创新的理解

熊彼特在 1912 年出版的《经济发展理论》和 1939 年的出版的《经济循环理论》中,提出了他的创新思想。其主要观点可以概括为以下 3 点。

1. 资本主义经济发展是一个创造性破坏的过程

熊彼特认为,资本主义的本质在于由企业家的技术创新引起的动态发展过程;而约翰·梅纳德·凯恩斯（John Maynard Keynes）则认为资本主义经济的实质在于政府对社会需求动向的控制,而对供给构造的质的变化即技术创新的侧面采取了不闻不问的态度。

2. 创新的实质是生产要素与生产条件的组合

熊彼特认为,这种组合包括以下 5 个方面:① 采用一种新产品或一种产品的新特性;② 采用一种新的生产方法;③ 开辟一个新的市场;④ 获取或控制原材料或半成品的一种新的供应来源;⑤ 实现一种新的工业组织,或打破一种垄断。

3. 创新是一个非连续的过程,而企业家是创新的主体

对熊彼特而言,在经济发展过程中起重要作用的就是创业者或创新者,而不是发明者或模仿者。发明者能够发现新的技术,但是不一定能够将它转移到生产中;而模仿者不

过是进行一种适应性的反应,不可能成为推动经济发展的动力。

（二）德鲁克对创新的认识

德鲁克借鉴了熊彼特有关创新的观点,并从管理学的角度进行了研究。他认为,创新是实现企业的事业目的的一个重要手段,事业目的就是要创造顾客,而实现这一目的主要有两种手段:一是创新,二是市场营销。

值得指出的是,德鲁克对创新的定义没有停留在技术创新的层次上。他认为,创新有两种情况:一是技术创新,即寻找自然物的新运用,追求自然物的新的经济价值;二是社会创新,即在社会某领域中创造一种新的管理机构、管理方法、追求资源配置中更大的经济价值和社会价值。

德鲁克将创新的来源归纳为7个方面:① 意外之事;② 不协调;③ 程序需要;④ 产业和市场结构;⑤ 人口变化;⑥ 认知的变化;⑦ 新知识的出现。德鲁克在《创新与企业家精神》一书中指出,创业是一个创新的过程。在这个过程中,新的产品和服务的机会被确认、被创造,最后被开发为财富。而企业家精神的本质在于创新,在于为顾客创造新的满足和新的价值。

第二节　企业的成长

一、企业的成长要素

企业的成长要素是指企业(经济活动主体)进行经济活动所必须具备的内部条件,也是企业用于创造财富、投入生产和管理活动的主要资源。

（一）人力资源

企业中的人力资源要素是企业经营活动的主体,是其他各要素的支配者。主要包括:企业的领导者、管理者及企业的广大员工。

在企业的成长要素中,人力资源是首要的、基础的、决定性的要素。资金靠人筹集和运用,设备靠人制造和使用,信息靠人收集和处理,商品购、销、运、存等要靠人组织和实施。

人力资源之所以成为现代社会和企业成长最主要的决定性因素,起因于现代经济和现代企业的发展,即新技术、新设备的不断应用。更重要的是,它直接来源于人员要素所具有的特性,即人的能动性和高增值性。正是这个特征使其在企业发展中起主导作用,处于中心地位。人员要素发起、使用、操纵和控制着其他要素,使其他要素得到合理有效的开发、配置和利用。在企业经营活动中,它是唯一起到创新作用的因素。其他因素在使用过程中只会引起自身损耗,而人员要素却能自我补偿、更新和发展,并在不断更新和发展过程中实现更大价值,所以它是一种高增值的或高附加值的资源。

（二）信息

信息是能被人们认识和理解的、与企业经营管理有关的各种消息、情报、数据、资料的总称。如商情、广告、报表、凭证、合同等。

企业的经营信息按来源可分为企业内部信息和企业外部信息。企业内部信息是企业内部各部门、各经营环节相互传递的纵向和横向信息,主要反映企业内部在经营管理过程中各要素的运行状态及相互关系。企业外部信息是从企业外部,如信息媒体、政府机关、其他企事业单位、市场渠道获取的信息,反映了外部经营环境状况。

企业的经营信息按作用可分为决策信息、控制信息和作业信息三类。决策信息是为企业领导服务,用于确定企业经营目标、决策方案,制定经营策略的信息。控制信息包括政府有关部门通过法规、政策等形式对企业经营活动进行控制的信息和企业内部的管理部门为实现管理的组织、指挥和控制职能,对企业的经营过程所发出的指令性调控信息。作业信息来自企业内部具体作业部门,是基层管理人员所使用的关于具体业务经营过程的信息。

在现代企业的成长过程中,信息已成为一种不可缺少的重要因素。它是企业制定经营决策和经营计划的依据,是控制经营过程的重要工具,是协调企业内部与外部关系的有效手段。谁的信息灵通,谁拥有更多、更适用的信息,谁就有可能及时把握经营的主动权,信息成为现代企业经营成败的一个重要因素。

（三）时间

时间是一种无形的要素和资源。任何管理活动都是在一定的时间、空间条件下进行的,任何要素的组合与安排都有一个时序性问题,因此,时间是管理的坐标。

现代社会的一个重要特点就是时效性日益突出。管理活动处于不同的时间区域,就会产生不同的效果。世界上很多发达国家的企业都把时间这种无形要素作为重要的资源来经营。他们认为,企业所有节约成本的招数都用尽了,唯有时间成本还有压缩的潜力。《第三次浪潮》的作者阿尔文·托夫勒（Alvin Toffler）指出:时间是隐含的输入,特别当变迁加速时,缩短时间的能力,如快速通信或者把新产品快速推向市场,关系到利润和亏损的差别。一些现代企业管理理论和生产方式,如准时制生产、流程再造等,都是基于将时间作为重要经营要素总结提出来的。

时间之所以成为企业重要的成长要素有以下三方面原因:

一是随着科技、竞争、需求的快速变化,速度经济日益取代规模经济;

二是时间的缩短可以节约物质成本、人力成本,能源消耗也得以降低;

三是缩短产品研制和进入市场周期,可获得市场领先的超额利润。

因此,时间作为现代经济的重要资源,既丰富着成本的内涵与外延,也变革着现代企业的经营理念和方式,同时拓展着企业创造剩余价值的弹性空间。

（四）资金

资金要素是指企业进行经营活动所使用的资金,即企业财产物资的货币表现。

企业的经营资金,按其归属可分为自有资金和借入资金。自有资金主要由企业的投资者投资和企业留存收益构成,可由企业长期支配使用。借入资金是企业从金融机构、其他有借贷能力的机构借入的以及通过发行企业债券等形式取得的资金,还有企业在经营过程中形成的应付未付款项等。借入资金的使用期限一般较短,到期要偿还本金并支付利息。

企业的各项经营活动都是通过货币收支进行的,企业的人、财、物和购、销、运、存的变动,在价值形态上都表现为企业的资金流动。可以说,没有资金的流动就没有商品的流转,也就不能形成连续、有序的商品购、销、运、存等经营活动。所以,资金是企业发展不可缺少的一项经营要素。企业要想取得良好的经营成果,除了要及时筹集足够的资金外,更重要的是要管好、用好资金,加速资金周转,提高资金的利用效率,降低消耗,节约费用开支。

（五）商品与服务要素

商品是企业的经营对象。企业经营能力和水平的高低,主要是通过所经营产品的数量和质量来体现的。企业经营的产品能否适合市场需要,特别是商品的质量和信用度,直接关系到企业经营的成败。

企业拥有商品,并不是企业经营的目的,而是实现经营目的的途径。如何通过产品的购销活动,实现企业的经济效益,是每个企业都必须研究解决的重要问题。为了发挥商品要素的作用,企业应该经常进行市场调查、分析和预测,研究客户需求,保持经营产品的品种、数量、质量的合理化,做到“人无我有,人有我好,人好我廉,人廉我变”。只有将适合消费需要、性价比相宜的商品提供给顾客、才能赢得顾客的信赖,树立起企业的良好形象,使企业的经营活动顺利进行。

在现代企业成长过程中,服务要素的地位日益凸显,服务行业的壮大也彰显了服务对于企业成长的重要性。服务要素包括主营服务项目和附带服务项目。主营服务项目是服务要素的主体,与企业经营的成败息息相关。企业应根据经营目标、经营范围,正确确定主营服务项目。附带服务项目是为了更好地实现企业经营目标,根据消费者需要和企业的实际而确定。附带服务在给顾客带来方便的同时,也可使企业商品销售增加,经济效益提高。

（六）场所与设施要素

企业良好的经营场所和设施的现代化程度,是衡量企业经营管理水平的重要指标。良好的经营场所和设施,一方面,能使企业员工有一个舒适的工作条件,以保证和提高生产或服务的质量;另一方面,又能给客户以整洁、舒适以至可以放心的感觉,从而可以树立良好的企业形象。

企业的经营场所与设施是衡量企业经营能力的重要标志。企业经营过程中必须充分发挥各种经营场所与设施的作用,管好、用好经营场所与设施。要做到这一点,企业一方面要使经营场所与设施和经营（规模、性质等）需要相适应,既不能造成短缺,也不能造成浪费。另一方面要使设施和性能水平与人员操作水平相适应,以提高设备的使用价值和寿命,发挥经营场所与设施的最大效用,真正实现根据企业的目标和实际情况对各种物力资源进行最优配置、最佳利用、开源节流、物尽其用。

除上述要素外,众多企业把企业文化、知识产权、专利、品牌等无形资产作为企业重要的成长要素。并且,随着企业的不断发展,企业文化和企业形象等无形资源,将显得越来越重要。

二、企业生命周期

1989年,伊查克·爱迪思（Ichak Adizes）提出了企业生命周期理论。他认为企业生命周期是指企业从创办开始,到其消亡为止所经历的自然时间,包括初创期、成长期、成熟期和衰退期 4 个阶段。由于企业受经济周期、产业生命周期、资源周期、管理周期以及人的生命周期等因素的综合影响,企业的盈利状况表现出周期性特征,导致企业的发展过程表现出周期性特征。预期盈利导致企业的创建,企业进入初创时期;盈利水平快速提高,企业进入成长期;盈利水平由缓慢提高转变为明显下降,企业进入成熟期;盈利水平持续下降,企业进入衰退期。[①]

（一）初创期

企业在初创期的主要目标是摸索、创建一个可行的、有竞争能力的产品—市场战略,并生存下来。这一阶段的企业始于两种情况:一是在获得一定专有技术后由个人独资、集体合资或国家投资创建的企业;二是由原有企业接管其他企业而转变成新的企业。处于初创期的企业,其生产设备简陋;拥有一定的生产技术或专有技术;生产规模小,产品市场份额低,固定成本大;企业组织结构简单,生产经营者与管理者合二为一,管理体制采取集权模式;资本主要是股东投入的股本和少量的债务;企业盈利能力低,现金流转不顺,经常出现财务困难。

初创期的企业经常采用"钻缝隙"的策略,在某个产业的细分市场中提供异质产品或个性化的服务。由于企业规模小,能够快速适应环境的变化。另外,企业的管理习惯还没有形成,各种内部控制制度还没有完全建立,管理机制灵活而富有弹性。

（二）成长期

在成长期,企业的主要目标是发展壮大和差异化。成长时期又可分为两个阶段:迅速成长阶段和稳定成长阶段。在迅速成长阶段,企业基本形成了自己独特的产品系列,产品市场份额稳步提高,市场竞争能力逐渐增强,业绩增长速度加快。企业开始制定规范的制度;经济增长使领导者们看到了希望,企业的组织活力、创造性和凝聚力不减;盈利增长使得领导者们开始有了新的想法——多元化,为企业的未来发展冒一定的风险。经过快速的增长和积累之后,市场竞争者增多,产品市场份额增长速度减缓,企业进入了稳定成长阶段。在这一阶段,企业已经接近成熟,是成熟期的过渡阶段。这时,企业在竞争产业中已经有了比较明确的市场定位,为了保持现有的发展速度,企业会不断寻求新的业务,寻求新的利润增长点。企业管理层的决策管理和风险管理的能力增强,分权经营管理模式逐渐得到完善,具有管理经验的职业经理人不断被吸收到企业中来。

（三）成熟期

在成熟期,企业的目标是巩固和改进已有的地位,延缓衰退期的到来。这一时期可分为两个阶段:第一阶段称为成熟前期;第二阶段称为蜕成熟化阶段。这两个阶段最主要的区别在于成熟前期是骨干企业向大型或较大型企业的演变和发展时期,这一阶段的主要特点是企业内部大多还是单一单位(单厂形式),企业还是企业家式的经营方式,企业内尚未形成成熟的经理阶层。此时,企业通过前向一体化和后向一体化,取得原料和销售的控制权,形成比较完整的产业链;企业资金雄厚、技术先进、人才资源丰富、管理水平提高,具有较强的生存能力和竞争能力。

---

① 伊查克·爱迪思.企业生命周期[M].王玥,译.北京:中国人民大学出版社,2017.

成熟后期则是大企业向现代巨型公司或超级大企业演变的重要时期,我们把这一阶段称为蜕成熟化阶段。它与成熟前期的最大区别就在于企业内部的多单位和职业经理阶层的形成。此时,企业已经走向内部单位的多元化和集团化,已能更有效地进行日常业务流程的协调和资源的有效配置,从而促进企业的低速持续成长。产品的范围比成长期阶段更宽一些,开始跨行业多元化发展;市场空隙的关注不再重要;开始注重企业联合。企业的形象得以树立。但在企业成熟后期,原有产品的市场已经饱和,生产能力出现过剩;企业效益下降,成本开始上升,企业内部出现了官僚主义倾向。守成思想开始出现,企业创造力和冒险精神减退,组织活力开始显得不足。为了解决这些问题,使企业重新迈入增长轨道,就需要技术、管理创新,或通过分立、合并、资产重组等形式,使企业完成业务的蜕变和管理体制的改变。

（四）衰退期

在衰退期,企业的主要目标是采用各种手段创新。衰退期的企业表现为几种情况:一种是在成熟前期的企业未实现后期的蜕变而衰退下来;另一种是在蜕变后,企业自然进入衰退期;还有一种是经蜕变后,企业成为超级大型企业集团进入新的成长阶段。

无论哪一种情况的发生,事实上都说明企业遵循生命周期规律。处于衰退期的企业,其产品市场份额逐渐下降,新产品试制失败,或还没有完全被市场所接受;产品品种虽多但可能亏损严重;由于对市场需求反应迟钝而处于不利的境地。管理阶层的官僚主义、本位主义严重,企业的规章制度虽多但组织矛盾突出;部门之间相互推诿、士气低落;出现亏损,股票价格逐渐下跌。此时,被竞争对手接管、兼并的可能性增大,企业生存受到威胁。

第三节　商业模式对企业成长的影响

一、新创企业商业模式的特点

新创企业的一个显著特征在于它具有"新进入缺陷",主要来源于组织内外部的不确定性进一步放大了新企业面临的成长挑战。[①] 这些挑战既是大量新创企业失败或成长质量低下的根源,也是新创企业成长呈现出不断调整、在调整中实现成长的基本特征。

从商业模式构建角度看,新创企业成长过程可分解为三个阶段:启动阶段、重构阶段和确立阶段。新创企业在确立自身商业模式的过程中,每个阶段都呈现出不同的特点。

（一）商业模式启动阶段

在市场定位上,有的新创企业主观上以具体项目作为基本的定位出发点,但对于实际定位却不甚清晰。另一方面,新创企业客观上收益能力、持续生存能力还有待市场检验,稳定、可验证的市场定位尚待形成。因此,在启动阶段,新创企业在市场定位方面面临着高度的不确定性,创业者往往希望通过发掘新的机会（或利用新的不确定性）而获得更大

---

① Stinchcombe A L. Social structure and organizations [J].Advances in Strategic Management, 1965(17):229–259.

成长。

在经营过程中，启动阶段末期的新创企业在有效组织经营过程中面临着诸多障碍，还难以形成可重复性的经营过程。新创企业在经营过程方面的不确定性更多地依赖于创业者。一方面，创业者个人或团队能否有效地组织经营过程，完成具体项目或重要的业绩里程碑依赖于其个人或团队的知识、技能和社会资本。另一方面，创业者能否将个人资源转化为团队或组织资源，使各项经营过程得以可重复地完成，也是经营过程不确定性的一个重要来源。在启动阶段末期的新创企业很有可能在这个方面未能达到应有的水平，由此造成经营过程不确定性比较高。可见，创业者个人能力以及新创企业尚不健全的职能共同造成了新创企业经营过程的较高的内在不确定性。

在利润模式上，首先由于新创企业尚缺乏明确的市场定位，或是缺少实现定位的稳定经营过程，难以获得稳定、持续的收入来源。加之新创企业初始资源大都处于匮乏状态，虽然新创企业在启动阶段有了一定积累，但这个过程中新创企业在资源方面捉襟见肘的状况并不鲜见。其次，由于资源缺乏，新创企业在控制成本方面也往往面临困难。有时，新创企业控制成本的措施会受到自身运作效率的影响。比如，早期产品如果存在瑕疵，就可能影响顾客付款的意愿或企业回款的速度。

（二）商业模式重构阶段

在市场定位上，这一阶段新创企业的不确定性已经趋于下降，但受限于资源、认知等一系列主客观条件的限制，新创企业未必能够充分实现其初衷，而规则化需要具备一定条件。处于重构阶段的新创企业在资源和能力方面仍显脆弱，所以，重要的规则因缺乏必要的支撑而难以实现。因此，新创企业的市场定位能否得到真正的实现，还需要在下一阶段的成长过程中寻找答案。

经营过程中的不确定性在逐渐降低。特别是经历了创业者个人或团队的前期努力，在重构阶段的末期，以创业者个人化为特征的技术系统正在逐渐转化为团队化和组织化的技术系统，新创企业对创业者个人在组织、协调经营过程方面的依赖在降低。因此，经营过程内在的不确定性降低，回应外部环境不确定性的能力在增强。但新创企业仍然可能存在经营过程不完善、缺乏可复制性等问题，而且新创企业将创业者个人技能转化为组织能力尚需时间、过程，其人员结构的不合理也会加剧这一问题，使新创企业对创业者个人的依赖性仍旧较高。

在利润模式上，一方面，新创企业明确了可以获取持续收益的经营方向，使得创业团队势必会增加承诺以实现其定位和预期的收益流；另一方面，新创企业在控制成本方面也增加了力度，规模扩大、资源水平提升等因素也为新创企业增加了控制成本手段的操作空间。尽管这一阶段的新创企业资源丰裕度可能有了较大的提升，但由于种种原因，可持续收入仍然难以获得充分的保障，所以新创企业在重构阶段仍然没有真正达到可持续的经济自立程度。此外，在这些新创企业中，通过佣金或回扣的方式争取订单是比较普遍的行为。如果新创企业单纯凭借佣金或回扣维系少量甚至单一的顾客，一旦竞争趋于激烈，企业与顾客之间凭借回扣建立起来的稳定交易关系将面临极高的不确定性。因此，对这种制度拼凑手段的过度依赖是有害的，新创企业尚需更多积累，才能够凭借自身的品牌和声誉赢取和扩大竞争优势。

（三）商业模式确立阶段

在本阶段末期，新创企业已经逐渐达到商业模式确立的状态。

在市场定位上，新创企业已经确定了自身的角色和定位，发展方向清晰，而且已经为实现这一定位做出了大量承诺，并获得了一定的市场占有率。新创企业已经与顾客建立了稳定的交易甚至合作关系。新创企业在市场定位方面的不确定性已经大大降低。

在经营过程中，新创企业的核心过程已经在修补过程中逐渐得到完善，过程之间的整合和匹配正趋于更为合理和顺畅。新创企业具备了以可重复的方式设计、制造和销售产品的能力，在经营过程方面的不确定性大大降低。

在利润模式上，与顾客建立的稳定交易（或合作）关系使新创企业的收入来源达到稳定状态。此外，新创企业还设计并实施了开拓更多收入源、提升收益质量的途径和机制；新创企业在成本控制方面达到了富有竞争力的水平。因此，新创企业在利润模式方面的不确定性大大降低。

总之，在确立阶段，新创企业在商业模式三个维度都大大降低了不确定性，在商业模式的可盈利性、可复制性和可升级性等方面均达到较好水平，具备了可持续生存和成长的能力。此时的新创企业的资源弱势已经发生了明显改变，无论是资金、实物等有形资源，还是技术、人才、声誉等无形资产，都逐渐达到更为丰富和多样的状态。这些宝贵的多样化资源以及适度的协调机制为新创企业应对可能的不确定性提供了更多可操作的空间，在降低企业生存的不确定性的同时，也为新创企业的成长创造了更多的机会。

二、不同成长阶段的商业模式

（一）初创期

不同行业的企业在初创期会面临不同的环境，其内部资源和条件也会有所差别。

小型或微型企业初创期的特点主要表现为：员工数量少，年营业额低，资产数量也不多，营业利润少，现金短缺等。小型或微型企业初创期的商业模式，与其说是一种商业模式，还不如说是创业者的一种创意，只不过是一些没有实现的商业模式构想而已。商业创意来自以创造性资源组合传递更高价值来满足市场需求的可能性。随着这种可能性的丰富和逻辑化，商业创意不断得到扩展和充实，逐渐成为清晰的商业模式。

对于初创期企业的商业模式来讲，最重要的便是对机会的识别和拓展。企业只有找到准确的切入点并具备将这一机会进一步拓展的能力才能找到有效的商业模式。

（二）成长期

经过了创业积累期的发展，企业按照设想的商业模式运转起来，具备了一定的现金流量，销售水平也得到了提高，可以说企业生存问题基本解决。此时企业也基本稳定下来，具备了大规模生产和销售的条件。随着技术不断成熟，获利水平的提高为企业实现了预期的现金净流量。对于取得的现金流，企业通常会投入到原材料供应、生产制造过程、市场销售和开发等领域，并加强生产能力和销售能力的建设，以进一步创造可持续竞争优势，实现企业的战略领先目标。对于成长期的企业而言，主要目标是发展壮大和实行差异化。趋于定型的企业主导优势产品将吸引众多潜在竞争者加入竞争。企业尝试通过提高质量、降低价格、完善服务或实行产品差异化等手段不断创新来改进产品,以更好地满足不同客户群的需求,稳定现有市场并不断开拓新市场。

结合企业处于成长期的特点可以看到,伴随着企业的成长,它所面对的市场需求日益清晰,并且资源日益得到准确界定。这个阶段的企业通常的做法是,结合自身的优势和能力,将市场需求与资源结合起来,逐渐完善业务架构,形成适合自身发展的、尽可能独特的商业模式。同时由于处于成长阶段的企业更多的支出是用于如研究开发、扩大生产能力及市场占有率等等各种形式的资本支出,所以这一阶段企业的商业模式越来越趋于稳定,因此成长期企业商业模式的主要策略便是对已有模式的维持和稳定。

(三)成熟期

进入成熟期,企业的生产技术和管理能力趋于成熟,经营活动相对稳定,企业拥有了强大的产品群和业务竞争力,产品生产规模达到最大限度,产品成本下降到最低点。企业形象和产品品牌形象在市场上形成了良好的信誉,企业战略目标及竞争优势明显,在行业中的优势地位基本稳固。企业的利润逐步达到高峰,盈利水平的增长速度趋缓或停止增长,利润空间相对稳定,企业经营风险逐步降低。

在成熟期,企业将注意力集中在增加利润额、控制成本、维持销售量和提高工作效率等方面。随着市场的逐渐饱和及企业资产收益水平的提高,出现了剩余的生产能力和闲置的现金流。而此时却正是延长企业成熟期,实现企业商业模式变革的最佳时机。因此成熟期的企业商业模式需要做出主动的变革和优化。

成熟期无疑是商业模式优化和变革的最佳时机。实现商业模式的变革与创新有两种基本路径:一是基于价值链的商业模式创新;二是基于构成要素的商业模式创新。

从价值链创新角度分析,在明确的外部假设条件、内部资源和能力前提下,商业模式是企业价值链的一个函数,是一种基于价值链创新的企业价值活动及对其所涉及的全体利益方进行优化整合以实现企业超额利润的制度安排的集合。若要构建商业模式,一般需要识别价值链要素、交互模式及技术的最新发展。若要变革或创新商业模式,要么进行价值链分解,要么重构价值链。如重新定义顾客,提供特别的产品和服务;改变提供产品或服务的路径;改变收入模式;改变顾客的支持体系;发展独特的价值网络等。

从商业模式构成元素分析,创新的路径是先提炼商业模式的构成元素或总结现有商业模式的合理分类,然后开展基于构成元素或分类的商业模式创新方法研究,从而制定切合实际的商业模式创新策略。

由于成熟期的企业具有资本充足、规模经济或范围经济以及完善的管理制度和成熟的协调机制等优势,企业往往缺乏主动变革和优化的动力。但那些成功且长寿的企业往往都是时刻充满了危机意识。因此企业需要进一步保持敏锐的市场嗅觉,主动寻求商业模式变革的时机和方法,争取更长的获利期,从而避免进入衰退期。

(四)衰退期

到了衰退期,企业最典型的特征是产品竞争力明显减弱,市场对产品需求逐步下降,产品供过于求的状况日益严重,销售量急剧下降,产品价格下降,业务增长停滞甚至负增长,营业收入和利润率同时萎缩。

引起衰退的主要原因是激烈的市场竞争和饱和的市场需求,然而企业内部管理混乱及缺乏创新也是不容忽视的因素。企业处于衰退期，并不意味着马上倒闭，拥有一定规模的企业在衰退期往往还会继续维持一段时间。其间如果积极采取有效措施，企业便有重生的可能。但简单的"修修补补"犹如隔靴搔痒，往往无济于事。此时的企业只有尽快调整商业模式、改变企业战略，才有可能挽救它的生命，进入新的一轮成长。

对处于衰退期的企业来说，业务流程再造无疑是调整商业模式的一根救命稻草，也就是对企业的业务流程进行根本性再思考和彻底性再设计，它将使企业在成本、质量、服务和速度等方面获得显著性改善，使企业能最大限度地适应以"顾客、竞争、变化"为特征的现代企业经营环境。

三、组织设计与商业模式

（一）组织设计的概念和内容

1. 基本内涵

组织设计是指以组织结构安排为核心的组织系统的整体设计工作。组织设计是管理者做出明确的组织选择的过程，在进行组织设计时，没有一个最优的组织设计方案，而是要根据不同环境情况予以选择。组织设计结果直接影响组织管理效率的高低。

组织设计是一项庞大的系统工程，内容庞杂，牵涉组织系统的方方面面，其核心是组织结构设计，组织设计的所有工作均围绕此项内容展开。因此，直观地讲，组织设计就是在组织内部进行横向管理部门的设置和纵向管理层次的划分。概括地说，组织设计的主要工作是进行组织分化和组织整合，其一是进行组织分化，即把任务划分为具体的工作，由不同的职位和部门来承担；其二是进行组织整合，即在分工的基础上，使各职位、各部门之间能协调运作。

2. 组织设计的内容

按类别划分，组织设计主要包含三类内容：组织结构设计、组织责权关系设计、组织制度设计，具体可分为以下内容。

（1）职务设计。职务设计是组织结构设计的最基本单元，根据组织技术的要求和员工的技能，将组织的各项任务进行不同组合，从而形成不同的职务设计，通过职务设计，每个员工负责完成某类职务的特定任务。

（2）部门设计。部门设计是组织结构设计的基础，在职务设计的基础上，按照专业化分工的要求，将分解后的职务活动按照相关性的原则加以归并，从而形成横向的部门划分，每个部门负责完成某类特定的任务。

（3）管理层次与管理幅度的设计。管理层次与管理幅度的设计决定了组织的基本构架。首先要对影响管理层次和管理幅度的各种因素加以分析，据此确定适当的管理幅度，并划分出纵向的管理层次，以保证整个组织结构安排精干、高效。

（4）组织决策系统设计。决策系统的设计保证了组织的统一指挥与领导。主要包括组织领导体制的设计、高层组织的权力结构设计与决策机制设计，以及各种咨询性或顾问性组织的设计等。

（5）组织执行系统设计。执行系统的设计保证了组织各项活动的有效开展和实施。具体内容是为达成组织目标、执行组织决策，明确规定不同职能部门的任务、职责。

（6）横向联系和控制系统的设计。横向联系和控制系统的设计,有助于加强部门间的横向联系,纠正可能出现的各种偏差,促进组织整体目标的实现。具体包括设置一定的协调机构、制定一定的协调制度、采取有效的协调方式和手段,以及建立相应的监督与奖励机制等。

（7）行为规范设计。行为规范设计为组织各项活动的开展提供了可供遵循的制度规章。具体包括制定各部门的活动目标、规则程序和工作标准等。

（8）变革与发展规划的设计。变革与发展规划设计则为组织的未来发展提供了方向和指导。具体包括组织未来的发展战略、发展目标等。

作为组织设计的核心,组织结构有以下几种常见形式:直线制组织结构、职能制组织结构、直线职能制组织结构、事业部制组织结构和矩阵制组织结构。

（二）商业模式与组织设计的关系

随着经济全球化趋势以及科学技术的迅猛发展和科学技术经济一体化企业所面临的生存、发展环境日益复杂多变,企业战略管理成为了必要。企业的组织设计也必然要适应和服务于企业的商业模式的调整。也就是说,商业模式的变化要求企业的组织结构设计也要做出不断的调整,才能使企业战略得以实现。[①]

1. 商业模式影响组织设计

首先,不同的商业模式要求不同的业务活动,组织结构中部门的设置、核心职能的设计、岗位的设置、责权利的分配等也由此决定。其次,商业模式重点模块的改变会引起企业工作重心的改变,从而导致各部门及岗位在企业中重要程度的改变,并最终导致各管理职务以及部门之间关系的相应调整。最后,稳定商业模式需要规范组织结构。当企业持续地向同类型顾客提供同样的产品或服务,以维持市场份额并保持一贯的投资回报记录时,所采取的就是稳定的商业模式。此时需要规范组织结构,由此进一步降低成本,实行标准化操作和高度的正规化经营,并采取集中决策以提高决策的时效性。

2. 组织设计反作用于商业模式

在管理实践中往往会出现这种情况:一个企业现有结构的优势（禀赋）反而成为制定与实施某种商业模式的主要参照。这说明组织设计对商业模式的反作用也不容忽视。组织结构为商业模式提供了一个实施平台,有什么样的商业模式就需要相应的组织来实施。当组织设计与商业模式相匹配的时候,就会起保障和促进作用;反之就会起到阻碍和破坏作用。

组织设计对企业战略的作用主要表现在:一是组织设计直接影响组织行为的效果和效率,从而影响商业模式的实行。二是组织结构设计存在交易成本。要调整或重建组织结构,就要耗费大量的时间、人力、物力,会增加实施商业模式的总成本。三是组织设计影响企业信息传递。若组织结构不能将信息及时由底层向高层传递,将影响组织商业模式的制定和修正。

企业在进行组织结构框架设计的过程中,从自身的商业模式出发来考虑需要增设哪些业务部门,具有战略意义的关键业务和新业务原则上都应当在组织中有一个明确的负

---

① 任浩,刘石兰.基于战略的组织结构设计［J］.科学学与科学技术管理,2005,26（8）.

责部门。根据各业务特点和组织经营理念,确定各业务是采用集权还是分权等方式,由此决定部门的层次。根据企业发展过程中出现的问题和组织结构上的不适应性,结合各业务管理需要,确定需要设立和调整的职能管理部门。由业务部门的调整和职能部门的调整即可组合形成组织结构框架设计或调整方案。

本 章 小 结

管理学强调在人与组织的关系中理解管理现象,企业与组织密不可分。企业的目的可以概括为利润目的、生存目的和社会目的。创新是实现企业事业目的的重要手段,而企业家精神的本质在于创新。

企业的成长需要人力资源、信息、时间、资金、商品与服务以及场所与设施六大要素的支持;同时,企业的发展和成长具有生命周期,包括初创期、成长期、成熟期和衰退期。

商业模式的选择对企业成长具有重要影响,对新创企业来说战胜"新进入缺陷"非常重要,新创企业的成长要经历商业模式的启动阶段、重构阶段和确立阶段。在企业不同生命周期对商业模式的选择也有不同的要求,初创期关键在于识别和拓展机会,成长期要形成独特的商业模式,成熟期要主动寻求商业模式变革的时机和方法,衰退期的企业要把握业务流程再造的机会。组织设计是指以组织结构安排为核心的组织系统的整体设计工作。商业模式影响企业的组织设计,组织设计反作用于商业模式。

复习思考题

1. 如何理解企业的性质?
2. 企业成长的要素有哪些? 这些要素如何影响企业成长?
3. 企业成长过程中可能面临哪些风险? 如何进行控制?
4. 不同成长阶段企业有什么特点? 该阶段应如何设计商业模式?
5. 组织设计包括什么内容? 商业模式与组织设计之间有什么样的关系?

即 测 即 评

请扫描二维码进行即测即评。

本章案例分析

大士茶亭商业模式设计的独特秘方

大士茶亭原是南京的老地名,2012 年被"80 后"茶道创业者葛胜注册为企业商标。大士茶亭 1 865 店,坐落于有着 160 多年历史的南京金陵制造局内。葛胜将"未获取价值"定义为"可以获取但当前还没有获取的价值"。与星巴克类似,大士茶亭将自己定位为独立于家庭、工作室以外的"第三空间"。

几年来,大士茶亭经历了茶叶贸易商、铁壶零售商、茶道服务提供商和茶道文创新零售商等角色,葛胜认为驱动每一次商业模式转型都是源于对"未获取价值"的挖掘。大士茶亭作为一个专注研究茶道美学,并由专业茶人组成的商业机构,在产品力上自然下了很多工夫,仅仅两三年就脱离了"卖货"这样的传统商业手法。大士茶亭拥有一整套完善的茶道美学产品的供应链,并且初步具备了品牌和产品开发迭代的能力,这在当今的茶叶以及茶器经营者中还属少见。

一、商业模式变革之路

1. 铁壶价值高,诚信来受道

葛胜最初做茶叶生意,后来发现仅仅通过茶叶这样的单一产品,根本没有竞争优势。之后又看到了一款挺火的紫砂壶,买了好多紫砂壶回去,才发现这只是一个"美丽的陷阱"。一个偶然的机会,葛胜发现国际茶展中,煮茶用的器具都是日本铁壶。于是他独家代理了一个日本铁壶厂的品牌,发现铁壶确实很畅销,相比茶叶销售利润空间更大。不管是经营茶叶,还是经营铁壶,葛胜坚持诚信经营。

2. 品牌修炼,美学滋润

葛胜在铁壶业务取得成功之后,开始塑造"大士茶亭"的品牌故事,并将一系列文化元素注入产品与服务。

2013 年,大士茶亭开始推广"新茶道美学"所倡导的清贵的生活态度。这是一种清雅的高贵,你也许很成功,但你依然可以着一身素布,在一间陋室与众人诚挚相谈,传播正念。2014 年,葛胜开发了新的业务:国 E 学堂——一站式文艺科目学习平台。国 E 学堂既坚守传统,也拥抱互联网的信息化。以理论与体验相结合的办学理念来开展各项文化艺术类的体验课、研修班、公益课等。除此之外,还开设基础课和高级课,服务内容和服务价格依次递升。另外,为了增加店内人气、做好客户黏性,国 E 学堂与传统文化类经营实体店、文化主题餐厅合作,收取一定加盟费和服务费。国 E 学堂,已经成为大士茶亭的核心服务。

3. 文化消费升级,文创产品走俏

葛胜不断地充实产品的种类。更重要的创新在于对产品的包装设计,产品的内容创新以及对文化的传播。

葛胜的团队设计出了茶创文化伴手礼,包装也很讲究。这给葛胜带来了很大的利润。同时也因为口碑传播的影响,大士茶亭的声名传播开来,来这里寻求定制化的企业越来越多。2017 年,大士茶亭主要帮助创业者们做品牌输出,使得创业者在做商务馈赠的同时进行品牌传播。据估计,文创产品给大士茶亭带来了 30% 的利润。2018 年大士茶亭新推出了"博爱·南京"系列茶礼。将雨花茶礼与城市文化元素结合,使其具有南京地域特色。这种方式得到了南京人的认可。

除此之外,茶器 4S 店也扮演着重要角色。这里主要针对售后,提供维修保养服务,让客户的爱物精致起来,让大家可以买得放心。

二、茶道文创新零售

1. 静心品茗

2013 年,凡德艺术街区愈发热闹了,三三两两的人聚集在此,也有一些老板看上了这里的环境,想在这里定一些包间做商务交流之用。葛胜从中看到了商机,便针对一些企业和组织群体设置一些茶席和茶会。这是近些年才出现的品茗形式,但是我们依然可以从古人喝茶的形式里看到一脉相承的情致。用一个字可以概括,无非就是"雅"字。推出后短短数月,便卖出去七八个包间。这对于葛胜来说,是一个很大的成功。

2. 量体裁衣

通过之前的产品和服务,大士茶亭开始小有名气,一时间成为雅致的代表。于是葛胜开始想,拓展一些新的模式能否触发好的效果?在和团队成员的共同讨论下,他们想到了以下几种创意:一是"茶歇服务",为企业活动提供专业的茶水服务,再加上精美的茶具,提升公司活动的整体格调;二是"文化定制活动",为企业定制以文化为主题的活动、员工培训等,提高参与者的兴趣;三是"活动策划",为企业的主题活动提供好的想法和设计;四是"雅室设计",将茶道美学运用到设计中,为南京的新房子提供文化空间设计。这些活动策划都是根据企业需求来量体裁衣,具有个性化。

3. 着力茶饮

目前葛胜对现有四个定位"买茶、喝茶、玩茶、学茶"颇为满意。他解释道,喝茶和买茶都和商务人群有很大的关联,他们需要一个空间进行商务交流。玩茶是消费者选择的理由,其次才是商务茶馆,他们可以选择商务礼品。最近葛胜又将"Thanks giving"融入企业核心文化中,这不仅是感恩茶的标识,还有国际化的视角。

现在葛胜对大士茶亭的定位是茶道文创新零售企业,做茶道文化产品、提供茶空间和服务等。标准化一直是大士茶亭追求的目标,包括产品标准化和管理标准化。现在信息高度透明,如何让消费者看到产品标准化,构建良好的诚信体系?这是葛胜急需解决的一大难题。

经常喝茶的人会知道,茶是越泡越淡。葛胜针对这个问题,引用了新技术,可以保证蒸出来的每一杯茶都非常平均,可以保证每次来喝同一种茶都是一样的味道。而且秉承绿色健康的理念,让消费者看到制作流程。这种做法颠覆了传统,将每一杯茶水标准化呈现出来,让消费者可以感知到价值所在。年轻人比较喜欢喝奶茶、果茶,为了抓住这一部分消费群体,葛胜最近也忙着研制手工奶茶,这也是在茶饮细分市场上的一次主动出击。

4. 追赶新零售

葛胜现在对大士茶亭的定位是"茶道文创新零售品牌",也在尝试修复线上渠道,一方面在微信上注册了微店,另一方面还要通过茶道严选平台对标"网易严选",做线上贸易,从众多精品供货商中选取高品质的产品。

大士茶亭也启动了"去雅室"平台项目,最初的目的是想像大众点评、美团这样,可以将很多传统文化供应商整合起来,构建完整的商业网络,做共享茶室。最终的问题是与供应商的沟通成本太大,很多商户并不买账。还有一些试错成本和交通成本等,似乎看不见的成本都要计算在内。2017年年初,因为大众点评能够提供大量的顾客流量支持,"去雅室平台"中加盟企业纷纷进驻大众点评,"去雅室平台"暂停服务。

"去雅室平台"遭遇失败后,葛胜开始调整商业模式,从"共享茶室"转变成"社会茶室",成为社会的文化客厅。2017年,大士茶亭再出发,搭建"月生的茶道严选平台"。该平台是一家专业的茶道产品买手服务平台,专为茶道爱好者而生。从众多精品供货商中选取高品质的产品,以出厂的价格提供给顾客,只收取15%的服务费。

如今古城金陵,"大士茶亭"一个已经消逝在历史中的地名,在一个年轻人的"新茶道美学"的梦想中获得了重生。

案例来源:根据公开资料整理而成。

案例分析问题:

1. 从企业成长要素的角度分析,大士茶亭的成长具备了什么样的条件?

2. 目前大士茶亭经历了企业生命周期的几个阶段?试分析每个阶段采取的商业模式。

3. 大士茶亭在商业模式的设计上有什么独特之处?

参 考 文 献

1. C.小阿瑟·威廉斯.风险管理与保险[M].马从辉,刘国翰,译.北京:经济科学出版社,2000.

2. 富兰克·H.奈特.风险、不确定性和利润[M].王宇,王文玉,译.北京:中国人民大学出版社,2017.

3. 理查德·L.达芙特.组织理论与设计[M].王凤彬,石云鸣,等,译.北京:清华大学出版社,2017.

4. 伊查克·爱迪思.企业生命周期[M].王玥,译.北京:中国人民大学出版社,2017.

5. 李怀,秦玉兰,赵德久.对当代几种企业性质理论的再评论[J].哈尔滨学院(社科版),2002(9).

6. 任浩,刘石兰.基于战略的组织结构设计[J].科学学与科学技术管理,2005,26(8).

7. 秦祖泽.创新的哲学思考[J].吉林师范大学学报(人文社会科学版),2003(3):8-10.

8. Allen Herbert, Willett.The economic theory of risk and insurance[J].The Economic Journal,1902(12):240-242.

9. Haynes J.Risk as an Economic Factor[J].The quarterly journal of economics,1895,9(4):409-449.

10. Stinchcombe A L.Social structure and organizations[J].Advances in Strategic Management,1965(17):229-259.

课 后 阅 读

1. 巴纳德.经理人员的职能[M].李丹,译.北京:中国社会科学出版社,1998.

2. 彼得·德鲁克.创新与企业家精神[M].蔡文燕,译.北京:机械工业出版社,2010.

3. 熊彼特.经济发展理论[M].邹建平,译.北京:中国画报出版社,2012.

4. 小笠原英司.管理哲学研究序说[M].东京:文真堂,2004.

5. 山本安次郎,加腾胜康.经营学原论[M].东京:文真堂,1961.

第四章
商业模式创新

学习目标

1. 理解商业模式创新的内涵、类型与意义。
2. 解释商业模式创新的影响因素。
3. 掌握商业模式创新的焦点。

开篇案例：

从卓越走向伟大：苹果公司商业模式的创新之路

2003 年，苹果公司推出 iPod 与 iTunes 音乐商店。这场便携式娱乐设备的革命创造了一个新市场，并使苹果公司成功转型。短短三年内，iPod-iTunes 组合为苹果公司赢得了近 100 亿美元，几乎占到公司总收入的一半。苹果公司的股票市值一路飙升，从 2003 年的 50 亿美元左右，升至 2007 年的 1 500 多亿美元。

苹果公司的成功众所周知，但很多人却不知道，苹果并非第一家把数字音乐播放器推向市场的公司。1998 年，一家名为"钻石多媒体"（Diamond Multimedia）的公司推出 MP3 随身听 Rio。2000 年，另一家名叫 Best Data 的公司推出了 Cabo 64。这两款产品均性能优良，既可随身携带，又时尚新颖。但最后获得成功的为什么是 iPod，而不是 Rio 或 Cabo 64？

这是因为苹果公司不仅仅为新技术提供了时尚的设计，而是把新技术与卓越的商业模式结合起来。而且，苹果公司真正的创新是让数字音乐下载变得简单便捷。为此，公司打造了一个集硬件、软件和服务于一体的全新商业模式。

苹果公司在 2001 年将 iPod 作为独立的产品推向了市场。用户可以拷贝自己的 CD 或从网络上下载音乐内容存入 iPod 播放器内。当时的 iPod 代表了一种可储存多种来源的音乐内容的技术平台。尽管如此，当时的苹果公司并没有从商业模式层面上开发 iPod 作为平台的潜能。

2003 年,苹果公司推出了 iTunes 音乐商店,并与 iPod 播放器紧密绑定。该商城允许用户以极其方便的操作购买并下载音乐。该商城是苹果公司开发平台效应的首次尝试。iTunes 从根本上做到了将用户直接与音乐版权提供者连接。这一战略将苹果公司迅速推到了今天的位置——世界上最大的在线音乐零售商。

2008 年,苹果公司为其广受热捧的产品 iPhone 加载了 App Store ,进一步巩固了其平台战略。App Store 使得用户可以直接从 iTunes 商城上浏览、购买并下载应用程序,并安装在 iPhone 上。应用程序开发商必须通过 App Store 发展销售渠道,且每当一个用户购买其应用程序时,都要付给苹果公司 30% 的平台版权费。

苹果从 iPod 到 iPhone 的产品线进化,显示了公司向一个强大的平台形式的商业模式的转型过程。iPod 本身是一个独立的设备,而 iPhone 已进化成一个强大的多边平台,使得苹果公司得以通过 App Store 来控制第三方的应用程序供应商。

商业模式创新改变了很多行业的竞争格局,让价值数十亿元的市场重新洗牌。不过在老牌企业中,像苹果一样进行商业模式创新的公司却是凤毛麟角。人们对过去 10 年间发生的重大创新进行了分析,发现与商业模式相关的创新成果屈指可数。美国管理协会近期的一项研究也表明,全球化企业在新商业模式开发上的投入,在创新总投资中的占比不到 10%。令企业高层管理者感到无助的是,通过商业模式创新实现增长为什么如此艰难? 什么是商业模式创新? 怎么才能进行商业模式的创新?

案例来源:亚历山大·奥斯特瓦德,伊夫·皮尼厄.商业模式新生代[M].黄涛,郁婧,译.北京:机械工业出版社,2018:75.

随着互联网、大数据、云计算和人工智能等技术的快速发展,外部环境变得更加复杂,企业依靠固定不变的商业模式在激烈的市场竞争中获取和维持可持续的竞争优势已无可能。20 世纪 90 年代以来,互联网、通信与信息技术的进步对企业价值创造和价值获取的商业逻辑带来了根本性影响,新的商业模式层出不穷,涌现了一批依靠商业模式创新而取得辉煌成就的企业,如苹果、谷歌、脸谱网、腾讯和阿里巴巴等,这些世界级的企业已经成为商业模式创新的标杆。管理大师德鲁克认为,"当今企业之间的竞争,不是产品和服务之间的竞争,而是商业模式之间的竞争"。众多企业希望在市场竞争中脱颖而出,商业模式创新已成为企业高级管理者高度重视的战略问题。商业模式创新能满足客户多样性的差异化需求,帮助企业获取新的市场资源,拓展新的价值增长点,获取新的竞争优势。本章将介绍商业模式创新的内涵与意义,总结商业模式创新的影响因素,分析商业模式创新的焦点。

第一节 商业模式创新的内涵与意义

一、商业模式创新的内涵与类型

创新已经成为时代的主题。熊彼特认为创新是"建议—种新的生产函数",即"生产要素的重新组合"。他将创新划分为五种类型：开发新产品或改良原有产品；使用新的生产方法；发现新的市场；发现新的原料或半成品；创新的产业组织。如今，数不清的商业模式不断涌现。不断涌现的商业模式正在挑战保守的旧模式，而这些旧模式中有一部分也在脱胎换骨后完成重塑。近些年，商业模式创新逐渐引起了企业家和管理领域学者的高度关注。

（一）商业模式创新的内涵

商业模式涉及技术创新、战略管理和市场营销等相关内容而成为了管理学的一个新兴领域。学者们从不同学科视角对商业模式创新进行界定，但并没有形成一致性的认识。[1] 商业模式描述的是一个组织创造、传递和获得价值的基本原理。[2] 商业模式创新是指以客户需求为出发点，采取主动性市场导向，在价值主张、关键业务、收入来源等商业模式的模块进行的系统性创新，最终实现顾客价值的增长、创造出新的市场或重构产业边界，并使企业获取超额利润和快速成长的过程。对商业模式创新内涵的理解，需要把握以下几个要点。

1. 以客户需求为出发点

顾客是任何一个商业模式的核心。商业模式创新是在挑战传统思维，设计出原创的模型，来满足那些未被满足的、新的或者隐藏在背后的客户需求。[3] 因此，商业模式创新的出发点是客户需求。企业需要更加关注那些未被满足的、新的或者隐藏在背后的客户需求，通过发掘这些需求来创造新客户和创建新市场。识别客户潜在需求是实现客户价值主张的前提条件，企业需要明确"谁是企业的目标客户，目标客户的需求是什么"的问题。苏宁、国美通过连锁卖场的商业模式获得了巨大成功；但后起之秀京东没有一间店铺，凭借互联网横空出世，直击具有网购偏好的客户，用互联网行业的运作规律挑战两大家电巨头，直接跳开传统店面卖场模式，也获得了巨大成功。

2. 采取主动性市场导向

商业模式创新是由主动性市场导向（Proactive Market Orientation）驱动的，而不是由反应性市场导向（Reactive Market Orientation）所驱动。[4] 主动性市场导向强调企业关注和挖掘客户的潜在需求，通过创建新顾客和新市场获取竞争优势，而反应性市场导向则表明企业只是为了适应现有的市场结构或满足消费者已有的显性需求而反应性地进行创新。

3. 对商业模式的构成要素进行系统性创新

商业模式是企业创造、传递以及获取价值的基本原理，涉及企业创造价值和获取价值的业务逻辑和整体性的运营与财务架构。商业模式包含客户、产品或服务、基础设施以及金融能力4个既紧密联系又相互影响的部分，每个部分又包含不同的模块。具体来讲，商业模式由客户细分、价值主张、渠道通路、客户关系、收入来源、核心资源、关键业务、关键合作、成本结构9个模块构成。[5] 商业模式的任一或多个模块都可能成为商业模式创新的

① 王雪冬,董大海.商业模式创新概念研究述评与展望[J].外国经济与管理,2013,35(11):29-36.
② 亚历山大·奥斯特瓦德,伊夫·皮尼厄.商业模式新生代[M].黄涛,郁婧,译.北京:机械工业出版社,2018:4.
③ 亚历山大·奥斯特瓦德,伊夫·皮尼厄.商业模式新生代[M].黄涛,郁婧,译.北京:机械工业出版社,2018:126.
④ Aspara, J, Hietanen J, Tikkanen H. Business model innovation vs replication: financial performance implications of strategic emphases[J]. Journal of Strategic Marketing, 2010, 18(1):39-56.
⑤ 亚历山大·奥斯特瓦德,伊夫·皮尼厄.商业模式新生代[M].黄涛,郁婧,译.北京:机械工业出版社,2018:5-7.

突破点。大部分商业模式的创新起始于一个新的客户价值主张，同时会影响到商业模式的其他模块的改变。因此，商业模式的创新具有系统性，"牵一发而动全身"。

4. 商业模式创新的经济后果具有多维性

从产业层面看，商业模式创新会创造出新的市场或重构产业边界，改变竞争规则和性质。对企业而言，商业模式创新也能帮助企业形成新的价值增长点，获取超额利润和竞争优势。另外，商业模式创新能够以快速、高质量的方式满足顾客的差异性需求。苹果公司过去主要是生产和销售计算机，现在则通过"iPod/iPhone/iPad+iTunes+iMusic/App Store/iBooks"多产品组合的商业模式创新，将硬件、软件、服务和内容进行整合，为消费者提供一站式的数字生活解决方案，打造了企业的O2O闭环，创造出庞大的顾客价值和巨额利润，重塑了产业边界和竞争规则，成就了今天的辉煌。

（二）商业模式创新的类型

企业创新分为渐进式创新和颠覆式创新两大类。[①] 其中，渐进式创新（incremental innovation）是对既有的产品或技术进行提升，或对现有的技术平台和产品进行升级改造，满足已有消费者的需求。颠覆式创新（disruptive innovation）是从根本上突破现有的技术，依托全新的技术平台而开发出全新的产品或服务，甚至颠覆整个产业原有的运行准则和竞争环境，满足潜在消费者的需求。[②] 随着企业创新研究的深入，这两类创新并不仅仅局限在技术创新范畴，还包括服务创新和模式创新。因此，根据创新过程是量变还是质变，商业模式创新可以划分为渐进式商业模式创新和颠覆式商业模式创新两类：① 渐进式商业模式创新，指在原有商业模式的基础上进行不断的、渐进的、连续的创新，最终实现商业模式创新的目的。这类创新可以从商业模式的客户细分、价值主张、渠道通路、客户关系、收入来源、核心资源、关键业务、关键合作、成本结构9个模块中的任何一个或多个方面进行。这类创新表现为商业模式的升级和优化，一般成熟企业采用的较多，风险比较低，较为常见。大多数的企业更应该关注渐进式商业模式创新。② 颠覆式商业模式创新，指脱离于原有商业模式而产生的新商业模式或因新技术而产生的新商业模式。这类商业模式创新并不常见，如个人计算机、互联网、无人驾驶汽车等，会促进新的行业的诞生。这类创新主体一般是新创企业或小企业居多，风险非常高。

二、商业模式创新的特点

从商业模式创新的概念出发，商业模式创新具有以下特点。[③]

（一）商业模式创新主要遵循建构逻辑

商业模式创新遵循的是建构逻辑，而不是分析逻辑。战略管理领域存在着结构主义和结构再造主义的争论。结构主义秉承分析逻辑，其核心思想是企业立足于自身的优势资源和能力来发现机会并制定和实施相应的发展战略，要求企业"做擅长的事情，而不要

① Henderson R M, Clark K B. Architectural innovation: The reconfiguration of existing product technologies and the failure of established firms [J]. Administrative Science Quarterly, 1990, 35（1）: 9-30.

② 钟昌标，黄远浙，刘伟. 新兴经济体海外研发对子公司创新影响的研究——基于渐进式创新和颠覆式创新视角 [J]. 南开经济研究，2014（6）: 91-104.

③ 王雪冬，董大海. 商业模式创新概念研究述评与展望 [J]. 外国经济与管理，2013, 35（11）: 29-36.

做自己不擅长的事情"。结构再造主义秉承建构逻辑，认为企业应从自身战略意图出发，通过分析外部环境和顾客价值寻找市场空隙，整合外部资源和重构产业生态来建构自身的资源和能力，并推动和影响新系统的形成。结构再造主义主张"消费者需要什么，企业就应该尽可能提供什么"，和建构逻辑对应，主张商业模式创新以顾客需求为出发点和源头，而不局限于企业的既有资源和能力。

（二）商业模式创新秉承无边界拓展原则

商业模式创新应坚持无边界拓展的原则，而不是固守既有的业务边界、产业边界和产权边界。认知惯性和路径依赖是制约企业进行商业模式创新的重要因素。固守业务边界和产业边界的企业通常会在既定的行业中为消费者提供一成不变的产品种类，遵循传统竞争思维，通过低成本或产品与服务的差异化来构建企业竞争优势。商业模式创新则需要秉承无边界拓展原则，所以企业管理者应突破固有思维的限制，在明确企业业务边界和行业边界的基础上，在企业业务边界以外发现新的机会和需求。小米开创性地利用互联网颠覆传统手机行业的价值链，建立了全新的手机研发方式、销售渠道和客户关系管理模式。小米手机确定了"让消费者发烧和尖叫"导向，对产品进行极致创新，通过米粉社群的创建让手机发烧友群体参与产品的策划、设计、开发、测试和发布等环节，让用户从"产品使用者和反馈者"变成"产品创新的驱动者和过程参与者"，从而实现产品的快速迭代。小米组织各种线上线下活动，通过社群聚合大规模的手机发烧友群体和"米粉"，促进企业与客户以及客户与客户的交流互动，增加社群黏性。小米的营销重视用户参与，利用"论坛 + 微博 + 微信 +QQ 空间"营销组合武器，实现社会化营销的四两拨千斤。同时，小米抛弃传统多级经销渠道，建立互联网直销平台，大幅度降低了企业的运营成本和销售费用。

（三）商业模式创新强调竞合思想

如今的世界是一个跨界竞争的世界，所有的产品都可能被重新定义。随着企业边界和产业边界模糊性程度加剧，企业竞争对手的不确定性程度也在提高。随着移动互联网的发展，当中国移动、中国电信和中国联通三大电信运营商还在为移动通讯业务进行竞争时，微信的横空出世直接颠覆和冲击了电信运营商的短信、话音以及彩信等传统业务。《微信数据报告》显示，2017 年 9 月，平均每天有 9.02 亿的人登陆微信，同比增长 17%；微信用户日均发送微信次数达到 380 亿次，同比增长 25%；日发送微信语音达到 61 亿条，同比增长 26%。竞合（co-opetition）的概念是美国经济学家内勒巴夫（Nalebuff）和布兰登勃格（Brandenburger）提出的，描述的是一种企业之间"既有竞争，又有合作"的状态。传统的战略思维视"竞争"为基本出发点，强调企业如何使用"竞争战略"获取"竞争优势"，战胜对手赢得市场。竞合思维将战略关注的重心由"竞争"转向了"合作"，强调企业和利益相关者之间开展合作，通过发挥协同效应、规模效应和创新效应等机制扩大市场规模，实现企业和利益相关者的共赢。同时，竞合思维主张市场博弈的一切——参与者（player）、附加值（added-value）、规则（rules）、策略（tactics）、范围（scope）都是可变的。商业模式创新强调竞合思想、突出价值共创，企业竞争优势来自于企业所在的生态系统。商业模式的创新要突破企业和上下游供应商、经销商等利益相关者对产品所产生的价值在价值链上进行简单切割的局限，构建一种局部闭环的价值逻辑，组建由全体利益相关者参加的价值共创和协同共赢的商业生态系统，获取基于商业生态系统的竞争优势。

三、商业模式创新的意义

商业模式创新日益引起企业的重视,是由于技术进步、市场演化和日趋激烈的竞争压力。商业模式一旦创新成功不仅会创造新市场或重构产业边界,还能帮助企业获取新的竞争优势,对产业发展和企业成长具有重要意义。[①]

（一）商业模式创新能创造新市场或拓展产业边界

当今,由于各产业的融合,产业的边界变得越来越模糊。众多过去被认为隔行如隔山的两家企业,突然之间成为竞争对手;原来那些风马牛不相及的行业,可能会在一夜间瓦解了企业所在行业的根基。依赖先进技术和新商业模式的微信逐渐消灭了通信运营商的短信业务。消费者使用微信的视频、语音和短信类似的功能,使微信成为了新一代的通信运营商;而传统运营商则彻底变成"流量运营商"。恰恰正是这些边界消失的地方反而成了商业模式创新的沃土。产业边界的消失意味着难得的市场机会,因为顾客需求变化、技术变革和外部环境的变化为企业提供了重塑自身,甚至重塑一个行业的机会。当企业打破传统产业的界线,重新勾勒产业边界时,往往会发现新的顾客需求和市场机会,商业模式的创新会颠覆传统的产业格局,打破传统产业间的藩篱,创造新的市场。

（二）商业模式创新能帮助企业构建新的能力,获取新的竞争优势

进行商业模式创新的企业不是一个封闭系统,也不再是产业链上的简单一环,而是社会网络中的一个核心节点,通过竞合思维,将企业边界拓展到企业所有的利益相关者,最终组建以企业自身为核心的商业生态系统。因此,企业的竞争从产品层次转化成商业生态系统的竞争。企业通过实施总成本领先战略或差异化战略将企业竞争优势建立在产品层次,通过实施多元化战略或一体化战略将竞争优势建立在产业层次。但是,进行商业模式创新的企业则将竞争优势建立在商业生态系统层次,旨在组建企业主导的商业生态系统,帮助企业获取商业生态系统层次的竞争优势。目前,腾讯和阿里巴巴之间的竞争不仅仅是产品或产业层次的竞争,而是独自构建的商业生态系统之间的竞争。腾讯目前继续延伸"企鹅帝国"的边界,不仅在社交网络服务、游戏、泛文娱、本地生活等优势业务上进一步深耕,而且在金融、电商、医疗健康等领域继续加大投资和不断布局。阿里巴巴则紧紧围绕交易核心,构筑全新的商业生态圈,其中电子商务、金融是绝对领先业务;本地生活O2O、文娱媒体、医疗健康、云计算是相对领先业务;而旅游、硬件、游戏、教育、汽车、房产是持续投入与突破业务。

第二节　商业模式创新的影响因素

对商业模式创新这一复杂活动进行更深层的把握,需要从根源上去解读商业模式创新。以企业为边界,商业模式创新的影响因素可以简单划分为内部因素和外部因素。其中,内部因素包括企业的资源和能力、组织结构和组织活动、原有盈利模式以及领导者;外部因素涉及技术变革、市场环境、市场机会和竞争环境。

---

① 吴晓波,赵子溢.商业模式创新的前因问题:研究综述与展望[J].外国经济与管理,2017,39（1）:114—126.

一、商业模式创新的内部影响因素

（一）企业的资源和能力

商业模式的创新都需要一些核心资源或能力。这些资源使得企业得以创造并提供价值主张，获得市场，维护与客户群体的客户关系并获得收益。企业竞争优势主要源自其资源和能力的积累，企业资源和能力对企业商业模式创新具有关键性的影响力。核心资源包括：① 实物资源。实物资源涉及企业的实物资产，如生产设备、房屋、车辆、机器、分销渠道和销售网络等。② 知识性资源。诸如品牌、专营权、专利、版权、合作关系以及客户数据库等知识性资源在企业商业模式创新中发挥着越来越重要的作用。③ 金融资源。创新本身具有风险和成本，商业模式创新依赖金融资源的支持和保障。金融资源包括企业的现金、银行贷款以及信用额度等。④ 人力资源。企业的任何活动，包括商业模式创新，都需要人力资源，但人力资源对于某些商业模式创新而言更加重要。比如，在知识密集型和创新产业中，人力资源对商业模式创新是最关键的。核心资源可以是企业自有的，也可以是通过租赁获得，或从重要合作伙伴那里获得。当今企业的市场环境变化日益迅速，特定的动态能力有助于企业实现商业模式创新，这些能力包括识别外部环境的能力、预测能力、整合资源能力以及吸收能力等。需要注意的是，企业进行商业模式创新需要在有能力维持自身可持续发展的同时开展商业模式创新活动。

（二）企业的组织结构和组织活动

企业作为一个完整的组织，其结构和活动对自身商业模式的创新活动有较大影响。商业模式揭示的是一个企业寻求利润的逻辑过程。商业模式的创新涉及客户、产品或服务、基础设施以及金融能力等主要内容，这需要企业不断进行决策。总的来说，组织主要是制定目标来驱动企业进行相应的商业模式创新；企业通过对组织结构进行适度的调整增加企业的弹性，增强应对外部环境的变化能力，增强企业的战略敏感性和战略灵活性；组织学习有助于企业建立良好的识别能力，及时对外部环境进行分析判断以及更有效地将外部资源内部化，有助于企业学习吸收较为优秀的商业模式的经验，降低创新成本，减少创新风险。具体到商业模式创新活动，组建一个正确的团队是进行商业模式创新的前提条件。商业模式的创新不应该局限于企业的战略规划部门或研发部门。商业模式创新团队须由多样化背景的团队成员构成，包括不同的业务单元、业务职能、资源和专业技能等。跨职能团队能站在不同的角度，从而能产生更好的创意，降低创新的阻力，增加创新成功的可能性。

（三）企业原有盈利模式

企业商业模式创新的最终目的是搜寻更为有效的盈利方式，获取可持续的竞争优势。从商业模式本身的架构看，企业商业模式原型中的盈利模式的变化驱动着企业价值创造和价值获取模式的改变。企业创造盈利的方式包括产品或服务销售，使用费、会员费、租赁、广告费、许可使用费的收取等多种。比如，银行等金融机构进入租赁领域，开展融资租赁业务，以租赁形式向企业提供相应的设备及其他资源，不仅可以促进金融行业业务创新，而且能够向实体经济精准"供血"，实现资金良性循环，降低实体经济企业的资金周转压力，进而实现产业流程顺利运营。当企业原有商业模式不能有效或者无法为企业带来理想的利润,或者不足以维持企业的现金流时,企业就会寻求不同的模式进行盈利,促进企业进行商业模式创新。源于原有盈利模式的商业模式创新主要是为了迎合市场需求或新客户群体的需求。需要说明的是,即使企业利用其原有的商业模式可以为其资源和能力积累创造条件,但是过于依赖原有的商业模式,也会限制商业模式的创新活动。

(四)企业领导者

企业的领导者及高级管理人员的认知能力能够对组织商业模式创新起到至关重要的作用。企业领导者对外部环境的感知既影响组织对外部威胁的解读,也影响组织依据外部环境变化及时作出商业模式创新的决策。企业在外部环境相对稳定时,其组织领导者及高级管理人员的认知能力将会发挥更大的作用,能提前依据现有条件判断下一个技术条件下所需要的商业模式,从而使企业提前做好创新准备,抢占先机获得竞争优势。另外,在成熟企业中进行商业模式创新时,合法性是商业模式创新的一个关键因素。商业模式的创新会影响到组织内部的各类人群,董事会或高管层的坚定和承诺是获得组织各部门合作的不可获取的资源。因此,企业商业模式创新更多的是由董事会或高管层直接领导。

二、商业模式创新的外部影响因素

除了企业的内部因素,外部生态系统的相关因素也会影响企业的商业模式创新。企业为了应对环境的快速变化,实现自我发展,也需要不断根据环境的变化而做出相适应的调整及创新。外部影响因素通常涉及技术变革、市场环境、市场机会以及竞争环境等。

(一)技术变革

每当产生新的技术范式就会推动企业进行商业模式的创新,从而促使其对新的技术进行利用来获得利益,而新的商业模式又会反作用于技术的变革,二者相互促进。技术创新创造了把技术推向市场的需要以及满足消费者潜在需求的市场机会,技术还会影响后续商业模式的创新及商业模式的成本结构;新技术若投入市场实现商业化,就必须有商业模式来配合,否则技术无法为企业创造价值、带来利益。以互联网为代表的信息技术呈现快速发展的势头,也带来了人们生产和生活方式的巨大改变。新的商业模式不仅仅表现在互联网技术(internet technology,IT)行业,其他领域也出现了新的商业模式。例如,如家改变传统酒店模式,构建了以连锁和简化酒店功能的新型商业模式,获得了商务人士的青睐;分众传媒"发现"了楼宇广告,开创了户外媒介传播的新方式。新零售是消费和交易模式升级的新服务模式,将大数据处理能力、信用体系、极致支付体验能力进行了整合。

(二)市场环境

市场环境是影响产品生产和销售的一系列外部因素,直接影响企业原有的商业模式的获利能力。市场环境包括自然地理环境、政治环境、法律环境、经济环境、技术环境、社会文化环境等。环境的不确定性、政策的模糊性、整体经济形势的变化、市场设施的不完善等问题可能会与企业原有的商业模式发生冲突。企业为了追求利益,实现可持续健康发展,提升在市场中的竞争地位,需要进行商业模式的创新来适应环境,实现与环境的相协调发展。2018年4月美团收购摩拜,旷日持久的共享单车"大战"结束。这也成为共享单车急速转衰的拐点。前期滋养共享单车爆炸式扩张的资金开始变得紧缺。2018年中期开始，共享单车行业巨头 ofo 面临发展困境，"挪用用户押金""因拖欠款项被起诉""资金链条断裂"等负面新闻频频出现。从资本争相涌入、创业企业"烧钱圈地"到资金退潮、企业面临资金链断裂困境，共享经济从门庭若市走向门可罗雀。

另外，随着经济全球化发展进程的加速，发达国家的企业更加关注新兴市场消费者的需求，将在发达国家取得成功的商业模式移植至新兴市场经济国家。商业模式创新能够帮助跨国企业进入新市场，在东道国市场获取合法性，从而避开新兴国家市场上的不利因素和限制性制度等环境冲突。

（三）市场机会

企业从市场中获利，因此市场机会也是企业商业模式变革的影响因素。市场机会是现有市场中所存在的，以企业现有的商业模式无法满足的顾客需求。随着竞争日趋激烈，企业市场份额会受到一定的冲击，甚至会逐步缩小，此时企业就不得不去挖掘市场机会，依据市场机会创新商业模式。顾客是企业商业模式的核心，顾客需求及消费习惯变化很大程度上影响着企业商业模式的变革。企业必须以顾客为中心，企业获利的基础就是满足顾客需要，为顾客创造出满足顾客利益的产品或服务，从而将自己的价值传递给顾客。同时，企业仍需要针对顾客来创造需求。中国企业在进入新兴市场国家或发达国家市场时，特别是环境差异较大的市场时，需要特别注意顾客的多层次性，考虑企业商业模式原型是否依旧符合当地客户的需求，能否实现企业的组织目标以及社会目标。

（四）竞争环境

竞争环境不仅决定行业内企业的盈利水平，也会影响企业的商业模式创新。迈克尔·波特（Michael E.Porter）构建了由供应商、潜在进入者、购买替代品和竞争对手构成的竞争环境分析模型。供应商、企业产品互补者的商业模式可以使企业从价值网络中获得有助于企业发展的不同资源，当互补资产的价值主张发生变化时，企业自身的价值创造模式和价值主张也会随之改变，这会促进企业进行商业模式创新以适应新变化。另外，一旦企业所处行业的竞争对手变革商业模式，企业也会对竞争对手的成功商业模式进行学习和模仿。因此，企业对商业模式的创新很大程度上受到竞争环境其他参与者商业模式变化的影响，同时也会根据其他参与者相互间关系的变化，做出商业模式的相应调整，从而改变企业原有商业模式价值创造和价值传递的方式，实现商业模式的创新。

三、成熟企业与新创企业影响因素的差异

成熟企业和新创企业在资源和能力等方面存在着非常大的差异，导致两类企业商业模式创新的影响因素不尽相同，需要简单比较两者的差异。

成熟企业商业模式创新影响因素：① 对原有商业模式和组织资源的依赖惯性制约着商业模式创新，路径依赖和惯性的存在会使企业的创新能力有所下降。② 企业有较为雄厚的资源和能力的积累，具备更强的整合能力和同时管理两种商业模式的能力，为企业从内部开始自发地进行商业模式创新提供了可能。③ 成熟企业外部驱动力，更多的是技术、环境的动态变化，以及国际化新市场的外部生态系统与商业模式原型之间的冲突，这些制约了企业原有商业模式的发展。企业为获得可持续竞争优势，保持其市场竞争地位，

进行商业模式创新以应对冲突,为企业自发地由外而内地进行商业模式的变革提供可能。

新创企业商业模式创新影响因素:① 新创企业更多的是进行由内而外的商业模式创新,其创业者及高级管理者则发挥了关键性的作用。因此,领导者的决策能力及感知能力对商业模式创新尤为重要。② 新创企业资源匮乏,规模通常较小,因此新创企业灵活性更强,有更多的机会和可能进行整体系统上的商业模式创新。③ 新创企业其规模较小,缺少成熟企业所拥有的资源和能力,因此新创企业更大程度上依赖于价值网络进行商业模式的创新。新创企业更有动机实现与价值网络参与者的协调,以从中获取所需资源。④ 新创企业更容易接触行业中较小的细分市场,便于抓住市场机会,及时改变商业模式,发挥"船小好调头"的优势。

作为电商巨头阿里巴巴的子产品——闲鱼,自 2014 年诞生以来,经过近 5 年的发展已成为业内极具知名度和影响力的二手电商平台。2017 年 8 月到 2018 年 7 月底成交总额(gross merchandise volume, GMV)近 1 000 亿元大关。闲鱼从初创到成熟共经过了三个阶段的商业模式创新。在其商业模式动态创新过程中,商业模式的价值创造逻辑链的各模块内容被不断循环更新,核心构成要素经历不断调整和变革,最终实现商业模式各阶段的发展。[①]

第三节　商业模式创新的焦点

商业模式创新不是回首过去,因为根据历史很少能推测出未来可能的商业模式;商业的创新也不是紧盯竞争对手,因为商业模式创新不是模仿或对照标杆,而是以新的机制来创造价值和获取利益。因此,商业模式创新是在挑战传统思维,设计出原创的模型来满足那些未被满足的、新的或隐藏在背后的客户需求。商业模式涵盖了客户、产品或服务、基础设计以及金融能力 4 个主要部分,由客户细分、价值主张、渠道通路、客户关系、收入来源、核心资源、关键业务、关键合作、成本结构 9 个模块构成。商业模式创新没有固定的路径,理论上讲,商业模式的 9 个模块中的任何一个都可以作为创新的起点,而任何一个模块的变动会同时影响到其他多个模块。当然,有的时候商业模式创新可能会源自多个模块。根据创新的焦点划分,商业模式创新可分为资源驱动、供给驱动、客户驱动和财务驱动四种类型。[②]

一、资源驱动型

资源驱动型的创新立足于组织现有的基础设施或合作伙伴资源。企业根据基础设施或合作伙伴资源为起点延伸或改变商业模式。企业基础设施涵盖核心资源、关键业务和重要合作伙伴三个模块,主要涉及企业的核心资源、关键业务和合作伙伴资源,这些都可能成为企业竞争优势的源泉和商业模式创新的触发点。

---

① 胡望斌,钟岚,焦康乐,秦爽.二手电商平台商业模式演变机理——基于价值创造逻辑的单案例研究[J].管理评论,2019,31(7):86-96.

② 亚历山大·奥斯特瓦德,伊夫·皮尼厄.商业模式新生代[M].黄涛,郁婧,译.北京:机械工业出版社,2018:128.

具体来看,资源驱动型商业模式创新可以细分为:

(1)核心资源驱动型。核心资源不仅包括物资资源、知识性资源、金融资源和人力资源,还涉及企业协调资源并发挥其作用的能力。比如,云南白药配方就是云南白药集团的核心资源,借助云南白药品牌和云南白药配方,云南白药集团大胆进行商业模式创新,将白药的保密配方变成其他产品的"添加剂",成功开发出创可贴、牙膏、镇痛药膏等产品,获得消费者高度认可。

(2)关键业务驱动型。为实现供给和交付所需要的关键业务活动也是企业商业模式创新的起点。每个商业模式都需要一系列的关键业务,这些关键业务是企业成功运营的基础,是企业为创造和提供价值主张、获得收益所必需的。对不同的商业模式而言,关键业务也可能不相同。关键业务可划分为生产或服务活动、解决方案以及平台或网络三类。例如,将平台作为关键资源的商业模式中,与平台以及网络相关的关键活动占据支配地位。在中国互联网经济快速发展的浪潮中,出现了腾讯、阿里、京东等一系列借助平台发展壮大的成功企业,平台升级本身就是商业模式创新或变革的表现。

(3)重要合作伙伴驱动型。重要合作伙伴是保障一个商业模式顺利运行所需的供应商和合作伙伴网络。合作伙伴是企业的重要资源,企业可通过建立合作伙伴网络创新商业模式,降低风险或获得资源。合作伙伴既可以是和非竞争者建立的战略联盟,也可以是与竞争对手建立的战略合作,还可以是拓展新业务成立的合资公司或建立的供应商和采购商网络。这些合作伙伴都可能是企业商业模式创新的触发点。

虽然将资源驱动型商业模式创新划分为上述三类,但在真实的商业实践里,核心资源、关键业务和重要合作伙伴中的任何一个模块或者多个模块都可能成为商业模式创新的起点。

二、供给驱动型

供给驱动型的商业模式创新会创造全新的价值主张,并会影响商业模式的其他模块。价值主张描述的是企业为某一客户群体提供能为其创造价值的产品或服务。价值主张解决了客户的问题或满足其需求。价值主张可以是创新性,能带来新的或革命性的产品或服务,也可以是与既有产品或服务相似,但增加了新的特点和属性。

一个价值主张通过针对某个客户群体的需求定制一套新的元素组合来为该群体创造价值。从具体路径上看,创造的价值既可以是数量上的,如价格、服务响应速度等,也可以是质量上的,如设计、客户体验等,当然企业也可以同时在数量或质量两个方向为客户群体创造新价值。产品或服务创造、产品或服务性能改进、产品或服务定制、降低价格、缩减成本、提高可获得性以及提高便利性等都可能是供给驱动型商业模式创新的要素。斯沃琪(Swatch)是尼古拉斯·G.海耶克(Mr.Nicolas G.Hayek)创始的一个手表品牌,源于瑞士。名字中的"S"不仅代表产地,而且含有"second-watch"即第二块表之意,表示人们可以像拥有时装一样,同时拥有两块或两块以上的手表。斯沃琪作为瑞士名表的典范,有着世界名表中的青春力量之称。斯沃琪手表以其时髦缤纷的色彩、活泼的设计以及颠覆传统的造型,嘀嗒地随着摩登生活的节奏向前迈进。在斯沃琪之前,没有任何流行品牌获得这样的成就:在极短的时间内,占据全球爱好者的心,地位屹立不倒;除了维持既有的版图,同时还持续向其他领域延伸发展。斯沃琪成功的原因并不是秘密:斯沃琪不只是报时的手表。斯沃琪手表定位于手表行业的低端市场,追求"永远不变的是永远在变"[①]:① 注重情感表达。特制有纪念意义的手表;设计创新,用简单的塑料替代精心设计的手表外形和表带,有些手表的创意来自于毕加索等艺术大师。斯沃琪手表所代表的含义更是一份珍贵纪念品、每一段历史的回忆,甚至一份情感的寄托。斯沃琪缔造了世界级品牌的神话,成为消费者心中的标志,同时延续了瑞士制表业百年的辉煌。② 改进生产工艺。斯沃琪对生产制造工艺进行改进,并实现了一系列突破。例如,把手表零件从155个减少到51个,减少转动部分,也就降低了损坏概率;新建自动装配线,每天能生产35 000块斯沃琪手表和上百万的零部件,劳动力成本从30%降到10%;保证质量。手表的最低返修率是不到3%,而斯沃琪手表的返修率不到1%。③ 手表造型青春洋溢。斯沃琪研究了年龄在18~30岁的消费者,认为要在这个市场上取得成功,必须能够感知消费者口味的变化,这比掌握新的生产技术更重要。年轻人没有很多钱购买高档表,但需要一种时尚来满足个性化,跨过"经济型手表"门槛,进入"风格时尚型"。作为时尚的弄潮儿,斯沃琪手表形状异趣、设计独特、名字高雅(每款手表都有中英文名字)。它是一种变幻莫测的潮流,蕴含着无穷的艺术魅力。④ 手表价格优惠。斯沃琪作为瑞士名牌,当然比不上欧米茄、万宝龙这些名表,不过面向年轻时尚前卫消费群体,还是具有很大吸引力的。斯沃琪手表价格优惠,采用统一价格策略,由瑞士总部定价,且不打折,无论消费者在世界上任何一个斯沃琪授权专场,均可参加全球联保。斯沃琪手表性价比在所有瑞士手表中占有绝对优势。斯沃琪爱好者可以根据自己不同的心情、喜好、着装、场合,拥有多块斯沃琪手表进行佩戴或收藏。潮流虽在不断转变,但斯沃琪追求"永远不变的是永远在变",因而永在时尚之巅。斯沃琪不仅是一种新型的优质手表,同时还带给人们一种全新的观念:手表不再只是一件昂贵的奢侈品和单纯的计时工具,而是一件"戴在手腕上的时装"。总之,斯沃琪手表向年轻消费者传达了"时尚、刺激、情趣、纪念、高质量、低成本"的信息,成为了手表行业低端市场的主流品牌。

三、客户驱动型

客户驱动型商业模式创新是基于客户需求、可获得性或便利性的改进,和其他类型的创新一样,这类创新也会影响到商业模式各个模块的改变。客户主要涉及商业模式的客户细分、渠道和客户关系3个模块。因此,细分客户群体、渠道和客户关系都可能是客户驱动型商业模式创新的起点。

客户驱动型商业模式创新可以划分为:

(1)细分客户群体驱动型。精准的客户细分是客户驱动型商业模式创新的关键。一个商业模式可以服务于一个或多个客户群体。客户是任何一个商业模式的核心,直接关系到企业的目标市场选择,而目标市场选择又分为市场细分和目标确定两个环节。细分客户群体需要一定的条件:客户需求催生了一项新的供给;需要建立一个新的分销渠道;需要构建一套新的客户关系类型;预期这些客户产生的利润水平较高;客户愿意为产品

---

① 李七七.探索斯沃琪手表优势,从四个方面分析Swatch成功秘诀[EB/OL].万表网,2014-11-22.

或服务的特殊改进买单。拼多多成立于 2015 年,作为电商平台的后起之秀,依靠拼团降低商品价格,短短三年就在纳斯达克上市。拼多多剑走偏锋,瞄准了被京东、淘宝所忽视的三、四、五线城市人群,利用拼团砍价的商业模式,满足"能用就行"的客户需求,迅速崛起成为仅次于淘宝、京东的第三大电商平台。

（2）渠道驱动型。渠道也可以成为企业商业模式创新的触发点。企业通过渠道和客户建立联系,向客户传递价值主张,为客户提供产品或服务以及售后支持。渠道可划分为直接渠道和间接渠道,或划分为自有渠道和合作方渠道。企业将一种价值主张推向市场,在这一过程中,重要的是找到合适的渠道并以客户喜欢的方式与客户构建联系。企业可以选择使用自有渠道与客户群体建立联系,也可以选择合作方渠道或者两者同时使用。合作方渠道是间接的,如分销渠道、零售渠道或合作方运营的网站等。在众多家电厂商被强势的连锁巨头国美、苏宁钳制时,2004 年格力高调宣布与国美决裂,果断建立专卖店模式。短短几年里,格力在全国建设了超 7 000 家专卖店。2007 年,格力电器大股东格力集团在资本层面引入格力经销商,向其核心经销商转让格力电器 10% 股权,通过产权关系将经销商与格力电器的利益进行了捆绑。此后,董明珠重整渠道,通过成立盛世欣兴格力贸易有限公司的销售公司,控制了格力全部销售渠道,最终实现自建渠道掌控终端市场,从而成为格力的核心竞争力。

（3）客户关系驱动型。客户关系描述的是企业针对某类客户群体建立的客户关系类型。客户关系类型可划分为私人服务、专属私人服务、自助服务、自动化服务、社区、社群等。互联网的快速发展促进了信息对称和降低了交易成本,同时也加强了物与物的联系、物与人之间的关系、人与人之间的关系,在社会各阶层群体中迅速生成各种社群。社群是聚集在一起的拥有共同价值观的社会单位,它们有的存在于具体的地区中,有的存在于虚拟的网络里。[①] 腾讯把 QQ 用户和即时通讯平台微信连接,相对于以往的收费模式,它通过免费的商业模式进行创新。

四、财务驱动型

财务驱动型指的是由新的收益来源、定价机制或缩减的成本所驱动的商业模式创新。这类商业模式创新也会对商业模式的其他模块产生影响。财务驱动型的商业模式创新涉及收入来源和成本结构模块。

具体而言,财务驱动型商业模式创新可细分为:

（1）收入来源驱动型。收入来源是企业从某类客户群体获得的现金收益,包含着不同的定价机制,如固定价格、议价、竞价或根据市场需求采取浮动价格。企业创造收入来源的方式包括产品 / 服务的销售或提供、使用费、会员费、租赁费、许可使用费、广告费、流量费等。随着市场竞争越来越激烈,很多企业也在不断地推出新的消费模式和促销策略,吸引消费者的参与和体验,如免费模式。20 世纪末的互联网革命诞生了互联网经济。互联网经济的发展使它越来越成为免费经济的代名词,以数字时代的"免费"商业模式踏上了历史的舞台。QQ、微信、电子邮箱、360 软件等免费网络工具或网络服务给人们的工作

---

① 罗珉,李亮宇 . 互联网时代的商业模式创新:价值创造视角［J］. 中国工业经济,2015（1）:95-107.

和生活提供了极大的便利,甚至在一定程度上改变了人们的工作和生活的行为方式。诸如此类的免费商业模式数不胜数,免费似乎改变了人们数千年来的等价交换法则,已经成为移动互联网企业赢得海量用户的重要手段。

（2）成本导向型。成本指的是企业运营商业模式所发生的全部成本,包括固定成本和可变成本。这两类成本的降低都可能成为商业模式创新的起点。成本导向的商业模式追求的是成本最小化,通过低成本建立行业进入壁垒和维系竞争优势。这种商业模式的创新旨在创造并维持精简的成本结构,通过实施低成本的竞争战略,以低成本获取竞争优势。比如,廉价航空就是成本导向商业模式的代表。廉价航空不仅通过提高飞机利用率降低单位成本,还通过降低维护成本提高边际收益。这类航空公司也通过减少使用大型机场降低机场使用费,减少租用机场内较昂贵的设施降低成本。当然,简化机内服务也是廉价航空公司缩减成本的重要手段。

（3）价值导向型。相比较,一些商业模式的创新更多地关注价值创造,为顾客提供高端的产品或服务,体现价值导向。企业通过实施差异化战略或聚焦差异化战略为特定的客户群体提供差异化的服务。虽然成本最小化是每个商业模式的诉求,但大部分商业模式都会在成本导向和价值导向之间进行平衡。随着经济社会的不断发展,我国拥有千万金融资产的家庭数量得到了快速增长,高净值人群对私人银行的需求度不断提升。渣打私人银行的业务全球总裁彼得·费乃威（Peter Fenneville）曾预测过:"预计未来五至十年内,中国将成为渣打集团全球范围内私人银行业务规模最大的一个国家。"早在2007年,国内商业银行就已开始重点关注和发掘财富高端人士的需求。从2016年年报披露数据来看,招商银行自2014年私人银行管理资产排名超过工商银行以后,截至2016年年底,其管理资产规模达到1.6万亿元,同比增长32%。私人银行在金融服务之外,越来越重视在非金融服务方面的投入,以期通过丰富、全面的非金融服务获取高净值客户的认可和信赖。

虽然从整体角度评估商业模式非常重要,但对商业模式每个模块的分析能为企业商业模式创新提供思路。一个有效的办法是将经典的SWOT（优势、劣势、机会和威胁）分析框架和商业模式画布进行结合。[①]SWOT模型从四个角度评估商业模式的各个模块,分析每个模块的优势和劣势以及面对的机会和威胁。这些评估结果可以成为企业改变和创新商业模式的基础。

本 章 小 结

商业模式创新是指以客户需求为出发点,采取主动性市场导向,在价值主张、关键业务、收入来源等商业模式的模块进行的系统性创新,最终实现顾客价值的增长、创造出新的市场或重构产业边界,并使企业获取超额利润和快速成长的过程。商业模式创新主要遵循建构逻辑,秉承无边界拓展原则,强调竞合思想,能创造新市场或拓展产业边界,帮助企业构建新的能力,获取新的竞争优势。

商业模式创新的影响因素可以划分为内部因素和外部因素。其中,内部因素包括企

---

① 亚历山大·奥斯特瓦德,伊夫·皮尼厄.商业模式新生代[M].黄涛,郁婧,译.北京:机械工业出版社,2018:206.

业的资源或能力、组织结构和组织活动、原有盈利模式以及领导者;外部因素涉及技术变革、市场环境、市场机会和竞争环境。

　　商业模式创新没有固定的路径。理论而言,商业模式的 9 个模块中的任何一个或多个都可以作为创新的起点,而任何一个模块的变动会同时影响到其他多个模块。根据创新的焦点划分,商业模式创新可分为资源驱动、供给驱动、客户驱动和财务驱动四种类型。

复习思考题

　　1. 如何理解商业模式创新?
　　2. 商业模式创新的类型包括哪些?
　　3. 商业模式创新的影响因素包括哪些? 这些因素如何影响商业模式创新?
　　4. 商业模式创新的焦点包括哪些? 请联系具体商业模式创新的案例进行解释。
　　5. 就你熟悉的企业,运用商业模式画布分析其商业模式的创新。

即 测 即 评

请扫描二维码进行即测即评。

本章案例分析

拼多多究竟能走多远?

　　拼多多隶属于上海寻梦信息技术有限公司,创立于 2015 年 9 月,是一家致力于为最广大用户提供物有所值的商品和有趣互动购物体验的“新电子商务”平台。拼多多通过创新的商业模式和技术应用,对现有商品流通环节进行重构,持续降低社会资源的损耗,为用户创造价值的同时,有效推动了农业和制造业的发展。至 2018 年,拼多多平台已汇聚 3.855 亿用户和 200 多万商户,平台年交易额超过 3 448 亿元,迅速发展成为了中国第三大电商平台。拼多多凭借以分享与拼团为核心的新电商模式,在格局已定的电商行业中重新开辟出一片蓝海。2018 年 7 月,拼多多在美国纳斯达克证券交易所正式挂牌上市。据招股书披露,公司创始人、董事长兼首席执行官黄峥在拼多多所占股比为 50.7%,腾讯所占股比为 18.5%,高榕资本所占股比为 10.1%,红杉资本所占股比为7.4%。

　　1. 迅速崛起与舆论风波

　　拼多多商业模式的奇妙之处在于,任何人想要购买东西,必须和其他人一起拼团。这种模式将社交属性融入购买行为当中的规则设置,加上较低的价格和不错的产品,拼多多迅速引爆了朋友圈和微信群。拼多多发展的核心是“社交 + 拼团”,拼团裂变和微信导流都是靠人来驱动,每个人都可以成为流量分发的入口和渠道。微信是拼多多的主战场,不仅聚集了全中国最大范围三、四线城市和农村用户,这些用户的特质与拼多多的特性是相符的,而且微信以即时通信为入口,提供多元化服务,高度聚合了移动互联网分散各处的流量,为拼多多提供了源源不断的流量运营基础。在前端,它利用社交时代人们愿意分享的特点,以拼团模式,通过人与人的社交连接,快速准确地将其聚焦;到了后端,它负责品控以及口碑,将用户的需要及时反馈给上游的生产商、产地、供应商等。两端流量的双重变现,最终完成了整个交易过程。

拼多多致力于为最广大用户创造价值,让"多实惠,多乐趣"成为消费主流。拼多多始终将消费者需求放在首位,通过用户直连制造模式对传统供应链进行极致压缩,为消费者提供公平且最具性价比的选择。通过去中心化的流量分发机制,拼多多大幅降低了传统电商的流量成本,并让利于供需两端。基于平台大数据,拼多多根据消费者喜好与需求,帮助工厂实现定制化生产,持续降低采购、生产、物流成本,让"低价高质"商品成为平台主流。2017年,拼多多移动平台完成43亿笔订单。目前,拼多多平台的商品已覆盖快消、3C、家电、生鲜、家居家装等多个品类,并以持续增长的速度,满足消费者日益多元化的需求。

拼多多将创新的电商模式与精准扶贫紧密结合,为推动农产品大规模上行提供了有效途径。平台的"拼购"模式能够迅速裂变并聚集消费需求,实现大规模、多对多匹配,将农产品直接从田间送到消费者手中,令中国农业生产与需求离散化的劣势转变为优势。拼多多积极响应党中央、国务院关于打赢扶贫攻坚战和实施乡村振兴战略的号召,投入大量资源,深入全国近千个农业产地,为脱贫攻坚积极贡献力量。截至2018年10月,拼多多已累计投入102亿元资源,帮助全国农户销售549万吨农货,催生逾21亿笔扶贫助农订单;在全国679个国家级贫困县扶持10万商家,累计帮扶139 600户建档立卡贫困家庭,直接和间接拉动包括各类平台商家、快递物流人员等超700万人就业。此外,拼多多还全力培育具备网络营销能力的"新农人",努力实现应急扶贫与长效造血的融合发展。截至2018年6月,拼多多已带动5万多名贫困地区青年回乡创业,将地方特色农产品推向了全国市场。

拼多多立足中国,与中小企业共同成长,培育更多的中国品牌。平台"拼购"少库存、高订单、短爆发的模式,不仅能迅速消化工厂产能,还帮助生产厂商通过"现象级"爆款迅速赢得消费者的信任,树立品牌形象。拼多多通过提供免费流量,大幅降低生产商的营销成本,平台还持续向有志于打造自主品牌的生产商倾斜资源,助力其转型升级。创立至今,拼多多平台已催生近千家工厂品牌,并通过C2M模式持续推动多个产业集群的供给侧改革。2017年,拼多多在长三角的19个产业带中,共计扶持18万商家,帮助大量工厂摆脱代工地位,以最低成本实现品牌化。登陆纳斯达克之后,拼多多正致力于引领平台入驻品牌走向国际。

但是,从上市日开始,拼多多就处于舆论之中。舆论攻击主要集中在"消费者、商标权利人投诉举报拼多多平台上销售山寨、假冒劣质产品"等问题。在拼多多上市后不到一周,国家市场监督管理总局网监司便高度重视媒体反映的拼多多平台上销售侵权假冒商品等问题,要求上海市和其他相关地方工商、市场监管部门,对媒体反映的以及消费者、商标权利人投诉举报的拼多多平台上销售山寨产品、傍名牌等问题,认真展开调查和检查。

实际上,2018 年,拼多多在不断完善生态系统的同时,也将重点放在了品牌建设上。2018 年 2 月 1 日,拼多多发布了《2017 拼多多消费者权益保护年报》(以下称《年报》),并宣布设立 1.5 亿元消费者保障基金,帮助消费者处理售后并维权索赔。《年报》数据显示,拼多多 2017 年共下架 1 070 万件问题商品,通过黑名单机制终身封售假商家,货流率低于 5%。

2. 拼多多的红利还能维持多久?

拼多多的市值正在迫近京东。但这家超高速跃进的电商,可能也在迫近自己的势能极限。京东"狼狈"的根源在于互联网流量见顶进而阻碍了其用户和平台成交额(GMV)的增长。拼多多则恰恰相反,即使上市后遭遇了"山寨门"事件对品牌的冲击,但三、四线城市电商潜力的释放帮助其完成了逆袭。2018 年三季度日活跃用户数据显示,拼多多已经超越了京东。拼多多的财报显示,截至 2018 年 9 月 30 日的 12 个月期间,拼多多平台活跃用户数为 3.855 亿,同比增长 144%,较上季新增 4 200 万;而在京东披露的第三季度财报显示,平台活跃用户数是 3.05 亿。这表明拼多多过往 12 个月至少有一次购物行为的用户数量已经超过了京东。随着宏观政策退潮引发的县城市场增发放缓,以及移动互联网流量见顶,拼多多在三、四线市场的低成本渗透并非是可持续的。要维持用户和 GMV 的高速增长,拼多多的代价可能会越来越高。随着人口红利消失,社交流量到达天花板,拼多多最终会和阿里、京东"共享"同一个池子的用户。

作为电商购物平台,拼多多与淘宝、京东、唯品会等具有高度相似性,且用户重合度非常高。企鹅智库数据显示,在所有电商平台里,拼多多和淘宝重合用户比例较高,占比稳定在 40% 以上,截至 2017 年年底,约有 46% 的拼多多用户也同时是淘宝用户。拼多多和京东的重合用户数也在逐步增长,用户重合占比(重合用户数/当月拼多多月活数)在 2016—2017 年增长了一倍,从 13% 增加到了 25.9%。提高产品质量、加强对卖家的监管、提高售后服务等,是所有电商平台努力的方向,拼多多也是如此。毕竟,仅靠"质更差"带来的"价更低",只会让拼多多的口碑逐渐败光。

2018 年是拼多多狂奔突进的一年。拼多多超高速增长的核心原因有两个:一是宏观层面。2014—2015 年流动性大放水,特别是棚改贷政策启动三、四线市场后,"农民进城"效应在电商市场的折射。二是腾讯的扶持。2016 年腾讯入股拼多多之后向其开放了微信庞大的流量和关键的关系链,"农民进城"效应导致的县城市场爆发、低价甚至"山寨"产品、高度渗透目标用户的社交工具加上匹配的社交电商模式,促成了拼多多这一电商奇迹的诞生。

唱空拼多多的担忧并非杞人忧天。互联网过往不乏独角兽借市场红利扶摇直上的故事,比如主打高性价比的凡客、依靠直播裂变的映客等,但风光到黯然的戏剧性转折亦比比皆是,背后原因要么是核心受众的消费趋势变化,要么是自身商业模式的缺陷。拼多多的核心商业模式一是低价商品,二是"拼团"式营销裂变。前者受益于其他电商平台对低端商家的驱离,后者受益于绑定微信。随着用户下沉成为显学,拼多多以此构筑的壁垒会不会遭遇其他竞争对手的强力挑战?这恐怕是拼多多日思夜想的问题。拼多多刚上市,阿里、京东等巨头就纷纷开始启动"拼团"模式。更关键的是,拼多多仍未完成一个流量型选手向技术型选手的转型,这使得其壁垒看上去并非坚不可摧。

案例来源:根据公开资料整理而成。

案例分析问题:

1. 试分析影响拼多多快速发展的外部环境。

2. 利用商业模式画布画出拼多多的商业模式。

3. 和京东、淘宝相比,拼多多的商业模式有何不同?

4. 利用 SWOT 模型分析拼多多商业模式的优势、劣势、机会和威胁。

5. 尝试提出拼多多商业模式创新的可能触发点。

参 考 文 献

1. 亚历山大·奥斯特瓦德,伊夫·皮尼厄.商业模式新生代[M].黄涛,郁婧,译.北京:机械工业出版社,2018.

2. 曾萍,宋铁波.基于内外因素整合视角的商业模式创新驱动力研究[J].管理学报,2014,11(7):989-996.

3. 成文,王迎军,高嘉勇,张敬伟.商业模式理论演化述评[J].管理学报,2014,11(3):462-468.

4. 刁玉柱,白景坤.商业模式创新的机理分析:一个系统思考框架[J].管理学报,2012,9(1):71-81.

5. 乔为国.商业模式创新[M].上海:上海远东出版社,2009.

6. 王水莲,常联伟.商业模式概念演进及创新途径研究综述[J].科技进步与对策,2014,31(7):154-160.

7. 王雪冬,董大海.商业模式创新概念研究述评与展望[J].外国经济与管理,2013,35(11):29-36+81.

8. 吴晓波,赵子溢.商业模式创新的前因问题:研究综述与展望[J].外国经济与管理,2017,39(1):114-127.

9. 赵宇楠,井润田,田董梅.商业模式创新过程:针对核心要素构建方式的案例研究[J].管理评论,2019,31(7):22-36+44.

10. Foss N J, Saebi T.Fifteen years of research on business model innovation: How far have we come, and where should we go?[J].Journal of Management, 2017, 43(1):200-227.

课 后 阅 读

1. 江积海,王烽权.O2O 商业模式的创新导向:效率还是价值?——基于 O2O 创业失败样本的实证研究[J].中国管理科学,2019,27(4):56-69.

2. 李飞,乔晗.数字技术驱动的工业品服务商业模式演进研究——以金风科技为例[J].管理评论,2019,31(8):295-304

3. 张旭梅,邓振华,陈旭.吴胜男."互联网+"生鲜电商跨界合作商业模式创新——基于易果生鲜和海尔合作的案例研究[J].重庆大学学报(社会科学版),2019,25(6):50-60.

4. 朱晓武.区块链技术驱动的商业模式创新:DIPNET 案例研究[J].管理评论,

2019, 31（7）: 75-74.

　　5. 刘圻.创新的逻辑——公司价值与商业模式重塑［M］.北京:清华大学出版社,
2019.

　　6. Palo T, Akesson M, Lofberg N.Servitization as business model contestation: A practice approach［J］.Journal of Business Research, 2019, 104: 486-496.

　　7. Teece D J.Business models, business strategy and innovation［J］.Long Range Planning, 2010, 43（2-3）: 172-194.

第五章
BOP 市场情境下的商业模式设计

学习目标

1. 掌握 BOP 市场的含义与特征。
2. 了解市场开发型的 BOP 商业模式设计。
3. 了解资源开发型的 BOP 商业模式设计。

开篇案例：

印度亚拉文眼科医院：用富人的钱给穷人治病

在印度，有几亿贫困者，其中很多人患有眼科疾病，却因无力负担昂贵的医疗费，不能及时医治，以致失明。有一位退休眼科医生想要帮助这些患有眼疾的贫困者，但是没有足够的、源源不断的资金。亚拉文想出一个办法：开一家眼科医院，向富人提供有偿医疗服务，用赚来的钱为穷人治病。

1976 年，时年 58 岁的眼科专家文卡塔斯瓦米医生（Dr.G.Venkataswamy）退休了，他在印度马杜莱一栋租来的房子里，开设了"亚拉文眼科医院"，后改名为"亚拉文眼科关爱中心"。

亚拉文有三种模式："付费医院""免费医院"和"医疗营"。

"付费医院"平均每天接待 1 400 名门诊病人，这里的一切服务都是收费的，包括会诊、治疗、手术及住院。病人既有富人，也有普通平民。收费也有差别。比如病房有 6 种，收费各不相同。既有一天 1 000 卢比（约 155 元人民币）的高级套间，也有一天 50 卢比（约 8 元人民币）的床位。亚拉文拥有顶尖的医生，管理层中有许多知名眼科教授，这使得亚拉文的医疗质量非常高，因此能够源源不断地吸引付费患者。

"免费医院"平均每天接待 500 名门诊病人，会诊和手术都免费。也有收费的，如需要做人工晶状体手术的病人，需要支付人工晶状体的成本。

而"医疗营"则是亚拉文最有特色的一种形式。为了帮助更多穷人,亚拉文派出多支医疗队,组成"医疗营",进驻贫困地区和那些眼科医院无法覆盖到的地区,与当地社区领导者和服务组织合作,提供眼科诊治医疗服务。

在"医疗营",一切都是免费的,包括将病人从医疗营转移到医院的费用。

2006 年,亚拉文共为 230 多万名门诊病人提供了服务,并做了 27 万起手术。2/3 的门诊病人和 3/4 的手术是免费的。它以全印度不到 1% 的眼科医疗资源,完成了该国 5% 的眼科手术。

亚拉文的免费手术所占比例超过一半,即便如此,亚拉文长久以来财务依然能自给自足,并发展为有 6 家分院、约 4 000 张床位的庞大体系。对于成本管控亚拉文有两项举措:一项是在标准化流程下高度分工。比如,医生还在给前一位病人做手术时,下一位病人已经准备就绪。另一项有重要意义的举措是通过技术研发和创新大幅降低手术成本。在发达国家,一场白内障手术通常需要 3 000 美元,其主要成本来自于人工角膜等材料。这样高的价格,亚拉文无法长期承担。因此,除了设立"眼睛银行"接受角膜捐赠之外,亚拉文还建立了自己的研发生产机构。他们研发的材料,成本远低于市价。

通过赚取富人的医疗费,来补贴穷人的医疗费,并维持医院自身的运营,这种模式既能让慈善事业得到源源不断的资金,又能不断扩大规模、造福更多穷人。

案例来源:闫冰.印度亚拉文眼科医院:有钱交钱 没钱充费[N].公益时报,2014-03-06.

解决贫困人口问题一直为社会各界所关注。那么,如何让贫困人口分享到社会文明和科技进步的成果?从印度亚拉文眼科医院的案例中我们发现,有效的商业模式可以在帮助穷人的同时保证企业的盈利。那么,什么是 BOP 市场?其市场特征是什么样的?面向 BOP 市场该如何设计商业模式?这是本章的学习内容。

第一节　BOP 市场概述

贫困问题是当今世界最尖锐的社会问题之一,贫富差距过大也会引发许多社会冲突。造成贫困的原因众多,包括地理因素、分配机制不公平、生产力不发达等。随着社会的发展,人类对贫困的定义和标准的界定也在不断地改变。1976 年,经济合作与发展组织提出以一个国家或地区社会中位收入或平均收入的 50% 作为这个国家或地区的贫困线[1]。20 世纪 90 年代中期,全球已有 30 多个国家制定了贫困标准,世界银行开始以这些标准为数据基础,测算世界贫困标准。[2]1993 年,世界银行根据 33 个国家的贫困线标准

---

[1]　Economic C. Public expenditure on income maintenance programmes[M].Paris:Organisation for Economic Co-operation and Development, 1976:16.

[2]　王小林.贫困标准及全球贫困状况[J].经济研究参考,2012(55):41-50.

制定了个人消费支出"1天1美元"的国际贫困标准。①2008年,世界银行根据75个国家的数据对"1天1美元"的贫困线进行了重新修订,设定了两条贫困线:一条贫困线适用于当时世界上二十余个最不发达的国家,为个人消费支出1.25美元/天;另一条适用于除了这些国家外的其他国家,为个人消费支出2美元/天。②2015年,世界银行将国际贫困线标准修改为每人每天消费支出1.9美元③;虽然在贫困的所有成因中,经济因素起着基础性的作用④,但贫困并不仅仅表现为低收入,而是体现为各种各样的匮乏状态,如缺衣少食、没有住房、生病时得不到治疗、缺乏足够的教育、不能正常地参与社会生活等。⑤联合国经社理事会2017年5月发布的《发展融资:进展与展望》报告显示,如果不加强国际合作和国家层面的行动,到2030年,全球仍将有约6.5%的人口面临极度贫困的威胁。

一、BOP 市场的含义

BOP这一概念是普拉哈拉德(Prahalad C K)与哈特(Hart S L)提出的,BOP是bottom of pyramid(金字塔底层)的简称。这个"金字塔"指的是经济金字塔,金字塔顶端是富人,处在这座金字塔底端的群体就是低收入群体(BOP群体)。BOP市场指的就是金字塔底层市场,即面向低收入群体的市场。⑥

经济金字塔是收入不平等的一种表现形式。如果这种不平等状况出现改变,那么金字塔就可能转变为钻石形,即中等收入的人群在增加,高收入、低收入的人群都在减少。社会变革成功的测量标准之一,就是看金字塔底层消费者在什么时候成为主流市场的一部分。当金字塔底层的穷人被作为消费者对待时,他们就能够获得自尊、他人的尊重和选择权,由此受益并得到摆脱贫困陷阱的机会。当金字塔底层消费者有机会参与以市场机制产生的产品和服务选择中并从中受益时,随之而来的社会和经济转变就会非常迅速。⑦转变过程如图5-1所示。

---

① 张全红,张建华.中国农村贫困变动:1981—2005——基于不同贫困线标准和指数的对比分析[J].统计研究,2010,27(2):28-35.

② 王小林.贫困标准及全球贫困状况[J].经济研究参考,2012(55):41-50.

③ 人民网国际频道,2018-09-15.

④ 程漱兰,陈焱.与贫困作斗争:机遇、赋权和安全保障——《2000/2001年世界发展报告》评介[J].管理世界,2001(6):210-212.

⑤ 世界银行《1999/2000年世界发展报告》编写组.2000/2001年世界发展报告:与贫苦作斗争[M].北京:中国财政经济出版社,2001:15.

⑥ Prahalad C K. The fortune at the bottom of the pyramid: Eradicating poverty through profits[M].Philadelphia:Wharton School Publishing,2005:4.

⑦ Prahalad C K. The fortune at the bottom of the pyramid: Eradicating poverty through profits[M].Philadelphia:Wharton School Publishing,2005:109-112.

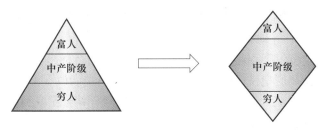

图 5-1　社会收入群体从金字塔型转变为钻石型

资料来源：Prahalad C K.The fortune at the bottom of the pyramid：Eradicating poverty through profits［M］.Philadelphia：Wharton School Publishing，2005：110.

BOP理论从商业视角关注面向低收入群体的创新活动，提出"不要再把贫困群体看作受害者或社会负担，而要把他们视为有活力、有创造力的企业家和有价值的消费者，一个崭新的机会之门就将打开"[①]。普拉哈拉德认为，如果不再将穷人视为受害者或一种负担，并开始认识到这一群体是有价值的消费者，通过进行技术、产品、服务以及商业模式方面的创新，创造性地满足该群体的需求，便会迎来巨大的商机。人口是商机大小的一个指标，中国或印度的BOP市场每年都能给企业带来极大的利润增长。许多促进变革和市场成长的因素——解除管制、民营企业参与、数字化、无处不在的连接力与追求改变的期望、有利的人口结构以及融资管道，都同时出现在金字塔底层市场，可见该市场的潜力巨大。

有这样一个故事：两家鞋业制造公司分别派出了一名业务员去一个偏远的小岛开拓市场。在同一天，他们两个人来到这个小岛，到达当日，他们就发现当地人全都赤足，无人穿鞋子。当晚，其中一名业务员向国内总部老板发了一封电报："上帝呀，这里的人从不穿鞋子，有谁还会买鞋子？我明天就回去。"而另一名业务员也向国内公司总部发了一封电报："太好了！这里的人都不穿鞋。我决定把家搬来，在此长期驻扎下去！"两年后，这里的人都穿上了鞋子。这个故事形象地告诉了我们认为商机只存在于顶层的20%而剩下的80%的BOP中没有市场的占优逻辑和BOP市场逻辑的区别，也印证了在看似没有商机的BOP市场中其实存在巨大的潜力，只要懂得挖掘，就能够实现盈利。

BOP市场不但存在，而且规模庞大、充满机会，关键在于如何开发。十几年前，印度的公共卫生问题严重，导致痢疾在印度肆虐，近五分之一的儿童患病。世界卫生组织开展的研究显示，用肥皂洗手能减少48%的痢疾侵害，但印度有26%的城镇居民和74%的乡村居民没有每天用肥皂洗手，因为印度10亿人口分布在25个邦和7个联盟区，有15种以上的官方语言和325种方言，并且印度很多乡村处于媒体盲区，只有22%的人有电视，42%的人有收音机。传统的宣传方式对BOP群体的影响较小，导致他们没有认识到用肥皂洗手对预防疾病的重要性。当时，联合利华也在发展中国家寻找新的肥皂市场。为了让消费者意识到使用肥皂洗手的重要性，提高肥皂的使用量，印度联合利华开展了两个项目：与政府和第三方组织合作（包括世界银行、联合国儿童基金会、美国国际开发署等国际组织、印度政府和喀拉拉邦政府、宝洁、高露洁-棕榄等私营公司）的公私合营项目以

　　① Prahalad C K. The fortune at the bottom of the pyramid: Eradicating poverty through profits［M］.Philadelphia： Wharton School Publishing, 2005:1.

及印度联合利华单独实施的"lifebuoy"乡村居民增进健康项目。这两个项目在乡村、学校、工人中心、卫生中心等地采用大众媒体宣传运方式,获得了良好的成果,在开展行为变革的地方,联合利华的肥皂销量不断增加。联合利华的目标是:到 2020 年,在亚洲、非洲和拉丁美洲宣传使用肥皂洗手的好处,以帮助 10 亿消费者改变卫生习惯。这个行动自 2010 年起,已覆盖 4.26 亿人。联合利华的行动在打开新市场、获取利润的同时,也对印度乃至全世界的公共卫生做出很大贡献。①

在学习 BOP 理论时,我们很容易联想到另外两个概念:企业社会责任与社会创业。企业社会责任(corporate social responsibility, CSR)指企业在运行过程中,在履行企业基本经济职能并满足社会对其"合规性"要求的基础上,对社会整体福祉水平的提高所应履行的责任,履责的目的是实现企业、经济、社会与环境的协调可持续发展。② 社会创业(social entrepreneurship),包含创业和社会两个层面。尽管其使命是创造社会价值,但社会价值是以经济收益为基础和前提的,本质是整合创业者自身及外部资源,创造社会价值,将未得到满足的社会需求,通过商业化的手段实现。它是创业的一种形式,对社会价值的创造更为直接有效,社会层面是其鲜明特征。③

经过以上的分析和对比可发现,BOP 理论并非以单纯的社会责任为出发点,而是从盈利的角度关注面向低收入群体的创新。也正因如此,BOP 市场战略与从社会视角出发的社会创业也有所区别,非社会创业企业也能够进入 BOP 市场并创造价值。通过面向 BOP 市场的创新,企业能够实现盈利和提高该群体生活质量的经济与社会双重价值。这个理论除了在缓解贫困方面做出贡献外,也为企业提供了创新之源。一些国家或地区的金字塔底层市场中的创新可以向其他国家或地区的金字塔底层市场推广,甚至发展成为全球创新;有些金字塔底层市场的创新可以向金字塔中、上层延伸,应用到成熟市场;企业从金字塔底层市场获得经验和心得,也可以影响企业的管理实务。

BOP 市场的开发,除了依靠企业本身的资源、能力与商业模式创新之外,BOP 群体本身、政府、非政府组织(non-government organization, NGO)、金融机构等在其中发挥着重要的作用。哈特认为要激发那些长期处于社会网络边缘、缺乏话语权的 BOP 群体的消费能力、创新动力与参与积极性,仅仅依靠企业自身的力量难以实现,还需要政府组织、发展机构与非政府组织等机构和组织共同参与,并认为把非传统组织与边缘利益相关者纳入创新系统有利于促使参与各方在互动与合作中学习、积累与创造出全新的知识,而这不仅有益于 BOP 群体的价值创造,还能使其成果自下而上扩散到金字塔中高层群体,产生良性循环④。卡拉尼(Karnani A)(2007)认为私人部门能够帮助缓解贫困,能够对政府支持与保护 BOP 群体方面的政策进行补充⑤。皮塔(Pitta DA)认为,为 BOP 市场服务需要一种

① Prahalad C K. The fortune at the bottom of the pyramid: Eradicating poverty through profits[M].Philadelphia: Wharton School Publishing, 2005:207-235.

② 赵丽芬,刘小元. 管理理论与实务[M].北京:清华大学出版社,2017:56.

③ 刘振,杨俊,张玉利. 社会创业研究——现状述评与未来趋势[J].科学学与科学技术管理,2015(6):26-35.

④ Hart S L. Capitalism at the crossroads[M]. New Jersey: Wharton School Publishing, 2005.

⑤ Karnani A. The mirage of marketing to the bottom of the pyramid: How the private sector can help alleviate poverty[J]. California Management Review, 2007, 49(4):90-111.

不同的商业模式,可以将小额信贷的方式纳入其中,建立不同类型机构之间的协作联盟,并且应该调整营销组合。普拉哈拉德认为政府组织、发展机构、私人部门的参与以及它们之间的合作为BOP群体的生活改善、经济发展和社会转变创造了机会,它们形成了一个缓解贫困的框架,如图5-2所示。

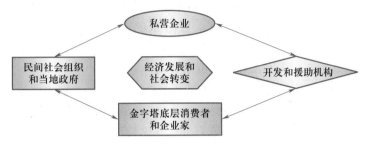

图5-2　BOP市场各部分关系

资料来源:Prahalad C K.The fortune at the bottom of the pyramid:Eradicating poverty through
profits[M].Philadephia:Wharton School Publishing,2005:2.

　　包容性创新系统(inclusive innovation system, IIS)是开发BOP市场的关键之一。包容性创新系统是由相互合作与学习的企业、低收入群体或社区、政府与非政府组织及辅助性专业机构等构成,其通过技术、市场、制度与组织的系统创新来构造能创造和分享经济、社会与环境等多重价值的网络体系[①],其构成形式如图5-3所示。

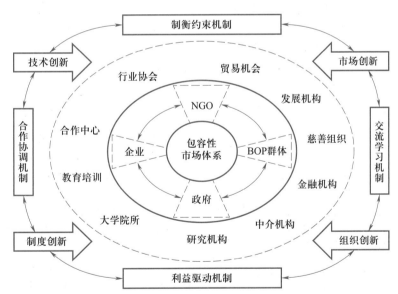

图5-3　面向BOP市场的包容性创新系统(IIS)示意图

资料来源:邢小强,周江华,仝允桓.面向金字塔底层的包容性创新系统研究[J].
科学学与科学技术管理,2010,31(11):27-32.

---

　　① 邢小强,周江华,仝允桓.面向金字塔底层的包容性创新系统研究[J].科学学与科学技术管理,2010,31(11):27-32.

二、BOP 市场的类型

一般而言,建构面向 BOP 市场的商业模式需要考虑两方面的问题:一方面要解决 BOP 消费者买得起、买得到和方便买的问题,即以更高的性价比、更便捷的购买方式提供 BOP 群体所需要的商品;另一方面要解决 BOP 群体持续的、强劲的更高层次的购买问题,即关注使 BOP 群体彻底摆脱贫困的方法。依据 BOP 在企业商业价值链中发挥角色的不同,可以将 BOP 市场分为 3 类:市场开发型、资源开发型、市场—资源开发型。[①]

(一)市场开发型(market-develop)BOP 市场

在市场开发型 BOP 市场中,BOP 群体被视为最终消费者,企业主要通过技术、产品和服务、市场营销的开发创新,以更有吸引力的价格、更便利的购买渠道和更便捷的购买方式向 BOP 群体提供他们所需要的产品或服务。在这种市场中,企业的主要目标是通过对 BOP 市场的不断开发占有更大的市场,主要采用针对 BOP 群体及其生活环境的产品创新、服务创新、价格优惠、在当地开设门店或上门服务等方式开发市场。

(二)资源开发型(resource-develop)BOP 市场

在资源开发型 BOP 市场中,BOP 群体本身被视为一种特殊的资源,帮助 BOP 群体增加收入是重点。在该市场中,企业的供应网络、生产链条、销售网络要进行重新设计与整合。该市场中,BOP 群体向企业出售劳动力或劳动产品,企业将 BOP 群体纳入企业价值体系中,并通过持续的培训和开发,提高该群体的技能与能力,从而提高他们的人力资源价值,或为其提供更多的就业机会,帮助他们彻底摆脱贫困。

(三)市场—资源开发型(market & resource-develop)BOP 市场

市场—资源开发型 BOP 市场是市场与资源开发混合型市场,该市场既关注 BOP 市场本身的开发,又关注 BOP 群体的资源开发。这种市场对于企业能力的要求更高,需要企业具有较高的技术创新能力、管理能力和资本运作能力和丰富的社会关系资本。当然,这种类型的 BOP 市场所带来的经济效益与社会效益也是最大的。在市场—资源开发型 BOP 市场中,企业与 BOP 群体已经不再是单纯的买卖关系了,而是成为商业伙伴,通过更深层次的交流与联结,在双方相互信任的基础上进行价值共创,互利共赢。

三种 BOP 市场的联系和区别如表 5-1 所示。

表 5-1　市场开发型、资源开发型、市场—资源开发型 BOP 市场的比较

项目	市场开发型	资源开发型	市场—资源开发型
角色定位	BOP 群体作为消费者	BOP 群体作为生产者	商业伙伴
关注焦点	创新产品和服务,提高产品与服务的性价比	提高 BOP 群体的技能与能力,提高其人力资源价值	既关注提高产品与服务的性价比,又关注 BOP 群体人力资源价值的开发
工具手段	开发新的营销策略	重构价值链,将 BOP 群体纳入其中	重构价值链,并开发新的营销战略

[①]　赵晶,关鑫,仝允桓. 面向低收入群体的商业模式创新[J]. 中国工业经济,2007(10):5-12.

项目	市场开发型	资源开发型	市场—资源开发型
市场关系	公平交易（BOP 群体作为买方）关系	公平交易（BOP 群体作为出售劳动力一方）关系	公平交易与信任关系
商业逻辑	卖给 BOP 群体	从 BOP 群体那里购买	价值共创,互利共赢

资料来源:邢小强,仝允桓,陈晓鹏.金字塔底层市场的商业模式:一个多案例研究[J].管理世界,2011(10):108–124.

三、BOP 市场的性质与市场特征

在《金字塔底层的财富》一书中,普拉哈拉德和哈特将金字塔底层市场的性质概括如下。

第一,金字塔底层有钱可赚。传统商业逻辑认为 BOP 群体没有购买力,所以 BOP 市场不值得开发。实际上,BOP 群体具有庞大的规模,隐含着巨大的潜在购买力和价值创造力,关键在于如何开发。

第二,金字塔底层市场可以建立渠道通路。传统的商业逻辑认为 BOP 市场的物流和营销渠道通路难以建立,这对于许多企业而言也是进入 BOP 市场的一个障碍。然而经过实践,许多企业却成功地在 BOP 市场建立了渠道通路,因此为 BOP 市场的开发和商业运营提供了许多便利。

第三,金字塔底层市场的消费者具有品牌意识。许多人认为 BOP 群体只注重低价,缺乏品牌意识。实际的情况是,BOP 群体也具有品牌意识,只是因为对价格比较敏感,购买商品时首先关注的是价格,这就造成一种假象,似乎这个市场的群体不追求品牌。事实是,BOP 群体在注重价格的同时也注重产品质量,性价比高的产品对他们而言吸引力更大。

第四,金字塔底层市场是相互联结的。随着信息网络的逐渐发达和互联网的普及,BOP 群体的通信力和联结力日益增强,使得 BOP 市场内和 BOP 市场之间可以通过信息网络相互联结。

第五,金字塔底层消费者乐意接受先进技术。无线装置、个人掌上电脑等在金字塔底层的应用越来越广泛。谷歌曾通过其 Fiber 计划拓展了廉价互联网接入服务的范围,并致力于通过互联网热气球项目不断向发展中国家和边远地区推广互联网接入服务。在 Fiber 计划中,谷歌对 BOP 群体的先进技术的接受能力是非常乐观的。

与普通市场相比,金字塔底层市场又具有其特殊性。下面我们从市场主体和市场环境两方面介绍 BOP 的市场特征。

（一）市场主体特征

1. BOP 群体的能力特征

BOP 群体的教育水平大多较低,很少经过专业培训,从而导致其生产和工作效率较低下。

2. BOP 群体的认知特征

BOP 群体的经济活动往往具有较强的社会取向,较为依赖本地组织、本地社会规范和非正式网络,且受文化、亚文化、传统、风俗习惯和宗教的影响较大。[①]

3. BOP 群体的消费结构特征

支出主要集中于衣食住行等必需品和医疗保健等领域。近几年来 BOP 群体在食品上的消费有所降低,在住房、交通、信息技术、教育等方面的支出有显著的增加,其中信息技术方面的支出增加最为显著。由于生活压力较大,BOP 群体中的一些人也会将部分收入花费在烟酒等非必需品上。

4. BOP 群体的消费者行为特征

BOP 群体存在明显的未满足的需求,每次消费花费的金额较少,对价格比较敏感,但同时也会注重产品质量,尽量避免不熟悉的产品、消费场所和复杂的支付方式,对外来品牌会有排斥心理,熟人、家人、朋友、邻居等对其购买行为决策会产生重要影响。

5. BOP 群体的生产者行为特征

BOP 群体中大部分人从事与农业相关的生产劳动,收入较低,且在对影响其收入波动性的各种冲击下十分脆弱。少部分人从事自我雇佣式的生产,拥有自己的微型企业,但大多是迫于生计,往往以一种非正式经济状态存在,或是处于正式经济和非正式经济之间。为了分散风险和增加收入,BOP 群体会从事多种短期职业,进一步降低了对专业化发展的激励。从市场交换角度看,由于 BOP 生产者缺乏良好的市场渠道,在出售劳动力或商品的过程中经常遭到盘剥,且不受人尊重。[②]

(二)市场环境特征

1. BOP 市场的市场规模特征

虽然 BOP 群体的单体购买力低,单次消费金额小,但 BOP 群体的人数众多,存在许多满足的需求,潜在市场规模很大。

2. BOP 市场的基础设施环境特征

BOP 群体无法获得像金字塔上层群体那样充足的基础设施服务,包括交通与能源等经济基础设施,金融服务、物流渠道、市场中介等支持机构,通信网络等信息设施,教育、卫生等方面的基础设施,这极大地限制了 BOP 市场中商业活动的开展与价值创造。[③]

3. BOP 市场的制度环境特征

在 BOP 市场中,缺乏支持市场体系有效运转所需要的制度安排,或这些制度安排较为薄弱,如畅通的信息渠道、明晰的产权界定、完备的法律制度与有效的执行等。这些制度的不完善导致其不能充分发挥作用,从而形成制度空洞。不完全市场、信息不对称、官僚主义与腐败、较高的交易成本、缺乏有效定义的产权、公共品与外部性等问题在 BOP 市场中特别突出,这些问题容易导致一系列的市场失灵,使得市场以一种排斥低收入群体的方式在运作。[④]

---

① 郝秀清,张利平,陈小鹏,等.企业面向低收入群体(BOP)的商业模式创新研究——从理论分析框架到决策支持模型[C].全国比较管理研讨会,2011.

② 邢小强,周江华,仝允桓.面向低收入市场的金字塔底层战略研究述评[J].财贸经济,2011(1):79-85.

③ 邢小强,葛沪飞,仝允桓.社会嵌入与 BOP 网络演化:一个纵向案例研究[J].管理世界,2015(10):160-173.

④ 邢小强,周江华,仝允桓.面向低收入市场的金字塔底层战略研究述评[J].财贸经济,2011(1):79-85.

第二节 市场开发型的 BOP 商业模式设计

在市场开发型 BOP 市场中,BOP 群体的角色被定位为消费者。市场开发型 BOP 市场注重以更有吸引力的价格、更便利的购买渠道和更便捷的购买方式向 BOP 群体提供他们所需要的产品或服务。因此,市场开发型 BOP 市场的商业模式设计着眼点在于根据 BOP 群体的特点及生活环境进行产品创新、服务创新以及价格优惠。

一、开发 BOP 市场的必要条件

在市场开发型 BOP 市场中,BOP 的角色定位为消费者,商业逻辑的转变、产品与服务的创新、渠道通路的建设、市场营销策略的改变在市场开发型 BOP 市场中的作用尤为重要。普拉哈拉德认为 BOP 市场开发的必要条件包括以下四个方面的内容。[①]

（一）创造消费能力

这一条件包括以下三个原则。第一,买得起。BOP 市场中的产品必须具有较高的性价比,在保障质量的同时要保持价格的相对低廉。第二,方便买。BOP 群体没有代步工具或代步工具较为落后,距离城镇路程较远,在 BOP 市场中需要设立销售网点,且销售网点必须密集。另外,BOP 群体的工作时间一般较长,销售网点的营业时间最好相对延长。第三,买得到。BOP 群体的购买决策在于手中的现金量,对于预付之类的不熟悉的购买方式较为排斥,因此企业应该保证随时供应。

（二）在市场中要有对新产品和服务的需求

BOP 市场中一般存在与普通市场不同的需求,企业要发现 BOP 群体的特殊需求和潜在需求,开发新产品和服务。

（三）要给予 BOP 群体尊严与选择权

要注重 BOP 群体的心理需求,BOP 消费者不只应该买得起商品与服务,还应该获得过去只属于中产阶级和富人的尊严和选择产品的权利。

（四）信任是先决条件

想要进入 BOP 市场并成功开发其潜力,企业首先要重视建立双方的信任感。小额贷款之父、创办孟加拉乡村银行的穆罕默德·尤努斯（Muhammad Yunus）发现,孟加拉的穷人通过正式的银行系统很难获得贷款,哪怕只是很小的一笔金额,所以只能从当地放贷者那里接受高利贷或是不得不沿街乞讨。这是延续甚至加剧孟加拉国特有的贫穷和苦难的原因之一。尤努斯要挑战固有的商业逻辑,证明穷人也是有非常良好信用的。他借给 Jobra 村的 42 名妇女 27 美元,最终妇女们偿还了这笔钱。尤努斯发现,妇女获得一笔微小的投资,能够提高创收能力,如购买缝纫机、制作服装,收入足够偿还贷款,还有许多剩余,甚至能由此脱贫。因此他创建了孟加拉乡村银行,通过收取贷款利息,然后回收资金,再帮助其他穷人。他对 BOP 群体的信任,证明了向 BOP 群体提供贷款的可行性,并在 20

[①] Prahalad C K. The fortune at the bottom of the pyramid: Eradicating poverty through profits [M].Philadephia: Wharton School Publishing, 2005.

年中催生出一个全球性网络,将小额信贷建成一个世界性的行业。这一切,若是没有信任作为先决条件,就很难发生。

除了上面所述内容,普拉哈拉德还提出了金字塔底层市场的 12 个创新原则,见表5-2。

表 5-2　金字塔底层市场的 12 个创新原则

创新原则	原因
重视产品和服务的性价比	BOP 消费者对产品价格较为敏感,但同时也注重产品的质量,性价比是他们选择产品的重要依据
创新需要混合解决方案	很多 BOP 消费者的问题无法用原有技术解决。大多数解决方案需要新兴的先进技术与现有的、快速改善的基础设施做有创意的结合
规模化的重要考量	金字塔底层市场很大,解决方案必须能跨国家、跨语言在类似市场套用
方案要比成熟市场更节约资源	BOP 市场巨大,相应的资源消耗也极大,无论是从成本还是资源方面考虑,都应该尽量节约资源
产品开发必须因地制宜	只把销售于成熟市场的产品稍加调整在 BOP 市场是行不通的,需要根据金字塔底层的环境、基础设施、生活习惯进行产品和服务的创新
流程创新与产品创新同样重要	在金字塔底层市场,也必须建立完备的推广、销售和售后服务体系,在产品创新的同时,流程创新也要跟上
去技术化工作十分重要	BOP 市场在技术方面较为落后,因此产品和服务的设计必须考虑用户技术水平低、基础设施不足以及偏远地区维修不便等问题
教育和引导客户是关键	许多金字塔底层消费者处于"媒体盲区",传统的广告手段无法使用,需要企业创新宣传方法
产品必须适应恶劣环境	BOP 群体生活环境较为恶劣,在这种环境下使用的产品不仅要禁得起噪声、灰尘、不洁环境以及使用不当,还必须适应不完善的基础设施产生的电力不足、电压不稳、停电、水中有杂质、细菌和病毒污染等问题
界面要更友好	BOP 群体的平均文化水平较低,产品的设计需要让他们方便快速地明白产品功能和操作
创新渠道通路	金字塔底层既有极为分散的乡村市场也有密集的城镇市场,以低成本途径来接触贫民十分重要
产品特色和功能的演变要更快	BOP 群体也追求产品特色的改变和功能的提升,厂商应注意产品的开放性和兼容性,以便能方便地为产品添加新功能和新特色

资料来源:Prahalad C K.The fortune at the bottom of the pyramid:Eradicating poverty through profits[M].Philadelphia:Wharton School Publishing,2005:25-27.

二、BOP 市场开发的支持条件

在市场开发型 BOP 市场中,创业者的目的是以更有吸引力的价格、更方便快捷的方式向 BOP 群体提供他们所需要的产品和服务。因此,市场开发型的 BOP 商业模式设计中的主要内容包括:产品和服务、技术、营销策略的开发,与政府、商会、行业协会等机构建立新型的合作伙伴关系,与 BOP 群体建立良好的联系,对生产流程、组织结构、企业文化与制度、内部管理等价值支撑体系的建设,具体可从以下四个方面进行讨论。

（一）提供的产品或服务

针对 BOP 群体提供的产品或服务要考虑四个方面（4A）,即可负担性（affordability）、可接受性（acceptability）、可获得性（availability）与可感知性（awareness）。[①]

（1）可负担性指通过降低价格或增加支付手段的灵活性等方式来提高产品与服务的可负担性,不过与此同时还要保持产品或服务的质量,这是服务市场开发型 BOP 市场的核心。

（2）可接受性指企业的产品与服务设计必须考虑 BOP 群体的生活环境和使用习惯,产品与服务开发必须始于对性能的深刻理解。友好的界面设计,较低的使用者技能要求,较强的恶劣环境适应力等就是最好的体现。

（3）可获得性指 BOP 群体获取产品或服务的便捷程度。在 BOP 市场中应注重包容性渠道的设计与建设,使得 BOP 群体能更快、更方便地获得所需的产品或服务。

（4）可感知性指 BOP 群体知晓与了解企业的产品与服务。BOP 群体对社会网络的依赖性较强,对媒体的接触较少,通过社会网络进行口口相传与自由的信息交换,会有效提高 BOP 市场中产品或服务可感知性。

（二）客户

在市场开发型 BOP 市场中,BOP 群体被视作消费者,是企业的主要客户。BOP 市场存在多样性的特点,同一种商业模式不一定适合所有的 BOP 市场,收入水平、自然地理条件、电力设施、消费习惯、民俗民情等市场环境因素的差异,都会直接影响 BOP 群体的消费需求。长期对 BOP 群体的忽略和不了解会造成企业进入该市场时与 BOP 群体的心理距离,在 BOP 市场中,要与 BOP 客户建立良好的关系,为其提供更多的选择,并且采用公平交易的方式,使其感知到自身得到了尊重。与政府部门、非政府组织、非营利组织等非传统组织合作,有利于快速了解 BOP 群体的相关信息,有助于企业理解 BOP 市场运行机制并适时开发出合适的产品,并且能够借助这些组织的社会关系与声誉获取 BOP 群体的信任。

在 BOP 市场中还可以通过进入 BOP 社区增进相互了解、与 BOP 群体相互沟通共同形成商业解决方案等嵌入当地社会网络的方法提高彼此间的依赖和信任,促进社会关系与商业模式的共同演化,构建良好的客户基础。

（三）基础设施

在 BOP 市场所在地建立起支撑特定商业模式的基础设施,有利于大大降低企业运营成本,从而进一步降低产品或服务的价格。BOP 市场的基础设施应该由企业和当地政府、非营利组织等机构共同合作建设。具体而言,应该首先提升交通、能源、信息等设施建设,扩展市场渠道,增加市场支持机构,同时还要注重教育、卫生等方面的基础设施,从而进一步挖掘 BOP 市场的价值潜力。企业在 BOP 市场中应该建立较为密集的销售网点,有时还需要在 BOP 市场建立生产地,但如何建立工厂、销售处、零售店和服务站等网点要仔细斟酌。

[①]　邢小强,周江华,仝允桓.面向低收入市场的金字塔底层战略研究述评［J］.财贸经济,2011（1）:79-85.

（四）财务能力

BOP 市场充满了不确定性，传统的净现值法在评估 BOP 商业项目上并不适用，短期内难以获得利润，因此在 BOP 市场中企业的融资更加困难。社会网络在 BOP 市场融资中的作用尤其重要，政府优惠政策、补贴等也是提升企业财务能力的来源。明智地运用资金是在金字塔底层市场成功的要诀之一。印度联合利华公司就采用负流动资本策略，着重减少工厂和设备的资本密集度，通过适当结合外包和专有供应商方式，不但实现了自身的经营目标，还创造了一批能与其合作的中小企业，使得其在当地市场上的地位更加稳固，获得了更多的收益，同时也带动了这些中小企业的发展，提高了当地的经济能力。

案例 5-1

海尔的农村市场开发之路

中国于 2008 年 12 月发布家电下乡政策，而中国的家电龙头企业——具有远见的海尔集团对于农村市场的开发比政策发布的时间要早许多。海尔从 1996 年开始就专门针对三、四级市场建设专卖店销售渠道。2000 年起，海尔集团的物流配送系统向大多数的县城和乡镇延伸。2001 年年底海尔集团冰箱事业部面对国内城市家电冰箱市场日益激烈的竞争，果断地实施国内冰箱市场的战略转移，以前瞻性的战略远见将目光转向具有辉煌销售前景的农村市场。在家电下乡政策发布之后，海尔集团更是利用了自身巩固的基础设施、规模优势、良好的声誉与品牌效应、群众基础和强大的社会资本，使得农村消费者可以较低的价格在本地便利地购买到适用于当地条件的电子产品和家用电器。海尔集团总部有强大的生产制造能力、成熟的渠道与市场营销体系；海尔在许多县级地区具有零售店，在村级地区具有服务站；当地政府还为海尔提供家电下乡补贴。

在产品方面，海尔认为，针对农民，不仅要在价格上做减法，还应该在产品上做加法。在一些企业看来，农村家电就是价廉质低的产品，只要降低厂商的积压库存品的价格就可以满足农村市场对于家电的需求。但海尔不这样认为，而是坚持"惠农、助农"的经营理念，专门针对农村消费特点开发新产品，同时保证产品的性价比。海尔集团在深入调查研究农村环境的特点及农民特定需求的基础上，增加了产品对农村市场的适应性，在已有产品的基础上附加了适合农村条件的新设计，增加了一些适合农民特殊需求的实用型功能。以计算机为例，海尔认为农民对计算机技术的需求同一、二级城市没什么区别，只是在操作水平上弱一些，且在农村环境中使用计算机要求更高的稳定性和易用性，于是与英特尔、微软等合作伙伴合作，开发了诸如海尔新轰天雷、新极光 C、天龙、T68 等针对农村市场的新产品。海尔针对农村市场的计算机产品策略可以总结为"一宽二省四平台"。即针对农村用电环境，采用宽电压设计并采用省电设计和远程网上省心服务；在软件上，开发了针对农民的农技致富信息、学习教育、娱乐和医疗四个信息平台。

除了个人计算机外，海尔在其他产品上也是用心良苦。海尔集团在开拓西南市场时,了解到许多农民会用洗衣机洗红薯,但这种做法容易导致排水管堵塞,于是设计出了一款内部配装可拆卸特殊不锈钢支架、排水管直径加粗、管壁加厚的可以洗红薯的洗衣机,受到了当地农民的欢迎。另外,海尔在天津武清区牛奶厂的市场调研中发现,当地的农户在冬天会给奶牛喝热水,以保证奶质,但农村烧水成本高,而且自来水的供给不足。因此海尔研发出一套可将净水用水泵抽出并用太阳能热水器加热的热水装置,解决了农户的难题。海尔还针对农村环境和生活条件研发出空调防鼠网、冰箱防鼠后盖板、洗衣机防鼠底座、防电墙热水器、带防漏电插座的冰箱、带防水防漏电面板的洗衣机、带防晒塑料外壳的洗衣机、能在170V~264V电压之间工作的宽电压冰箱、"农信通"手机、"村村通"手机等产品。在产品的人性化方面,海尔也下足了功夫。为帮助农村用户正确存储,海尔冰箱的抽屉表面贴上了用于分辨放肉或蔬菜的标志;海尔手机采用了大字体的设计,因为农村的青壮年大多在外面打工,家里用手机的大都是老人,采用大字体更加方便看清。这些在产品上花费的心思使得海尔在农村市场站稳了脚跟,在惠农助农的同时也为自己赢得了收益。

在服务方面,海尔也没有粗心大意。在广泛建立服务网点的基础上,海尔强调的是超前的、全面的服务。在全国海尔有1 800个县城以下的服务网点,保证一个县有两个以上服务网点,能够24小时提供服务,并通过"一镇一店一村一员"的服务乡村网络推进,搭建起服务到户的服务网。不仅如此,海尔的服务模式还在不断改进,如提高了上门的响应速度,探索出适合农村用户的差异化服务,为农村用户提供讲解指导到位、安全用电检测到位、一次上门服务到位的"三到位"服务。海尔的服务队伍备有卡车、摩托车和自行车,海尔服务人员驾驶着不同车辆走乡串户,变被动维修为主动巡检,把服务提前,而不是等到电器坏了再维修。针对农民知识较为缺乏的问题,海尔的服务工程师采取了一对一服务的模式,对用户进行基本常识的讲解,手把手地教他们怎么使用海尔电器,让农村消费者真切体会到海尔"真诚到永远"的服务理念。

在客户方面,海尔重视所有的农民,海尔在农村的市场调查丝毫不马虎。在海尔冰箱向农村市场战略转移时,海尔科学细致地制定了市场调查计划和实施操作准则,对农村冰箱市场的需求特征、竞争状态、消费者行为、网络渠道、促销方式、广告宣传、村镇消费习惯、区域消费文化等所有相关信息进行随机抽样问卷调查、整村整队分群问卷调查和电话跟踪调查,然后采用专业软件对调查数据进行处理和分析,建立起海尔农村冰箱市场营销数据库。为研发出适合农民使用的计算机,海尔又于2005年专门成立农村项目组,2008年7月再次组织12支研发调研队伍深入到山东、河南、安徽等省的9 000多个村庄进行调研。这些前期调研工作保障了产品设计的实用性,使得海尔的产品很受欢迎。此外,海尔秉持着以客户为中心的理念,推出了一整套制度,如产品开发项目管理制度、成活产品技术入股分红奖励制度等,给予研发人员足够的激励,保证了海尔对市场的快速反应以及新产品的不断产生。海尔集团还称:"海尔,胜在最后一公里。""最后一公里"指生产企业与终端消费者接触、家电产品走入用户家前的最后一个环节。为了深入开发三、四级市场,海尔在产品、服务、网络、配送各个方面进行了周密的战略部署,丝毫不马虎。

在基础设施方面,1996年,海尔就进行了针对农村市场的渠道开发和建设。1997年,海尔就开始在三、四级市场铺设专卖店网点。最初,这些网点并不是为了直接拉动销售量上涨,而是为了缩短信息通道,在第一时间了解农村消费者究竟需要什么样的家电产品。二十多年来,在农村市场,海尔已搭建了三张网。第一张:县级专卖店向下扩散到镇、乡、村,形成销售到村的营销网。第二张:海尔在2 000多个县建立配送站,从工厂一级配送中心到二级配送中心,再深入每一个农民家庭,形成了送货到门的物流网。海尔针对不同的交通运输条件配备不同的交通运输工具,不仅有卡车、马车,甚至还有轿子。在四川阿坝州有个60多户人家的村子,买了30多套家电,只有海尔能够用轿子抬上去,因此这个村庄里的人印象最为深刻的家电品牌就是海尔。第三张:海尔建立了7.3万个村级联络站,形成一个信息网,通过联络站反馈农民的需求,并迅速上门服务。

在财务能力方面,海尔本身就是国内家电龙头企业,拥有雄厚的资金和较强的融资能力,在家电下乡政策下,政府提供的家电下乡补贴使得海尔在农村市场上的行动有了更充足的保障,海尔也就能在产品、服务、客户、基础设施等方面下更多的功夫,做出更受农民欢迎的产品,实现农民和海尔之间的共赢。海尔在渠道网络、人力资源和产品研发方面下足了成本,但同时也从BOP市场中获得充足的收入和良好的声誉,实现了农民与企业的共赢。

案例来源:谷新民.海尔的农村市场开发策略[J].企业改革与管理,2010(1):44-46.

利用本书第一章的商业模式画布,我们可以将海尔在农村市场中的商业模式总结如图5-4所示。

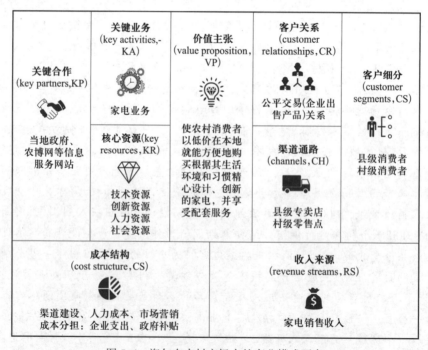

图5-4　海尔在农村市场中的商业模式画布

第三节 资源开发型的 BOP 商业模式设计

在资源开发型 BOP 市场中,BOP 群体的角色定位为生产者。资源开发型 BOP 市场注重提高 BOP 群体的生产能力和效率,从而提高其人力资源价值,助其脱离贫困。因此,资源开发型 BOP 市场的商业模式设计着眼点在于:通过价值链的延展与分拆将 BOP 群体纳入企业价值体系,实现供应网络、生产链条、销售网络的重新设计与整合;与政府、商会、行业协会等机构间建立新型伙伴关系;BOP 群体的培训与开发;生产流程、组织结构、企业制度、企业文化和内部管理等价值支撑体系的建设。

一、提供的产品或服务

在资源开发型 BOP 市场中,BOP 群体为出售劳动力的一方,与进入 BOP 市场的企业是雇佣关系。除了保障 BOP 群体生产所需的原材料和工具以及相关服务的可负担性、可接受性、可获得性与可感知性,信息、科技、教育、技能培训等产品和服务的提供更为重要。在资源开发型 BOP 市场中,BOP 群体不再是单纯的消费者,而是被纳入了价值链中,能够为价值增值做出贡献。构建这种新的价值链需要企业投资教育与培训,以提高 BOP 群体用于完成价值增值的技能和能力,挖掘其创造价值的潜力,在企业与 BOP 群体的良性互动中实现资源互补。企业要做到使 BOP 群体的生产成本比企业在其他地区的生产成本更低,这样才能获得与以往相比更高的收益。另外,企业可以与当地信用社等金融机构合作,由企业出面担保,为 BOP 群体提供用于购买原材料或工具的小额贷款。

在资源开发型 BOP 市场中,企业除了向 BOP 群体提供原材料产品和培训教育与金融服务外,还要向当地市场或向金字塔中、上层市场延伸,出售 BOP 群体与企业共同创造的成品商品或服务。这需要企业本身有强大的市场基础和营销能力,使生产出的成品能够销售出去,从而实现企业与 BOP 群体的互利共赢。

二、客户

在资源开发型 BOP 市场中,应当把 BOP 群体视为资源,纳入价值链中,改变现有商业模式背后的支撑逻辑,构建适应 BOP 群体特质与 BOP 市场环境的全新的价值链,而且 BOP 群体必须是新价值链的关键构成部分。BOP 群体本身具有独特的资源价值,企业可以从 BOP 群体处获得预见潜在创新机会及商业模式的关键知识与信息。企业应把 BOP 群体视为活跃的代理人或商业伙伴,而不仅仅是作为最终消费者、被动接受者。

因此,在资源开发型 BOP 市场中,虽然 BOP 群体可能从企业购买原材料或服务,但已经不再是主要客户。企业的主要客户是购买企业与 BOP 群体共同生产的产品的消费者,因此企业本身的客户基础、在其他市场中的占有率对资源开发型的 BOP 市场而言也十分重要,影响着企业与 BOP 群体的收入。

三、基础设施

在资源开发型 BOP 市场中,除了交通、能源、信息、渠道等设施建设外,教育与培训方面的基础设施建设更加重要。除了与当地政府和非政府组织合作以外，企业本身也可以通过建立企业大学或开展企业内培训、远程培训或上门培训的方式提升 BOP 群体的综合素质。企业对 BOP 群体具体培训方式主要包括：对 BOP 群体进行正规的知识、技能和能力培训与开发，如采用"师徒制"或"导师制"的方式对 BOP 群体进行知识和技能的辅导，或是通过岗位轮换，不断开发他们的潜能；企业还可以通过为其制定职业发展规划等方式帮助其成长。除了硬件设施外，软件设施也应该跟上，这方面可以通过开发学习软件或建立学习网站的方式，并及时更新教育内容，对 BOP 群体进行技能培训。

四、财务能力

相比于仅仅把 BOP 群体视作最终消费者的市场开发型 BOP 市场，资源开发型 BOP 市场中的不确定性更强，所需的前期投入更多，等待实现盈利的时间更长，融资也存在一定的困难。在资源开发型的 BOP 市场中，需要企业拥有较雄厚的资金能力、较为科学的成本结构、设计合理的收入模式，同时社会网络与政府部门的支撑也十分重要。同时，由于 BOP 群体的收入较低，但经过培训之后提升了技能水平和工作效率，所以企业可以与当地信用社等金融机构进行合作，为其提供小额贷款担保，使其获得原材料和工具，进行生产和价值创造。

案例 5-2

舜华鸭业带领农户脱贫

湖南临武舜华鸭业发展有限责任公司（简称"舜华鸭业"）成立于 1999 年 10 月，位于湘粤边境的湖南省临武县，当地自然条件良好，麻鸭养殖历史悠久。据临武古县志记载，临武鸭为历代皇家贡品，是与北京烤鸭、南京盐水鸭等齐名的中国八大地方名鸭之一。养鸭业是当地传统家庭副业，绝大多数农户都掌握了临武麻鸭养殖及加工技能，临武县政府也将临武鸭产业作为重点发展方向。作为一家地方性农业产业化龙头企业，舜华鸭业公司与当地鸭农的联系和交往方式，经历了一个由松散到紧密、由低级到高级、由矛盾到和谐的发展历程，先后经历了"公司＋鸭农"模式、"公司＋基地＋鸭农"模式和"公司＋协会＋鸭农"模式三个发展阶段。

湖南临武舜华鸭业发展有限责任公司的前身为湖南临武县鸭业有限公司，1996年，临武县鸭业公司开始尝试"公司＋鸭农"的商业模式，基本做法是：公司只负责对临武鸭的成鸭进行加工和销售，而临武鸭的养殖则由当地众多分散的养鸭农户完成，公司通过与鸭农签订购销合同，约定所收购成鸭的品种规格以及收购的基准价格，除此之外，双方无其他方面的业务往来。该模式使公司与农户之间建立起了相对稳定的业务联系，鸭农为公司解决了生产原料的供应问题，使公司得以稳定运营；同时，公司则为鸭农解决了农产品的销售问题，促进了农民增收。但由于农户的分散养殖具有很大的随意性，且缺乏统一的养殖技术标准，该模式在运行过程中始终存在两个突出问题。首先是数量问题：鸭农的养殖规模与公司的加工能力经常出现偏差，有时供不应求，使公司的利益受损;有时供大于求,使鸭农的利益受损。其次是质量问题:由于公司没有对鸭农的养鸭过程进行有效监控和技术指导,鸭农的养鸭成活率普遍不足70%,并且有相当一部分成鸭不符合公司的加工要求而被拒收,使鸭农损失严重,两者之间的合同纠纷也时有发生。

1999年10月,舜华鸭业正式成立后,开始实行"公司+基地+鸭农"的商业模式,基本做法是:公司对当地一些适合较大规模养鸭的山塘、水库进行必要的基础设施改造,形成养鸭基地,然后将分散的鸭农集中到基地,由公司统一提供鸭苗、饲料、防疫和养殖技术指导等,基地内的成鸭由公司实行统一定价收购。但基地内的日常养殖管理仍然以农户为单位进行,并且基地的设置基本上也是以行政村为单位,即"一村一个基地,一个基地多个农户"的养殖管理模式。该模式保证了成鸭供应数量的基本稳定和临武鸭的品种纯正,便于进行统一的防疫抗病,使得养鸭成活率普遍超过85%,并实现了资源共享,鸭农在一定程度上形成了规模经营并产生了规模收益。但该模式存在一些新的问题:一是基地内鸭农的行为缺乏协调性,由于基地内的水面、饲料、防病、检疫、卫生等都具有非常明显的外部性,属于公共产品,而加入基地的鸭农又是以户为单位进行养殖管理,于是鸭农之间竞相多占公共资源的行为导致了基地的"公用地悲剧"。二是公司对基地的直接管理,导致公司的管理成本过高,为了消除基地内鸭农相互恶性竞争所带来的不利影响,公司不得不花费大量的人力、物力用来协调关系和进行公共产品维护,增加了企业的管理成本。三是村委会对基地的干预过多,影响了基地的经济效率。虽然公司以行政村为单位进行基地设置的初衷是希望借助村委会的力量做好鸭农的协调工作,但是由于村委会本身承载了过多的非经济职能,结果是相当一部分村委会协调工作做得少,对基地的经济利益诉求提得多,严重影响了基地的经济效率。

自2003年起,舜华鸭业在原有"公司+基地+鸭农"模式的基础上,创新出"公司+协会+鸭农"的新模式,基本做法是:公司放弃对养鸭基地的直接管理和对村委会的依赖,转而引导地理位置相邻的养鸭大户按照自愿互利的原则组成养鸭协会,公司与鸭农的生产经营联系主要通过协会来完成。临武鸭养殖协会是公司与个人自愿参加的行业非营利组织,为农户提供信息、调剂资金、协调生产、协助交易谈判等服务。公司主要通过对市场行情的研究,确定每年成鸭的需求总量、品种以及养殖技术指标,养鸭协会则负责把公司确定的生产目标和技术要求逐一分解到各个养鸭农户,鸭农的养殖技术培训、"供苗、防疫、饲料三统一"服务以及与公司的购销合同谈判等都在协会的统一组织下完成。该模式不仅进一步发挥了前两种模式所具有的稳定购销关系、获取规模收益等优点,还产生了更多的好处:一是减少了交易主体,节约了总体交易费用。各个鸭农的利益诉求首先在协会内得到协调,接着只需协会一个主体与公司进行谈判和交易,极大地节约了交易费用和降低了违约风险。二是为公司的提质转型创造了条件。上游业务的顺畅使得公司能够投入更多的精力用于下游业务的开发,即公司能够将更多的人力和物力用于产品研发、市场营销以及现代企业制度的建立。三是为保护鸭农利益提供了组织保证。正因为有了协会的存在,诸如由公司与政府共同出资建立养殖户风险基金、由公司补贴养鸭保险费等许多以前单个鸭农不可能提出的谈判条件,现在也能够向公司提出并得到满足,这在一定程度上保护了作为市场交易弱者的鸭农的利益。四是为政府的合理介入提供了载体。为了扶持当地的养鸭产业,当地政府此前能够采取的措施仅仅局限于为企业提供优惠政策、贷款和建立风险保障机制,但成效并不明显。养鸭协会的成立,则为政府通过这一中介组织将更多的优惠政策作用于鸭农提供了一个很好的载体。例如,临武县政府在2004年出台了针对养鸭协会农户的"543"政策,即养殖户每养1只临武鸭,信用联社给予贷款5元、舜华鸭业公司指定的饲料经销商赊销饲料款4元、养殖户自筹资金3元,贷款和饲料款在售鸭时予以扣除,从而确保了养殖户的利润。除了政府补贴,农场信用社也在公司的担保下为当地农户提供贷款,解决了养殖临武鸭资金短缺的问题。

舜华鸭业的做法为当地鸭农提供了销售渠道,使其能够通过饲养临武鸭并提供给企业作为原料获得经济回报,并且通过协会这种有组织的方式获得了更多的机会和收益。鸭农也在与公司的合作中通过培训提高了养殖水平,掌握了更有效的养殖技术,提高了自身的能力。舜华鸭业与鸭农的互动同时也促进了农户之间、农户与外部市场之间的联系,加强了本地的纽带型社会资本,有利于当地脱贫致富以及企业与农户之间的互利共赢。现在"公司+协会+鸭农"模式已经十分成熟,在该模式下,舜华鸭业已经形成孵化、养殖、收购、技术培训等标准程序,具备深加工能力和市场扩展能力,形成了一条具有高附加值的产业链,保持了良好的成长性。当地的农户也因此提高了自身的技能和收入,当地的经济也因此而有所发展。

案例来源:李丽纯.湖南"舜华鸭业"模式中的农企互动问题探析[J].湖南行政学院学报,2009(4):76-79.

根据本书第一章的商业模式画布,我们总结出舜华鸭业的商业模式如图5-5所示。

通过海尔和舜华鸭业的案例和两者的商业画布对比我们可以发现,BOP商业模式提供的价值主张可分为经济价值、能力价值与关系价值三类。[1]其中经济价值主张的影响最为直接,当BOP群体预期在与企业发生商业交换可以获取到满意的经济收益时,会较快地表现出对企业的接纳与认可,一般而言,市场开发型的BOP商业模式所采用的价值主张就是经济价值主张。而能力价值需要在生产过程中逐渐积累与体现,当BOP群体可以明确预见到能力提升对自身贡献大于投入的经济或非经济成本时,就会对企业的行为持积极态度。一般而言,资源开发型的BOP采用此类价值主张。而关系价值的体现最为隐含与间接,指的是BOP群体与企业的商业互动及社会互动会影响到其自我认知与社会网络位置的变化,这种变化很难察觉,因此企业很少直接将关系价值作为明确的价值主张提出,往往作为伴随结果发生,无论是在市场开发型还是在资源开发型BOP市场中它都存在。这三种价值主张都能够为BOP市场及BOP群体的发展作出贡献,同时也能为企业本身带来收益或潜在的益处。另外,与当地政府和非政府组织的合作关系在两种BOP商业模式构建中都起到了重要作用,与BOP群体的公平交易关系和对其尊重是企业在BOP市场中成功的基础。

---

① 邢小强,仝允桓,陈晓鹏.金字塔底层市场的商业模式:一个多案例研究[J].管理世界,2011(10):108-124.

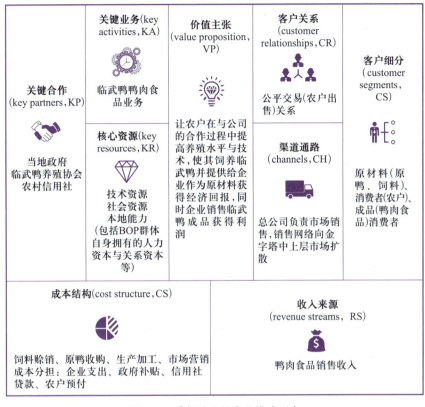

图 5-5　舜华鸭业的商业模式画布

本 章 小 结

BOP 是 bottom of pyramid（金字塔底层）的简称。处在经济金字塔底端的群体称作 BOP 群体，也就是低收入群体。BOP 市场指的就是金字塔底层市场，即面向低收入群体的市场。面向 BOP 市场的商业模式构建着眼点在于：一方面解决以更高的性价比、更便捷的购买方式向 BOP 群体提供其所需要的商品的问题；另一方面关注使 BOP 群体彻底摆脱贫困的方法。依据 BOP 在企业商业价值链中发挥角色的不同，可以将 BOP 市场分为 3 类：市场开发型、资源开发型和市场——资源开发型。

BOP 市场具有与一般市场相似的性质，在进入 BOP 市场时要及时转变观念，认识到金字塔底层是有钱可赚的，在 BOP 市场中可以建立通路。BOP 市场是相互联结的，BOP 群体也具有品牌意识，同时也乐意接受先进技术。BOP 市场同时也是一个特殊的市场，在市场主体和市场环境方面具有与一般市场不同的特征。在市场主体方面，BOP 群体的教育水平大多较低，生产和工作效率较低下，收入较低。经济活动往往具有较强的社会取向，支出主要集中于衣食住行等必需品和医疗保健等领域。BOP 群体存在明显的未满足的需求，每次消费花费的金额较少，对价格比较敏感，但也会同时注重产品质量，尽量避免不熟悉的产品、消费场所和复杂的支付方式。在市场环境方面，虽然 BOP 群体的单体购买力低，单次消费金额小，但 BOP 群体的人数众多，市场规模很大。BOP 市场的基础设施建设和制度安排都较为薄弱,极大地限制了 BOP 市场中商业活动的开展与价值创造。

在 BOP 市场中,无论是构建市场开发型 BOP 商业模式还是资源开发型 BOP 商业模式,都要进行详尽的信息收集和市场调查,从 BOP 群体的角度出发,从提供的产品或服务、客户、基础设施、财务能力等方面对商业模式的构建进行考虑。由于市场开发型和资源开发型 BOP 市场的着眼点不同,构建 BOP 商业模式时的侧重点也有所差异。在市场开发型 BOP 市场中,BOP 群体被视为最终消费者,企业主要通过技术、产品和服务、市场营销的开发创新,以更有吸引力的价格、更便利的购买渠道和更便捷的购买方式向 BOP 群体提供他们所需要的产品或服务。在资源开发型 BOP 市场中,BOP 群体的角色被定位为生产者,该市场更注重提高 BOP 群体的生产能力和效率,从而提高其人力资源价值,使其脱离贫困。企业进入 BOP 市场,不仅仅要依靠企业自身的能力和策略,政府和非政府组织的支持也是极为重要的,尤其是在资源开发型 BOP 市场中。

复习思考题

1. 简述 BOP 市场的内涵。
2. BOP 市场包括哪些类型?分别有什么样的特点?
3. BOP 市场主体 BOP 群体具有什么样的特征?
4. BOP 市场环境具有什么样的特点?
5. 在市场开发型和资源开发型 BOP 市场中,商业模式的设计要注重什么?

即 测 即 评

请扫描二维码进行即测即评。

本章案例分析

苏宁零售云店开拓四线市场成功之路

2017 年,苏宁提出了 2018 年开 5 000 家新店的目标,业内有人认为苏宁疯了。具体拆解开来,有 3 000 家的目标落在了苏宁零售云的团队上。也就是说,这个项目的成败,关系到苏宁整体目标的实现。而苏宁的目标能否实现,有一半的成败在于低线(四~六线)市场的成败。

苏宁零售云项目目前的业态是零售云苏宁易购县镇店,经营家电 +3C 全品类电器,已经分布在全国 20 个省。苏宁零售云是在新零售或者智慧零售语境下,现阶段直接针对低线市场做文章的"新"零售项目,这个项目到底在低线市场趟出了哪些经验心得,中国低线零售市场有什么特点?

1. 专卖店逃亡潮

零售云项目的基本做法,其实是找到县镇一级市场的小型家电、3C零售商,用苏宁的系统(IT系统、物流系统、门店管理系统)对其门店进行翻新改造,使其成为新型门店,可以理解为近似于"加盟"的做法。从目前来看,很多加入苏宁零售云的门店,之前都是当地的手机或者家电专卖店,也有一些品牌专卖店。所以也可以说,苏宁零售云的主流做法,是将县镇一级的手机或家电专卖店改造成综合家电3C潮品卖场。

苏宁对门店改造后,进行了商品的数据化赋能。一般一个单店主销的商品SKU大概在20个,再多,店员就很难记住了。但是苏宁零售云通过跨品类商品叠加,让门店SKU达到五六百个,其支撑体系是苏宁自己研发的、适合线下复杂销售场景的IT系统。

据苏宁零售云副总经理刘怀力介绍,目前门店规格在150~500平方米,经营8~10个品类,将近500~1 000的SKU。从投资角度,一个零售云门店的投资额在30万~50万元不等,期望的毛利率为17%,目前平均是15%。苏宁易购副总裁顾伟认为,现在零售云的模式已经跑通,进入了快速复制阶段。

而门店老板和苏宁零售云合作的一个重要的原因,是苏宁极大地拓宽了门店的商品线,由单一品类向家电综合品类拓展。而这个拓展,靠门店主的个人能力是很难完成的。这样一来,实际上使得门店老板具备了对抗家电周期性风险的能力。零售云并没有增加门店的成本,但是却大大提高了门店的收入和效率。换句话说,零售云尝试的是,如何在不改变三、四线市场门店固有成本结构的情况下,依靠全价值链IT技术赋能提高效率,最后让老板挣到钱。

2. 旧瓶装新酒

其实,三、四线市场一直在,需求一直在,坦白说,各家巨头的虎视眈眈也一直在,无论是国美、苏宁时代,还是电商时代。各家也以渠道下沉的名义做过很多努力,有的铩羽而归,有的无疾而终。

那么苏宁零售云这次玩出了什么新花样吗? 从表面上看,是看不出来的。

苏宁这个零售云项目,从形式上看,有点降维打击的意思。这些合作的门店主,他们保留了自己的身份权益,同时背后还有苏宁的供应链支援,开出的门店品类比以前多,还有IT系统和物流支持,和当地其他小店竞争,优势自然很明显。

另外,如果仅仅是从业态类型上看,这种类型的卖场,在一、二线城市并不缺乏。但是在低级别市场,特别是乡镇市场,家电渠道主要是品牌店或者手机专营店,零售云业态与传统的小的专卖店一比,从经营品类到门店产品丰富度,都像是一个新物种。这是旧瓶装新酒的威力。

那么,为什么一、二线市场的"瓶子"(家电3C卖场)改造一下到了县镇一级市场,还能发挥出"新物种"般的威力? 原因之一,要顺势而为,这个势,就是中国城镇化改造。苏宁易购副总裁顾伟说,他做零售云这一年多,感受到的中国底层市场的真实变化比过去10年都多。其中一个变化就是人口结构的变化。这几年,中国正在经历大规模的撒乡并镇,很多村子直接消亡了,人口向上一层结构流动,层层集中。

由于城镇化进程的加速,城镇新增人口中大量与房地产配套的家庭有购买家电的需求,这也使得家电 3C 精选店在低线市场有了用武之地。换句话说,虽然中国经济整体已经告别短缺经济,但在局部地区,生活类家电供给的缺口短期内仍旧大量存在。当然,这种"缺口"也是消费升级的产物。

在消费升级的带动下,区域市场不平衡带来的流量洼地悄悄地涌现着。苏宁易购副总裁顾伟表示,城镇化实际上给了中国县镇市场流量再分配的机会。抓住这个机会,可以做出很大的市场。一句话概括,用无限的长尾资源,去反复激活有限的人口红利,最终还是可以获得翻倍流量的。

3. 低线市场的痛点和破解术

低线市场难点无非是:流量分散、物流成本高,信息化和数字化程度低、当地消费场景复杂。那么,苏宁零售云又是如何对待这几个难题的? 流量问题前面已经说过,我们看后面几个。

第一,物流问题。

在物流方面,加入零售云的小店,都可以共享苏宁全国 43 个地级仓的商品物流库存,包括大件库和小件库,通过商品数据化带来的大数据,共享线上线下庞大的商品池。目前这个商品池当中主销的是家电 3C 类商品,其中智能硬件类商品目前在 1 万左右。这还可以解决资金占用问题,让 2~3 个人就能操作上千个 SKU 的销售和管理。苏宁方面认为,这是零售云区别于一般线下加盟店模式的原因。

由于品类特点,相对于现在生鲜品类流行的分布式仓储,零售云恰恰是让各地老板共享中心化的仓储。不过,未来苏宁也会考虑将乡镇市场的零售云门店作为前置仓,将仓储去中心化,进一步加快零售云的商品周转。

第二,数字化问题。

在数字化方面,和很多同类平台最大的不同是,零售云有自己独立的数据中台。

现在零售业都在讲数据能力,刘怀力举了一个很有趣的例子。他说如果数据量大就是主导者,那么谁也没有中国移动的数据多。但是在零售层面,需要的是真正把数据转化为生产力,能够给商户赋能,提升效率,这是把一个零售门店做好的重要基础和前提。

加盟门店在零售云上面能共享线上线下两个采购体系供应链,目前零售云是中国所有平台当中,唯一一个具有新零售的独立 IT 系统的中台系统,能把苏宁供应链所有商品导进来,让所有商户共享;同时作为一个独立的中台,引入外面的供应链进入,让所有商户能够更方便地买到适合他们的商品。

此外,地方市场的复杂性也是数字化的难点。在地方上,有人情生意,如可能有人赊账、有团单议价环节等,线下销售场景比线上复杂得多。零售云目前提供的这套智慧零售对外平台简单、实用,功能更完整。"因为线下复杂的场景,如果你没有做过线下,做一套 IT 系统,很难真正适合线下。"刘怀力说。

第三,消费场景问题。

谁拥有苏宁零售云项目中精选店选品的主动权? 答案是,当地老板。苏宁会进行智能推荐,但决定权在老板。因为,当地老板最了解当地市场,同时,当地老板也最有动力做好当地的服务。曾经有一个门店主让门店在春节期间进过很多冰柜,结果大卖,因为农村逢年过节会有许多东西剩余,都倒了浪费,而冰柜存储量比较大。

未来,苏宁零售云也会提供门店的数字化场景,3月底即将有虚拟货架的产品上线,这样门店就可以突破空间限制,让消费者在现场体验更多的商品。

顾伟表示:"我们觉得四~六级市场会有新一轮增长点,你需要用合理的商业模式覆盖。"

因为乡镇市场十分庞大,包括3万多个乡镇。"我们用零售云这个模式,通过零售云架设一种新生产关系,把它们的生产力和当地优势发挥出来。"同时,零售云的县镇店还只是个开始,未来随着供应链的完善还会有极物店、母婴店、小店等更多类型的门店,它们会像魔方一样进行组合,适应不同市场环境的需求。至于本地化的问题,刘怀力表示很多时候,不是苏宁的人去教老板该怎么做,他们会自我进化,"我们只要把他们的经验告诉更多的人就好了,苏宁看起来做了个不太赚钱的生意,但却已经开始汇集小镇的流量入口。"

案例来源:房煜.四线市场要啥新零售? 苏宁这121家零售云店玩起了降维攻击[EB/OL].36氪网,2018-03-22

案例分析问题:

1. 请以零售业务为例,分析一下BOP市场的特征。

2. 请从苏宁零售云店的案例中总结出BOP市场商业模式设计可能的难点。

3. 请阐述苏宁零售云店的商业模式在BOP市场中成功的原因。

参 考 文 献

1. C.K.普拉哈拉德.金字塔底层的财富[M].傅婧瑛,译.北京:人民邮电出版社,2015.

2. 邢小强,仝允桓,陈晓鹏.金字塔底层市场的商业模式:一个多案例研究[J].管理世界,2011(10):108-124.

3. 赵晶.企业社会资本与面向低收入群体的资源开发型商业模式创新[J].中国软科学,2010(4):116-123.

4. Prahalad C K.The fortune at the bottom of the pyramid:Eradicating poverty through profits[M].Philadelphia:Wharton School Publishing,2005.

5. Pitta D A,Guesalaga R,Marshall P.The quest for the fortune at the bottom of the pyramid:Potential and challenges[J].Journal of Consumer Marketing,2008,25(7):393-401.

课 后 阅 读

1. 赵晶,关鑫,仝允桓.面向低收入群体的商业模式创新[J].中国工业经济,2007(10):5-12.

2. 邢小强,周江华,仝允桓.面向金字塔底层的包容性创新系统研究[J].科学学与科学技术管理,2010,31(11):27-32.

3. 邢小强,仝允桓,陈晓鹏.金字塔底层市场的商业模式:一个多案例研究[J].管理世界, 2011 (10): 108–124.

4. Prahalad C K.The fortune at the bottom of the pyramid: Eradicating poverty through profits [M].Philadelphia: Wharton School Publishing, 2005.

5. Rangan V K, Quelch J A, Herrero G, et al.   Business solutions for the global poor: Creating social and economic value [M].   New York: John Wiley & Sons, 2007.

第六章
"互联网 +"情境下的
商业模式设计

学习目标

1. 理解"互联网 +"的概念与特征。
2. 了解"互联网 +"的具体应用。
3. 熟悉商业模式设计的一般流程。
4. 掌握并灵活运用商业模式的设计方法。
5. 了解"互联网 +"对传统制造业企业和服务业企业商业模式的影响。
6. 了解制造业企业和服务业企业"互联网 +"商业模式创新的路径。

开篇案例:

"互联网 +"时代下传统企业转型之路

互联网对传统产业的渗透越来越彻底,使得传统企业面临一个两难的境地:坚持传统盈利难,转型更难。《周易》曰:"易穷则变,变则通,通则久。"在互联网时代,所有行业都不能置身事外,唯有转型,才能继续发展。

1. 万达集团:从传统房地产行业转型为服务业为主的企业

万达集团作为传统企业里的龙头,之所以发展得那么迅速,就在于万达的四次转型都踏准了节奏。第一次是跨区域发展,从大连做到全国;第二次是从住宅房地产转向商业地产;第三次转型是向文化旅游转型,而这个转型是个进行时。而第四次转型范围更广、力度更大,是代表万达未来发展方向的全新转型升级。这次转型主要是转向服务业为主的企业,包括万达集团的转型和万达商业地产的转型。万达将加快发展文化旅游、金融产业、电子商务3个产业,到2020年形成商业、文旅、金融、电商基本相当的四大板块,彻底实现转型升级。

万达的每一次转型带来的都是更高的成就。现如今,万达集团名下产业已经遍布中国,万达网络科技集团也在上海宣布成立。未来,基于互联网技术的应用场景将会拓展至购物中心、商户、酒店、电影院,为购物中心等实体商业提供线上线下一体化发展的解决方案。

2. 娃哈哈:从传统生产食品饮料零售企业转型升级成为线上和线下(online and offline,OAO)融合发展模式的集团企业

不少"90后",都在小时候喝过娃哈哈的 AD 钙奶,甚至现在偶尔还会来一排。娃哈哈企业是一个通过"卖水"而建造起来的多元化经营的企业帝国。娃哈哈先后研发了码垛机器人、放吸管机器人、铅酸电池装配机器人、炸药包装机器人等。没人会想到一个食品饮料行业也玩起了工业 4.0。从生产食品饮料到进军童装行业,再向商业地产进发,娃哈哈正在走入一个 OAO 模式的创新和未来。OAO 就是线上线下的融合,娃哈哈利用互联网,把从下订单一直到生产调度、成本控制,包括追溯都集合到互联网上,再通过瓶身获取客户,形成数据,把线下流量引导到线上,再反哺到线上和线下。

娃哈哈从饮食行业向制造工业进发,属于横向一体化战略,极大地提高了工作效率;线上线下的一体化,是从客户角度出发来对产品进行改造,更好地适应了市场需求。

3. 苏宁:从传统电器零售企业转型为互联网的零售企业

从前的苏宁是一个传统电器销售实体企业,而现在提起苏宁,大部分人首先想到的是"苏宁易购"。现在的苏宁已经实现了电商化,变成了互联网零售企业。张近东用八个字来概括互联网新苏宁"一体、两翼、三云、四端"。一体,是坚持苏宁的本体,即零售本质。两翼,是 O2O 性质,打造线上线下两个开放平台。三云,是围绕着一体(零售本质)将零售企业的"商品、信息和资金"这三大核心资源社会化、市场化,建立面向供应商和消费者以及社会合作伙伴开放的物流云、数据云和金融云。四端,是围绕线上线下两翼平台,因时因地因人,融合布局 POS 端、个人计算机端、移动端和电视端。

苏宁的成功转型带动的是苏宁五大产业全面领跑,线上销售增速连超对手,O2O 融合最为彻底、全品类爆发,手机、超市等增速领跑行业,品牌商户快速成长,线下农村电商千店连开。

4. 蒙牛:从传统乳业制品企业转型为 O2O"互联网 +"的奶制品企业

蒙牛的"互联网 +"转型升级是通过跨界战略路线实现的。在毒奶粉事件后,为保证产品的品质,蒙牛在质量与技术方面直接引进国际合作伙伴,整合和运用全球先进的技术、研发和管理经验。而蒙牛的营销手段也非常具有互联网思维,跨界与百度合作,通过二维码追溯牛奶产地"精选牧场",让客户清晰地了解到蒙牛的生产技术和管理体系。与滴滴战略合作,从线上扩展到线下,如送蒙牛红包,滴滴专车用户上车后有机会享受蒙牛牛奶。蒙牛更是与自行车品牌捷安特、NBA、上海迪士尼游乐园等签订了品牌、渠道、资源等多方面的战略合作协议。

蒙牛的转型带来的是更多跨界的合作,互联网思维下的营销使得蒙牛战略合作深入到品牌、渠道、资源甚至供应链等方面,这对蒙牛来说是最好的转型方式。

5. 海尔：从传统家电企业转型为一个制造创客和企业家的平台

2014年是海尔全面向互联网时代转型的一年，推出了空气盒子、空气魔方、智能烤箱等智能终端设备，可谓硕果累累。这仅仅是一部分。在"互联网+""工业4.0"的时代，海尔基于互联网企业和客户关系逆转，提出"人人创客"的口号，在企业内部掀起了管理变革，意欲打造一个"平台型组织"。"目前，海尔已形成的200多个小微企业里，人人都是CEO，3年至5年内就可能出现几个与海尔同样当量的企业。"海尔集团轮值总裁周云杰说。

海尔互联网转型4年，海尔已经孵化了1 160多个小微创业项目，其中100个小微企业年收入过亿元，24个小微企业成功引入风险投资，14个小微企业估值过亿元。过去的海尔是一个制造家电的企业，未来的海尔将是一个制造创客和企业家的企业。

案例来源：两化融合咨询服务平台. 互联网与传统企业融合会出现怎样的"化学反应"？——盘点9个传统企业转型的案例［EB/OL］. 搜狐网，2018-05-15.

互联网已成为撬动产业转型升级的新动能，以人工智能、虚拟现实、物联网、大数据等为代表的互联网和信息化技术变革着传统经济的运行方式，有效提升了产品制造、服务供给的质量和效率，互联网已然成为一、二、三产业转型升级的加速器。在互联网技术迅速发展、市场加速扩张的今天，互联网以"新技术"促成"新思维"形成企业的"新战略"，最终构成"新商业模式"。因此，研究"互联网+"背景下的企业商业模式设计，对于理解互联网时代及企业顺应市场发展趋势提升竞争力至关重要。本章将介绍"互联网+"的含义、特征以及具体应用，阐述商业模式设计的基本流程和一般方法，分析"互联网+"制造业企业的商业模式设计以及"互联网+"服务业企业的商业模式设计。

第一节 "互联网+"概述

"互联网+"是在互联网思维的进一步实践中产生的成果，掀起了经济形态持续演变的浪潮，进而激发了社会经济实体的生命力，"互联网+"的模式逐步成为改革、创新及发展的广阔平台。简单地说，"互联网+"就是"互联网+各行各业"，但其本质并不仅仅是二者简单相加，而是利用通信技术以及互联网平台，使互联网与各行各业进行深度融合，创造新的发展模式及新的发展生态。"互联网+"代表着一种新的商业潮流与社会形态，能充分发挥互联网在社会资源配置中的作用，实现资源配置的优化和集成作用，将其成果深度融合到经济社会各领域，全面提升企业甚至社会的创新力与生产力，形成以互联网为基础的全新的经济发展形态。

一、"互联网+"概念的提出

"互联网+"理念的提出，最早可以追溯到2012年11月于扬在易观第五届移动互联网博览会的发言。他认为"在未来，'互联网+'公式应该是我们所在行业的产品和服务，在与我们未来看到的多屏全网跨平台用户场景结合之后产生的这样一种化学公式。我们可以按照这样一个思路找到若干这样的想法。而怎么找到你所在行业的'互联网+',则是企业需要思考的问题。"

2014年11月,国务院总理李克强出席首届世界互联网大会时指出,互联网是大众创业、万众创新的新工具。2015年3月,全国两会上,全国人大代表腾讯集团创始人马化腾提交了《关于以"互联网+"为驱动,推进我国经济社会创新发展的建议》的议案,表达了对经济社会创新的建议和看法。马化腾在的提案中呼吁持续以"互联网+"为驱动,鼓励产业创新、促进跨界融合、惠及社会民生,推动中国经济和社会的创新发展。此外,他强调"互联网+"是指利用互联网的平台、信息通信技术把互联网和包括传统行业在内的各行各业结合起来,从而在新领域创造一种新生态。他希望这种生态战略能够被国家采纳,成为国家战略。2015年3月5日十二届全国人大第三次会议上,国务院总理李克强在政府工作报告中首次提出"互联网+"行动计划。李克强总理在工作报告中提出"制定'互联网+'行动计划,推动移动互联网、云计算、大数据、物联网等与现代制造业结合,促进电子商务、工业互联网和互联网金融(ITFIN)健康发展,引导互联网企业拓展国际市场"。2015年7月4日,经李克强总理签批,国务院印发《关于积极推进"互联网+"行动的指导意见》,这是推动互联网由消费领域向生产领域拓展,加速提升产业发展水平,增强各行业创新能力,构筑经济社会发展新优势和新动能的重要举措。

2015年12月16日,第二届世界互联网大会在浙江乌镇开幕。在举行"互联网+"的论坛上,中国互联网发展基金会联合百度、阿里巴巴、腾讯共同发起倡议,成立"中国互联网+联盟","互联网+"进入了快速发展的新时期。

二、"互联网+"含义与特征

(一)"互联网+"的含义

根据《关于积极推进"互联网+"行动的指导意见》对"互联网+"的定义,"互联网+"是把互联网的创新成果与经济社会各领域深度融合,推动技术进步、效率提升和组织变革,提升实体经济创新力和生产力,形成更广泛的以互联网为基础设施和创新要素的经济社会发展新形态。

"互联网+"是"两化融合"的升级版。"两化融合"是信息化和工业化的高层次的深度结合,是指以信息化带动工业化、以工业化促进信息化,走新型工业化道路。两化融合的核心就是信息化支撑,追求可持续发展模式。"互联网+"则是将互联网作为信息化的核心特征,将其与工业、商业、金融业、服务业的全面融合。其中,最关键的环节就是创新,只有通过创新才能将互联网与传统行业相结合,从而创造出价值,推进社会经济的发展。

(二)"互联网+"的特征

中国市场经济制度逐步健全,市场经济得到了极大的发展。中国行业众多,不同行业的企业都希望通过"互联网+"战略进行升级转型,企业在利用"互联网+"战略平台时需要按照一定的维度方法来分析和制定。"互联网+"具有以下六方面特征。

1. 跨界融合

"互联网+"中的"+"即为跨界,意味着变革和开放,就是重塑融合。企业通过跨界,将创新的基础夯实;通过融合协同,实现群体智能,从而使得从研发到产业化的路径更垂直。融合本身也指代身份的融合,客户消费转化为投资,伙伴参与创新等。

2. 创新驱动

我国经济进入新常态,原有粗放的资源驱动型增长方式逐步弱化、难以为继,企业必须转变到以创新为驱动的发展道路上。创新驱动是互联网的特征,企业应结合互联网思维进行变革,充分利用自身的资源能力发挥创新的力量。

3. 重塑结构

传统工业时代的社会结构、经济结构、地缘结构、文化结构等已随着信息产业革命、全球化发展及互联网技术普及而发生巨大的变化。社会中的权力、议事规则及话语权均在持续地发生着变化。

4. 尊重人性

人性的力量是推动科技进步、经济增长、社会进步、文化繁荣的最根本力量,互联网发展如此迅猛,其力量如此庞大,从根源上也是来自于对人性最大限度的尊重、对人体验的敬畏、对人的创造性发挥的重视,如卷入式营销及分享经济等。

5. 开放生态

生态是"互联网+"非常重要的特征,而生态本身的特点即开放。"互联网+"即是利用互联网的连通性、开放性等特性来把传统行业中制约创新的环节解除,将孤岛式的创新相连接,充分发挥创新对于企业发展及社会发展的推动力量,让研发由人性决定的市场作为驱动,同时也使得创新创业者有机会实现价值。

6. 连接一切

"互联网+"平台的目标是建立一个连接一切、充分连接的生态。理解"互联网+",必须先明确其与"连接"的关系。连接不是单一路径的相联系,连接是层次化的。可连接性也是有差异的,不同的连接其价值也存在着巨大的差异。

三、"互联网+"的具体应用

互联网推动着产业的升级与企业商业模式的革新。近些年"互联网+"的战略受到了各行各业的高度重视,互联网技术的应用及"互联网+"的实践内容也越来越丰富。

(一)"互联网+工业"

"互联网+工业"指传统制造业企业利用移动互联网、云计算、大数据、物联网等信息通信技术对原有产品及研发生产方式进行的改造。"互联网+工业"将颠覆传统制造方式,重建行业规则。传统制造业企业利用互联网,通过价值链重构、轻资产、扁平化、快速响应市场来创造新的消费模式,而在"互联网+"的驱动下,企业利用互联网技术如移动互联网、云计算、大数据及物联网等,实现传统制造业企业的产品个性化、定制批量化、流程虚拟化、工厂智能化、物流智慧化。

1. "移动互联网+工业"

借助移动互联网技术,传统制造厂商可以在汽车、家电、配饰等工业产品上增加网络软硬件模块,实现用户远程操控、数据自动采集分析等功能,这极大地改善了工业产品的使用体验。

2. "云计算 + 工业"

基于云计算技术,一些互联网企业打造了统一的智能产品软件服务平台,为不同厂商生产的智能硬件设备提供统一的软件服务和技术支持,优化用户的使用体验,并实现各产品的互联互通,产生协同价值。

3. "物联网 + 工业"

运用物联网技术,工业企业可以将机器等生产设施接入互联网,构建网络化物理设备系统(CPS),进而使各生产设备能够自动交换信息、触发动作和实施控制。物联网技术有助于加快生产制造实时数据信息的感知、传送和分析,加快生产资源的优化配置。

(二)"互联网 + 农业"

农业是我国经济的基础性产业,同时也是经济中最为传统的产业,这就意味着"互联网 + 农业"有着非常大的潜力。农业可以利用互联网大数据技术提升生产效率。例如,利用信息技术对地块的土壤、肥力、气候等进行大数据分析,并提供种植、施肥相关的解决方案,从而提升农业生产效率。另外,农业信息互联网化有助于实现农民与农企,农民、农企与市场的需求供给的高效对接。同时,可以通过互联网了解市场价格情况,从而更有效、更准确地进行农产品生产决策。与此同时,农业电商将推动农业现代化进程,通过互联网交易平台减少农产品买卖中间环节,增加农民收益。面对万亿元以上的农资市场以及近 7 亿的农村用户人口,农业电商面临巨大的市场空间。

(三)"互联网 + 教育"

"互联网 + 教育"是对传统教育模式的一次变革。线上教育发展突飞猛进,在线教育、在线外语培训、在线职业教育等细分领域成为中国在线教育市场规模增长的主要动力。很多传统教育机构,如新东方也正在从线下向线上教育转型。而一些在移动互联网平台上掌握了高黏性人群的互联网公司,也在转型在线教育,如网易旗下的有道词典,就在英语垂直应用领域掌握了 4 亿的高价值用户,这部分用户对于在线学习英语的需求非常强烈。

(四)"互联网 + 医疗"

"互联网 + 医疗"的融合,有利于解决信息透明和资源分配不均等问题。例如,类似挂号网等服务,可以解决患者群体在医院挂号、缴费等问题。而春雨医生、丁香园等轻问诊型应用的使用,则解决了部分患者的就诊难问题。就医疗本身而言,互联网的引入能更大程度上促进移动医疗产品的发展,如可穿戴监测设备。对大数据与移动互联网的结合使用,使得医药企业能更有效率、更准确地针对病患提供健康产品。同时,随着互联网个人健康实时管理的兴起,未来传统的医疗模式或将迎来新的变革,以医院为中心的就诊模式可能演变为以医患实时问诊、互动为代表的新医疗社群模式。

(五)"互联网 + 金融"

互联网金融是"互联网 +"众多行业中,发展速度最快,同时也是最饱受质疑的产业。但随着市场不断完善,国家监管力度不断增大,互联网金融逐渐步入正轨。P2P、移动支付、小额贷款、在线理财等已经深入人们的生活,互联网金融逐步成为金融行业中的一个新领域。此外,互联网金融门槛低、交易便捷,备受市场欢迎,这也有助于中小微企业、工薪阶层、自由职业者、进城务工人员等大众获得更多的金融服务。

1. 互联网供应链金融

该业务与电子商务紧密结合,阿里巴巴、苏宁、京东等大型电子商务企业纷纷自行或与银行合作开展此项业务。互联网企业基于大数据技术,在放贷前可以通过分析借款人历史交易记录,迅速识别风险,确定信贷额度,借贷效率极高;在放贷后,可以对借款人的资金流、商品流、信息流实现持续闭环监控,有力地降低贷款风险,进而降低利息费用,让利于借款企业。

2. P2P网络信贷

最近几年,我国P2P网络信贷市场出现了爆炸式增长,无论是平台规模、信贷资金,还是参与人数、社会影响都有较大进步。P2P规模的飞速发展为中小微企业融资开拓了新的融资渠道,也为居民进行资产配置提供了新的平台。

3. 众筹

众筹这种融资模式具有融资门槛低、融资成本低、期限和回报形式灵活等特点,是初创型企业除天使投资之外的重要融资渠道。

4. 互联网银行

互联网银行的模式大大降低了金融交易成本,节省了有形的网点建设和管理安全等庞大的成本,节省了大量人力成本,节约了客户跑银行网点的时间成本等。互联网银行对于提高金融交易的效率起了较大的作用:它不受时间、地点等条件的约束,客户随时都可以办理银行业务,效率大大提高。此外,互联网银行通过网络化、程序化交易和计算机快速、自动化处理,大大提高了业务处理的效率。

（六）"互联网+交通和旅游业"

随着经济的发展,人们的生活水平逐步提高,对交通的要求也逐步提高。此外,人们对于旅游也越来越青睐,从而形成了潜力巨大的交通与旅游业市场。

"互联网+交通"不仅可以缓解道路交通拥堵,还可以为人们出行提供便利,为交通领域的从业者创造财富。例如,实时公交应用,可以方便出行用户对于公交汽车的到站情况进行实时查询,减少延误和久等;滴滴不仅为用户出行带来便捷,还减少了出租车的空车率;共享单车的出现,也在很大程度上方便了人们的短程出行。

互联网也改变了传统的旅游业发展模式。旅游服务朝着在线化、去中介化方向发展,自助旅游逐步成为主流。携程、去哪儿、马蜂窝等旅游服务App用户量逐年增长。另外,互联网体验社会化趋势明显,类似Airbnb和途家等共享模式受到越来越多的消费者欢迎。

（七）"互联网+家电/家居"

大部分家电产品还处于网络互联阶段,仅仅是介入互联网,或是与智能手机相连接,而该领域真正的价值在于互联网家电产品的互相联通,实现基于特定场景的联动。例如,海尔针对智能家居体系建立了七大生态圈,包括洗护、用水、空气、美食、健康、安全、娱乐居家生活,还利用海尔U+智慧生活App将旗下产品贯穿起来。美的则发布了智慧家居系统白皮书,明确了将通行构建M-Smart系统建立智能路由和家庭控制中心,提供除WiFi之外其他新的连接方案,并扩展到黑电、娱乐、机器人、医疗健康等品类。

（八）"互联网+生活服务"

"互联网+服务业"将会带动生活服务O2O的大市场,互联网化的融合就是去中介化,让供给直接对接消费者需求,并用移动互联网进行实时链接。例如,家装公司、理发店、美甲店、洗车店等都是直接面对消费者,而像河狸家、爱洗车这样的线上预订线下服务的企业,一方面能节省固定员工成本,另一方面能有效节省传统服务业最难解决的店面成本问题。因此,"互联网+服务业"真正地将服务产业带入了高效输出与转化的O2O市场,再加上在线评分机制,会更加督促相关企业重视服务,保证服务产品的高质量。

（九）"互联网+零售"

互联网电商的高速发展,使得较多的人认为实体店会因此而受到冲击。实际上,实体店与网店并不冲突,实体店不仅不会受到冲击,还会借助"互联网+"创造更大价值,传统零售和线上电商正在融合。例如,苏宁电器表示,传统的电器卖场今后要转型为可以和互联网互动的店铺,展示商品,让消费者亲身体验产品。跨境电商也成为零售业的新机会,随着跨境电商的贸易流程梳理得越来越通畅,跨境电商在未来的对外贸易中也将占据更加重要的地位。因此,如何将中国商品借助跨境平台推向世界,值得很多企业思考。另外,移动电子商务还在改变整个市场营销的生态。智能手机和平板电脑的普及,大量移动电商平台的创建,为消费者提供了更多便利的购物选择。

第二节　商业模式设计的流程与一般方法

每一个商业模式设计项目都是独特的,任何组织意识到某个问题对其商业模式很重要的时候,可能都是基于自身的出发点、目标和利益。有些企业可能是对一个危机做出的反应,有些企业可能是为了寻找新的利润增长点,也有些企业可能是为了将一项新的产品或技术推向市场。企业进行商业模式的设计需要遵循"动员—理解—设计—实施—管理"的一般流程,也可以根据自身的特殊情况进行灵活调整。商业模式的设计要挑战思维的边界,创造新的选择,最终为用户创造价值。设计方法是商业模式成功的前提。商业模式设计方法包括客户洞察(customer insights)、视觉化思考(visual thinking)、模型构建(prototyping)、讲故事(storytelling)和场景(scenarios)。[①] 商业模式设计的流程和一般方法对"互联网+"背景下的任何企业都具有适用性。

一、商业模式设计的流程

商业模式设计包括动员、理解、设计、实施和管理五个阶段,但这五个阶段的推进并不是线性进行的。理解和设计阶段一般会并行进行,理解阶段就可以启动商业模式的设计,简单地勾勒最初的商业模式创意,而在设计阶段也可能激发新的创意,导致商业模式设计重新回到理解阶段。商业模式设计的基本流程[②] 如下。

（一）动员

动员是为企业成功进行商业模式设计活动所做的充分准备。动员阶段的主要活动是

---

① 亚历山大·奥斯特瓦德,伊夫·皮尼厄. 商业模式新生代[M]. 黄涛,郁婧,译. 北京:机械工业出版社,2018:115.

② 亚历山大·奥斯特瓦德,伊夫·皮尼厄. 商业模式新生代[M]. 黄涛,郁婧,译. 北京:机械工业出版社,2018:238-249.

制定设计项目的目标框架,验证最终的商业创意,做设计计划和组建设计团队。设计的目标框架会因企业而异。商业模式设计的目标涵盖以下五种:① 满足未被响应的市场需求;② 将新技术或新产品/服务推向市场;③ 用更好的商业模式改进、颠覆现有市场或推动自身转型;④ 创造一个新的市场;⑤ 为未来做准备,开发和验证最终可能取代当前商业模式的新商业模式。

这个阶段的关键活动是组建商业模式设计团队。每个商业模式设计项目都是独特的,任何企业都是异质性的,因此商业模式设计团队需要由组织中各种类型的人员组成,包括不同的业务单元、职能背景、资历和专业技能等。这些人员会站在不同的立场,汇集更多的创意,增加商业模式设计成功的可能性。同时,还需要采取相应的激励机制促进团队成员对商业模式设计的投入。在商业模式设计过程中,商业模式画布可以作为统一的设计语言,这有助于团队有效地组织和宣讲最初的创意。在动员阶段,最大的风险是团队成员过于高估最初商业模式创意的潜力,这会导致思维的狭隘,并且限制了对其他可能性的探索。一个有效的解决办法是不断尝试和不同背景的人一起验证新的创意。

（二）理解

理解是研究和分析商业模式设计活动所需的元素。理解阶段的主要活动包括环境分析、识别潜在的客户群、调研已经试过的商业模式和主动搜寻信息。该阶段成功的关键因素是对潜在目标市场的深入理解和超越对目标市场传统定义的束缚。

互联网新技术的发展、日益复杂的经济环境、环境的不确定性以及严峻的市场颠覆,这些都使得不断地审视环境比任何时候都更加重要。外部环境可以理解为商业模式设计的空间或背景,涉及众多的驱动因素（如新的顾客需求、移动支付等新技术）和限制条件（如法律环境、行业规制、主要竞争对手等）。外部环境不应该限制创造性或预设企业的商业模式,但会影响商业模式设计的选择。一般而言,可以简单从四个主要领域去描绘商业模式设计所需考虑的外部环境:① 市场影响力;② 行业影响力;③ 关键趋势;④ 宏观经济影响。设计团队必须对商业模式设计的空间建立起深刻的理解。在理解的过程中,深入地理解客户非常关键,因为刚开始目标客户群体往往不是很清晰。

该阶段要想成功就必须不断挑战墨守成规的行业假设和现有的商业模式类型。同时,设计团队还必须主动搜寻来自供应商、客户、竞争对手、行业发展动态等各个方面的信息。早期通过搜寻对商业模式画布草图的反馈就可以初步验证商业模式的方向。对成熟企业而言,商业模式的设计需要跳出现状分析问题,但跳出当前的商业模式和商业模式类型非常具有挑战性。另外,设计团队还需要更大范围地搜寻企业的潜在客户群体。

（三）设计

设计是创造可行的商业模式方案,并从中选择满意的商业模式方案。商业模式设计成功的关键要素包括企业各部门的人共同创造、跳出现状分析问题以及花时间探索多种商业模式创意。该阶段也会面临组织压制大胆的创意或轻易青睐某些创意等风险。

设计阶段的关键挑战在于创造和坚持大胆的新商业模式。为了能够产生突破性的创意,设计团队必须有能力在构思时突破现状（当前的商业模式和类型）。同时,设计团队还需要花费更多的时间去探索多种创意,探索不同路径的过程本身就可能产生可选的方案。

在设计阶段,要避免过早青睐某些创意。设计团队需要深度思考多个商业模式方案,验证不同的伙伴合作模式,探寻不一样的收益来源或盈利模式,探索多种分销渠道的价值。设计团队还可以与外界专家或潜在的客户一起验证潜在的商业模式,向不同的对象展示潜在的商业模式,征询他们的意见,这可为潜在商业模式的优化提供不同来源的信息反馈。成熟企业在进行商业模式设计时,要避免对大胆想法的遏制,妥善处理新旧商业模式之间的关系,避免短期利益导向。

（四）实施

实施阶段是实地实施设计的商业模式模型。一旦设计团队完成了商业模式的设计工作,企业就要着手将它转化成一个可实施的方案。这包括定义相关的项目、设计项目进度表、制定各种管理制度、制定详细的预算等。在实施阶段,企业要注意管理不确定性因素,特别是不确定性因素导致的风险或预期回报与执行结果间的绝对差异等。因此,企业需要建立预案,根据不同的市场反馈迅速而有序地调整商业模式。

成熟企业在实施新商业模式时,需要注意以下事项:① 主动管理"障碍"。提高商业模式实施成功的可能性,非常有效的一个办法是在动员、理解和设计阶段,企业内部人员全方位地参与共同创造新商业模式,整合组织各方面的意见。这样可以遇见并避开商业模式实施过程中的一些障碍,提高商业模式实施成功的可能性。② 合理处理新旧商业模式之间的关系。企业为新商业模式的实施创造正确的组织结构非常关键。当然,企业有多种选择,既可以成立新公司实施新商业模式,或在企业内部设立新事业部或组建一个新的业务单元。同时,还需要考虑新商业模式是否会分享当前商业模式的资源以及是否需要继承母公司文化等问题。③ 企业内部需要进行有效沟通。有效沟通是新商业模式成功实施的前提条件。企业可以通过年会等正式宣布实施新商业模式,同时也需要通过多种渠道进行内部动员和宣传,帮助组织成员消除疑虑和恐惧。

（五）管理

商业模式的管理是企业根据市场的反应调整和修改商业模式。对于任何一个成功的企业而言,创造一个新的商业模式或重新调整现有的商业模式都不会是一蹴而就的。管理阶段的主要活动包括:持续监控企业外部环境的变化;根据外部环境变化或市场反应不断评估商业模式;根据评估结果,更新或重新思考商业模式;在企业范围内调整各种商业模式;处理和协调各种商业模式之间的冲突。

企业需要建立相关部门来持续监控、评估、调整或改变自身的商业模式,并任命高级管理人员对商业模式的管理以及长期演进负责。对新创企业而言,最好是创始人或 CEO 直接负责商业模式的整体设计工作;而成熟企业的商业模式的管理可以由战略发展部等专门部门负责。企业可以通过组织定期的跨部门研讨会来评估自身的商业模式,这有助于判断是否需要对它进行局部调整或彻底改造。现在,企业主动地响应市场的变化变得日趋重要,需要考虑管理"一组"商业模式适应激烈的市场竞争。成功的商业模式往往都会迅速地被复制或模仿,商业模式也具有自身的生命周期。和传统的产品寿命周期管理一样,企业也需要考虑用适合未来市场环境的商业模式替代当前依然盈利的商业模式。诺基亚手机业务的持续衰退到彻底从人们视线中消失,其中一个重要的原因就是没有重视 2007 年苹果发布的 iPhone。苹果发布的 iPhone 不仅仅是一个竞争产品,更代表了一种生态体系的诞生,而诺基亚依然故步自封,自 2007 年以后的 3 年间并未对 iPhone 所带来的产业变化给予足够重视,没有改变经营策略适应外部环境的变化,导致其拥有的市场份额逐步被苹果和谷歌生态体系产品瓜分。

成熟企业管理商业模式时,需要注意以下事项:① 建立商业模式的管理机制。企业需要考虑由战略发展部等专门部门负责管理各种商业模式。该部门的工作包括协调各种商业模式的关系、和利益相关者互动、发起商业模式创新或者设计的项目,以及持续跟踪组织的整体商业模式的演进过程。② 管理各种商业模式的冲突。专门部门的一个主要职责是处理企业中各种商业模式关系和冲突,探索协同的可能性。③ 主动管理商业模式的"组合"。成功的成熟企业需要主动地管理它的商业模式"组合"。"组合"中包括成熟商业模式和新商业模式。企业可以用当前成熟的盈利业务补贴新商业模式的实验成本,开展新商业模式可行性的验证。

二、商业模式设计的一般方法

虽然商业模式的设计是一件具有挑战性的事情,需要设计团队去想象和描绘"不存在的东西"。但是,商业模式的设计方法的应用有助于制造业企业或服务业企业的商业模式的设计和优化。商业模式设计方法包括客户洞察、视觉化思考、模型构建、讲故事和场景。①

(一)客户洞察

客户洞察是通过客户的眼睛来设计商业模式。客户视角是商业模式设计的指导性原则,客户观点决定了企业选择的价值主张、渠道、客户关系和收益来源。虽然通过客户洞察可能发现全新的机会,但并不意味着客户思维是创新的唯一起点。

客户洞察具有两个难点:① 对客户进行透彻理解。商业模式的设计必须建立在对客户透彻理解的基础之上。在产品或服务设计领域,诸如英特尔等全球著名企业都通过与社会学家一起合作加深对客户的理解。企业可以通过安排高管会见客户、与销售团队和经销商队伍进行直接交流、参观体验店等多种渠道对客户进行观察和认识。② 企业是否清楚需要关注哪些客户、忽略哪些客户。商业模式的设计和创新不仅仅要关注现有的客户群体,还必须发掘新的客户群体。成功的商业模式往往是满足了新客户没有被满足的需求。因此,需要对涉及的客户群体进行画像,移情图是一个比较实用的工具。用户画像可以从性别、年龄、受教育程度、婚否、收入、活跃程度、星座、身高、胸围、体型、是否有孩子、孩子性别、是否有车、是否有房、品牌偏好、颜色偏好、购物类型、消费信用水平、促销敏感度等多个方面考虑。当然,企业也可以利用互联网技术,基于大数据的积累,对客户进行画像,解决把数据转化为商业价值的问题,从海量数据中"挖金炼银"。

(二)视觉化思考

商业模式的设计离不开视觉化思考。商业模式本身比较抽象,包含许多模块,而且模块之间相互联系,只有在商业模式形成一个整体的时候才具有意义。视觉化有利于设计

---

① 亚历山大·奥斯特瓦德,伊夫·皮尼厄. 商业模式新生代[M]. 黄涛,郁婧,译. 北京:机械工业出版社,2018:118–123,136–179.

团队将商业模式设计隐含的假设变成具体的信息,方便讨论和交流。特别是商业模式草图能帮助设计团队识别模块间的内在逻辑缺陷,进行高效讨论和充分交流,为商业模式的修改和优化提供便利条件。商业模式草图需要和商业模式画布结合使用。

视觉化思考能从四个方面促进商业模式的成功设计:① 有助于设计团队理解商业模式的本质。商业模式画布是一种视觉化的语言,能提供可视化的和文字的指引,帮助设计团队画出商业模式所需要的所有信息,展现商业模式的全貌,帮助设计团队看到商业模式模块之间的内在逻辑联系。② 有助于提升对话效率。图形能将头脑中隐含的假设变成具体信息,有助于提升对话效率。图形能使抽象的商业模式变成一个有形和固定的事物,为讨论的参与者提供一个讨论焦点和回溯的参照点。商业模式画布本身是一个统一的视觉化语言,能有效地帮助设计团队成员相互理解对方的想法,帮助设计团队达成一致的理解。③ 有助于设计团队探索创意。商业模式画布为团队设计商业模式提供了思考的起点,他们可从画布的任何环节开始,最后整合出一个有机的整体。同时,商业模式的视觉化也为设计团队进行推演提供了便利,通过改变商业模式的任何模块探讨商业模式出现的可能变化。④ 提升沟通效果。视觉化的描述有助于内部推销,促进员工对商业模式建立统一的认识,也有助于外部推销,吸引投资人投资和利益相关者合作。

(三)模型构建

近些年,模型构建在流程设计、服务设计甚至组织和战略设计领域开始流行。模型是未来潜在的商业模式,是一个便于讨论、分析和概念验证的工具。一个商业模式模型可以是一张草图、一张经过充分思考的商业模式画布,或者是一叠商业模式推演的模拟财务数据表格。和视觉化思考一样,模型构建也可以将抽象的概念具体化,有助于商业模式的设计。

商业模式模型看起来并不一定很像实际的商业模式,它只是一个帮助设计团队探索不同商业模式方向的工具。为了真正理解各种可能方案的优势和劣势,更深入分析商业模式,需要设计团队构建多种商业模式模型来展示各种商业模式的不同层面的具体信息。基于模型的互动、讨论和比较本身更加有可能激发新的创意。

(四)讲故事

新的事物或东西一般难以被接受,新的商业模式也是如此。从本质上看,新的商业模式可能是抽象的、难以描述的和不易理解的。因此,抵触是人们对一个不熟悉模式最有可能的反应。讲故事是一个理想的工具,能为深入探讨商业模式及其内在逻辑做好准备,能让听众暂时放下对陌生事物的怀疑。

讲故事对商业模式的设计具有重要价值:① 讲故事能介绍新的创意,让新的想法栩栩如生。新的商业模式的创意可能从组织的任何角落涌现,但出色的商业模式创意也可能被忽略。讲故事能有效地向管理层推销商业模式的创意。揭示一个新的、未被验证过的商业模式就像纯粹用文字描述一幅画,用讲故事来揭示抽象的商业模式如何创造价值就像给画布涂上了明亮的颜色。② 讲故事有助于商业模式的阐释。通过讲故事来阐释商业模式如何解决客户的问题,对听众来说是一种清晰和易懂的方法。故事获得了听众的认可,才可能有机会进一步解释商业模式的细节。因此,讲故事是向投资者推销创意或商业模式的重要方法,有助于获得投资者的青睐和投资。③ 讲故事有助于说服员工参与其中。当一个企业从现有的商业模式向新的商业模式转型时,讲事故是一种说服员工参与其中的方法。员工必须透彻理解新的商业模式并明白对自身的影响。因此,将商业模式编辑成一个引人入胜的故事,更容易让员工接受。

讲故事的方法很多,如图片、视频、角色扮演、连环画等,企业可以根据听众和演讲环境进行灵活选择。2000年没钱、没名、没经验的马云找当时的亚洲首富、雅虎最大的股东孙正义寻求2 000万美元的融资。马云在楼下等待2小时后见到孙正义,孙正义给马云的回复是:"我只给你6分钟,你讲一下商业模式。"马云就用这短短6分钟讲述商业模式,让孙正义当下决定给马云2 000万美元的投资。马云向孙正义推销商业模式获得融资的经历,成为创业界讲故事融资的经典案例。

（五）场景

场景也能让抽象的事物变得具体化,能很好地指导新商业模式设计或当前商业模式的创新。商业模式的设计可以考虑客户场景和未来场景两类。

客户场景能够指导企业进行商业模式的设计,帮助企业识别很多的问题,如产品或服务将会如何被使用、哪类渠道最合适、应该建立何种客户关系、客户最有可能为哪些问题的解决方案买单等。通过描述具体的环境,客户场景能将客户洞察变得栩栩如生。比如,盒马鲜生是基于场景定位的,围绕"吃"这个场景来构建商品品类,而盒马鲜生商品品类的构成远远超越其他超市卖场,达到3 000多种。同时,盒马鲜生还做了大量的半成品和成品以及大量加热就可以吃的商品,希望让"吃"这个品类的结构更加完善和丰富。

未来场景描述的是一个商业模式未来可能的竞争环境。目的不是要预测未来,而是为了想象未来可能的具体细节,让设计团队体会未来各种环境下最合适的商业模式。在商业模式研讨会开始之前,各种场景必须被开发出来。理想的状况是,企业举办一场高质量的商业模式研讨会,设计团队应该根据两个或多个标准开发出两至四个不同的场景。每种场景都必须用简短、具体的语言进行描述,列举出主要要素。研讨会开始时,先要求参与者思考这些场景,然后为每一种场景开发一个合适的商业模式,帮助企业对未来做好准备。

第三节 "互联网+"制造业企业的商业模式设计

工业制造业是我国市场经济的重要组成部分,为国民经济的发展贡献了巨大的力量,但其传统的大规模生产的价值逻辑派生出的生产经营模式已难以适应现有互联网时代的市场需求。为此,传统制造业企业依托互联网技术及"互联网+"战略平台,进行商业模式的设计与创新,以寻求更好的价值创造方式。

一、"互联网+"对传统制造业企业商业模式的影响

互联网时代的到来,对传统制造业商业模式造成了较大的冲击,同时也为传统制造业提供了变革的机会,为传统制造业的商业模式进一步升级优化创造了条件。"互联网+"对传统制造业企业商业模式特别是在顾客价值主张、业务活动系统、盈利方式等环节造成了多方面的影响。

（一）顾客价值主张

商业模式成功的起点在于一个具有吸引力的顾客价值主张。企业的顾客价值是企业通行提供特定的产品和服务帮助顾客更高效、更便捷及更低成本地完成其渴望完成的工作任务而创造产生的。"互联网+"对传统的制造业企业的顾客价值主张的影响主要体现在以下三个方面。[①]

（1）企业的关注点逐步由市场长尾头部的主流顾客转向发掘市场长尾末端的边缘顾客群。长尾（the long tail）这一概念是由《连线》杂志主编克里斯·安德森（Chris Anderson）在2004年10月的《长尾》一文中最早提出，用来描述诸如亚马逊和Netflix之类网站的商业和经济模式。长尾理论模型（如图6-1所示）表明，位于市场长尾末端的顾客需求往往被企业忽视，且由于其具有个性化的需求量较小，无法进行大批量生产，与传统企业大规模批量生产的商业模式不匹配。因此，企业往往选择放弃该顾客群体，主要进行大规模标准化生产，为满足主流客户的需求进行生产加工。进入互联网时代，企业对于市场长尾顾客群的需求察觉能力及柔性定制生产能力有了较大的进步。因此，越来越多的企业选择开发市场长尾末端顾客需求，这不仅成了一种经济可行的选择，而且成为了市场成熟阶段追求持续发展的必然阶段。此外，也有大量的数据证明服务于多种类型的市场长尾末端顾客需求产生的范围经济与服务于单一类型的主流顾客需求产生的规模经济几乎不存在差异，甚至会使企业获得更多的利益。

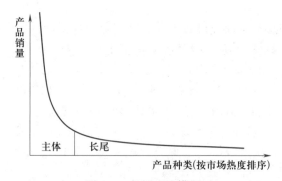

图6-1 长尾理论模型

（2）企业逐步改变以往对交换价值的关注，更加重视产品的使用价值及顾客感知。价值由交换价值与使用价值组成，其中交换价值指的是相对客观的价格，即客户用于购买产品与服务所需支付的金额。而交换价值的根本属性是使用价值，使用价值是商品价值的基础也是核心价值，即能满足人需要的商品效用，也就是顾客在购买和使用过程中对产品帮助其解决问题的一种主观评价。对消费者而言，只存在被感知的使用价值。传统的制造业企业，通常强调产品功能和属性从而实现增值，忽视顾客及顾客体验。顾客实际关注的并不是企业提供产品和服务本身，而是产品及服务能否满足他们的需求。因此，站在顾客的角度理解顾客的问题与需求、使用价值的构成以及采取有效的方式来增强顾客感

---

① 邢纪红，王翔. 传统制造企业"互联网+"商业模式创新的结构特征及其实现路径研究[J]. 世界经济与政治论坛，2017,（2）: 71-90.

122

知的使用价值是提升价值创造的核心。传统企业依托互联网技术,更注重调查了解顾客需求,了解顾客所需的消费体验,提供更能满足顾客需求的产品或服务。

（3）企业向消费者提供的价值从产品到服务甚至是整合方案。传统制造业企业经营逻辑的基础是"大规模批量生产",将顾客视为同质性的消费者,通过标准化生产实现大规模生产和销售。现阶段,消费者对产品及服务的要求已发生了较大的改变,对多样化、个性化的要求逐渐提高,这驱使制造企业从提供基本的单一产品转向针对顾客需求的整合性的解决方案。因此,企业若想在市场竞争中取胜,就需要进行多种技术、知识、产品和服务的整合,设计整合解决方案,全方位提升顾客价值体验。

（二）业务活动系统

传统制造业企业进行价值创造和价值传递的载体是单向流动、线性的价值链。在互联网时代的催动之下,企业价值创造载体已升级为动态的、强调双向互动的价值网络或者商业生态。传统企业借助"互联网+"战略平台实现与顾客及其他利益相关者协同合作,共同创造和分享价值。

1. 业务活动更加强调顾客参与

顾客价值更多的来源于顾客对产品服务的使用价值的体验及感知。所以,企业价值创造受到顾客参与的显著影响,价值必须由企业与顾客共同创造。"互联网+"使顾客与企业的关联更加密切,与企业之间的互动内容也明显增多,顾客能主动参与到企业的研发、生产、服务、营销、销售等各个环节,使得企业生产的产品也更能满足顾客自身个性化的需求。此外,企业与顾客之间的互动也是增强顾客体验,满足其体验化需求的一个重要内容。

2. 去中介化

传统制造企业商业模式中重要的一环就是渠道。企业的功能集中于生产产品,渠道则完成了销售、配送及服务的工作,从而完成企业整个价值的传递活动。随着互联网技术的不断发展及在传统企业中的普及,时间和空间的限制被打破,这降低了信息不对称程度,使得企业与顾客、顾客与顾客之间能通过互联网实现直接联系与交互,网络社群得以形成,从而有效地促成了沟通和交易。

3. 强调网络化合作

传统制造业企业仅仅是负责生产加工,顾客则作为消费者通过企业渠道购买产品或服务,这是传统的产销分离。网络经济时代,企业逐步实现转型,价值创造不再单单依赖企业自身,而需要企业与其他网络成员协同合作。企业、顾客、供应商、合作伙伴、员工等多主体通过互联网直接地连接和交互,各个成员通过整合自己的资源互相交互,身份随着交互关系的改变而改变,从而形成一个产销合一的价值网络。

4. 企业更加注重形成动态能力以取代传统的核心能力

在传统的基于资源的核心能力观下,企业的核心能力由企业开发和拥有的一些核心、特异的资源和能力组成。但是在如今快速变化的市场,核心能力演变为了核心刚性。互联网使得信息流速加快,企业的资源不仅仅来自自身,更多地来自更为广阔的价值网络。为了持续创新用以满足不断变换的顾客需求,企业需要动态地开发、整合和重构内外部资源和能力,利用动态能力并使之成为企业持续竞争优势的新来源。

（三）盈利方式

利润是企业经营效果的综合反映，也是其最终成果的具体体现。企业的最终目标是为了持续获得利益，保持盈利的企业才能有生命力。为此，商业模式创新必须既创造顾客价值又创造企业利润。在创造顾客价值的基础上，企业的盈利才成为可能。互联网技术对制造业企业的盈利模式的影响是多方面的。

1.“免费模式”日益普遍

“互联网+”的时代背景之下，企业逐步探索“免费模式”。“免费模式”并不意味着企业不收取任何经济费用，而是企业收费的对象更多，不再仅仅是消费者。同时，企业的收费形式和定价单位也更加多元化，如可以销售使用权、引入广告或者第三方来获得收入以及可选的增值服务。企业根据产品的成本特性和不同客户细分群体的需求差异来灵活地采用免费和收费的策略，从而有效协调扩大市场与获取经济利益之间的关系。

2. 传统制造业企业的成本大幅度下降

“互联网+”促成了传统制造业企业的变革，使得企业的单向线性价值链得到重塑，逐步发展为“去中心”“去中介”的动态价值网络，价值网络中的成员信息畅通，可便捷地进行直接沟通与交易。另外，互联网改变了传统门店与分销渠道的限制，建立起直接双向沟通和互动渠道，有效地缩减了交易的中间成本，还可以精准地获得顾客的信息，有助于企业更加清晰地了解客户多样化和个性化需求，从而降低企业的产品研发、设计、生产、分销和服务的边际成本，甚至将某些经济活动成本降低趋近于零。

3. 传统制造业企业轻资产化趋势增强

传统制造企业在厂房、设备、渠道等诸多方面进行大量的专有性资产投入，产生了较大的固定成本、管理成本和交易成本，企业资产结构呈现出重型化及低流动性的特点。随着“互联网+”时代的到来，企业利用互联网技术将生产经营活动与网络相结合，逐步转变为具有互联网“基因”的企业。企业重视加强与网络伙伴的高速连接和双向互动，从而高效、灵活地整合外部资源，有效降低固定资产投入，通过轻资产运作，实现以相对较小的资产维持较大规模的运营目标。另外，制造业企业利用互联网技术提高现金、存货等流动资产的周转率，实现以较少的流动资产产生更多收益的目标。

二、制造企业“互联网+”商业模式创新的维度与路径

（一）制造企业“互联网+”商业模式创新的维度

在互联网技术及“互联网+”平台的影响下，传统制造业企业逐步实现互联网与传统生产经营业务的结合，企业改变传统的“大规模批量生产”的工业经济时代的逻辑，逐步被转变为网络经济时代新的价值运行机制。制造业企业“互联网+”商业模式的创新，主要通过两个维度展开：① 顾客价值主张。顾客价值主张即对顾客来说什么是有意义的，即对顾客真实需求的深入描述。企业将互联网技术应用于生产经营，从而提升企业智能化水平。② 业务活动系统。即企业日常业务活动形成的价值链。企业利用互联网技术及“互联网+”战略平台，对企业价值链及价值网络进行改造和创新，促进企业向网络化的方向发展。

（二）制造企业“互联网+”商业模式创新的路径

依据制造企业商业模式创新的两个维度，企业结合本身具备的资源和能力及产品的

特性等要素,对自身的业务活动系统及顾客价值主张进行改造,促成企业商业模式的变革。传统制造企业进行商业模式创新的路径通常采用产出智能化、活动网络化及打造智能O2O平台三条路径。[①]

1. 产出智能化

互联网时代为企业带来最为直接的成果就是互联网信息技术。互联网技术与企业原有产品的有机结合就是产出智能化。产出智能化是企业为实现"互联网+"视角下商业模式创新目标的一条快捷路径。企业利用互联网技术,提升企业产品的数字化、智能化及个性化水平,从而有效地提升企业产品所蕴含的顾客价值。产出智能化融合了大批量生产与个性化定制的特性,形成了批量定制的商业模式,能更好地满足顾客多样化和差异性的需求。产出智能化可以增强现有顾客价值主张,凸显顾客价值,扩展产品的功能和价值,甚至可以创造出全新的顾客价值主张,吸引更多的消费者成为企业顾客。近些年,受到物联网、大数据、人工智能等互联网新技术的支持及资本的推动,产出智能化成为手机、家电和家居等传统制造行业转型升级的发展趋势。

相比较而言,家居行业是零售业中互联网渗透性较低的领域。索菲亚运用新零售思路实行大数据和情景化,将打造"一站式购物+场景化体验",从而实现品牌差异化。索菲亚本身的商业模式便是新零售C2B的表现。索菲亚是以家居定制为核心基础逐步发展成为包括定制柜类、家具家品、窗帘木门等在内的全屋定制企业。对索菲亚而言,所有的订单都是根据客户的需求,通过跟客户面对面的服务沟通去产生和完成的。在数据驱动方面,近年来索菲亚也做了很多数据化工作,比如把每个客户的需求记录到系统里面,了解消费者实际需求以及调研装修过程中的痛点,运用数据分析,快速根据用户的户型进行方案规划,以最快的速度让消费者在接触品牌过程中得到其需求上的满足。索菲亚借助新零售的趋势在销售业绩上更上一层楼。但根本的目的还是看重新零售本身能给消费者带去更便利、更舒适、更有效的消费体验,这也是索菲亚多年来一直坚守的核心价值观:客户第一、奋斗为本、结果导向、诚实守信、利他主义、创新发展。索菲亚过去长期专注于产品,致力于为消费者提供舒适的定制家居体验。现在,索菲亚借助新零售,不仅仅致力于从产品上给用户带去满足,更致力于从销售和服务各个环节给顾客带去360度全方位无死角的购物舒适感受。

2. 通过活动网络化来改造和重塑价值链

企业的业务活动受到互联网技术及思维的影响,逐步朝着网络化发展。产出智能化商业模式创新的路径更多是建立在产品结构层面变革的基础上,而对企业整体的价值链及其业务活动的组织方式影响较小。当前,顾客对产品的需求更为苛刻,顾客需要的不只是产品和服务本身,更关注的是产品与服务能否解决其面对的问题。因此,企业应对其传统的以供产销为主的单一产业价值链进行创新,增加新的价值创造活动、调整活动的连接关系等,建立起新的跨产业价值网络和商业生态,以更系统地解决消费者的问题。现阶段,越来越多的制造企业从销售产品向提供服务和解决方案转型。

---

① 邢纪红,王翔.传统制造企业"互联网+"商业模式创新的结构特征及其实现路径研究[J].世界经济与政治论坛,2017,(2):71-90.

制造企业可充分利用新生的互联网技术推动物理化、虚拟化融合和跨界合作,整合企业本身的软件与硬件、内容和服务,同时进行跨界连接和协调各方面的合作伙伴及其活动,以产品生命周期为依据为顾客提供多样化、个性化和定制化的解决方案,如产品运营维护服务、教育与培训服务、客户流程外包服务、咨询服务、融资服务等,给顾客创造更大价值,也同步提升企业自身的竞争力和盈利能力。

3. 打造 O2O 供需平台和大数据系统

O2O 即 online to offline(在线到离线 / 线上到线下),是指将线下的商业机会与互联网结合,让互联网成为线下交易的平台。O2O 的概念非常广泛,既可涉及线上,又可涉及线下,统称为 O2O。在互联网早期,线上与线下是平行的关系,然而现阶段,互联网新技术将线上与线下相连接,催生了各式各样的新商业模式。

传统企业实现资源的整合和供需关系的重构是 O2O 创造价值的核心。传统制造业企业可以利用网络新技术将消费者、供应商、信息、活动环节、产品和设备虚拟化并连接起来,对这些未被充分利用的分散资源进行统一的集中管理,扩大需求和供给,并提高其供需匹配和市场交易效率。一方面,供给侧将闲散资源整合、充分利用;另一方面,创造出原本不存在但顾客重视的新消费场景,充分激发未被充分满足的市场需求,创造出新的有较大上升空间的市场。

另外,线上与线下相互连接,就会形成供需平台。当平台汇聚的碎片资源形成巨大规模时,平台各个节点以及节点之间相互链接不断产生数据,逐渐积累起海量的大数据,进而供需平台升级为大数据系统。此时,企业可以利用相关技术,对企业所获得的大数据进行深入分析,从而更好地进行决策和行动,促进企业运营效率、营销效率及管理效率的提高,不仅节约成本,更能准确定位市场,使企业创造出更大的商业价值。

第四节　"互联网 +"服务业企业的商业模式设计

现代服务业在国民经济中发挥着关键性的作用。服务业是从事服务产品的生产部门和企业的集合,与传统的工业、农业相比,具有不可储存性、非实物性和生产与消费的同时性等特征。现代服务业的发达程度已成为衡量经济、社会现代化水平的重要标志。因此,"互联网 +"背景下服务业有着巨大的创新发展空间。"互联网 +"对服务业和服务业企业的商业模式具有多方面的影响,产生了长尾模式、多平台模式、免费模式、非绑定模式、O2O 模式和生态产业链模式等多种典型的服务业企业商业模式。服务业企业"互联网 +"商业模式创新可以围绕价值主张、价值网络和价值获取等途径进行。

一、"互联网 +"对传统服务业的影响[1]

(一)互联网促进了新兴服务业的诞生和发展

(1)互联网促进了现代服务业体系更加丰富。传统服务业与互联网深度融合,服务业不仅仅作为一个独立的产业发展,而是与农业、工业等行业相互结合,促进了现代服务

---

① 程建润. 互联网对服务业带来的十大影响[N]. 人民邮电报,2015-01-05.

体系日益丰富。服务业本身与互联网技术的结合也催生了较多的新兴行业,如线上购物、网络游戏、网络教育等。

（2）"互联网+服务"向企业主导型转变,生产性服务业增多。传统互联网服务业发展主要以消费者群体为主导。据相关数据统计,2013年中国的网络零售已达到2 950亿美元,超过美国;而中小企业运营对互联网的使用相对较少,仅有20%~25%,远低于美国。互联网技术的创新使得服务业更重视发展企业云服务。另外,研发设计、第三方物流、商业资讯等现代服务业得到了快速发展。

（二）互联网创建平台经济,促进服务业城乡一体化

（1）互联网创建平台经济,为中小服务业企业打造广阔的成长空间。随着互联网技术的发展,为实现长尾模式创造了可能,同时也催化了平台经济的诞生。比如,腾讯公司高度重视中小企业的发展,提供了1万应用程序编程接口（application programming interface，API）,为开发者提供底层技术支持。腾讯云在全国有超过300个加速节点,其接入的开发者增长了300%,开放平台合作伙伴已有10家上市公司。

（2）互联网促进服务业城乡一体化发展。传统的服务业集中于城镇,农村地区的服务业发展较为滞后,且企业较少涉足。如今,依托"互联网+"平台,互联网技术有效地拉近了城乡距离。随着乡村配套基础设施的发展,乡村存在着巨大潜力的服务业市场,越来越多的企业将眼光投向乡村,甚至将乡村作为企业的新的增长引擎。2015年10月8日,阿里巴巴董事局主席马云对全体员工发出公开信,宣布把农村作为公司未来十年的三大战略之一,要利用互联网无线技术、数字技术赋能乡村。数据显示,通过菜鸟县、乡、村三级物流体系,日均到村包裹60余万单,到2018年年底已突破100万单。3万多个服务站累计带动了包括"村小二""淘帮手"返乡创业群体在内的6万余名青年就业。

（三）互联网促进企业进行跨界竞争,催生新的增值服务

（1）互联网促进了企业进行跨界竞争。由于互联网的便利性和快捷性,"互联网+"企业凭借其灵活性以及其商业模式创新形式,形成了独特的竞争优势,不断地改变着传统服务业的市场规则。例如,微信的快速发展极大地冲击了传统电信运营商短信和语音的业务;互联网金融的产生,使得传统银行塑造的"存、贷、汇"模式受到严峻挑战。

（2）互联网技术催生新的增值服务。互联网大数据技术为企业特别是服务业企业提供了大量的有价值的信息,便于企业对其价值链的各环节进行准确的分析,有利于企业将价值链的更多环节转化为新的战略优势。互联网传输和储存的大数据已成为重要的战略性资源,具有巨大的商业价值,驱使服务业企业不断进行相关投入。

（四）互联网促进服务业企业打造全流程服务链和全业务经营模式

（1）互联网促进服务业企业整合资源,打造全流程的服务链。互联网的联通性促进服务业企业实现信息流、资金流和物流的有机整合,打通用户需求分析、服务准备、服务供给与到服务改进全过程,为客户提供衔接紧密的消费体验。比如,阿里巴巴利用互联网技术,打造了集合电子商务、智能物流及金融服务为一体的商业集团,汇集了信息流、物流及资金流。

（2）互联网促使服务业企业打造全业务经营模式。互联网的极强融合力为服务业企业实现全业务经营创造了可能。企业通过横向整合业务,实现掌控尽可能多的服务业资

源的目的。阿里巴巴陆续收购了中信 21 世纪、高德软件、银泰百货、优酷土豆、肯德基等多种横向服务业企业,业务不仅涉及其核心业务电商,同时还涉及社交、金融、旅游、导航、娱乐等多领域,打造了服务业全业务模式。

（五）互联网促进服务业企业的移动端业务发展和国际化发展

（1）服务业企业对移动端业务投入增大,服务向移动端转移趋势明显。智能手机发展迅速,使移动社交得到了较大的发展和应用,移动上网已成为人们的重要生活方式。服务业企业逐步重视移动端业务的发展,对 O2O、移动社交等积极投入资源,以打造更为便捷、有效的服务业务。美团、滴滴等涵盖了出行、餐饮、住宿、导航、电影等多项服务业,极大地便利了人们的生活。

（2）互联网促进更多服务业企业的国际化发展。互联网交易不受时间、地点、空间等限制,且信息传递速度较快,很大程度上拉近了世界各国之间的距离,为服务业企业进行国际化经营发展模式提供了便利。例如,中国工商银行利用互联网连接数十个国家和地区,开通网上银行、手机银行等业务,搭建起了电子银行的全球服务网络,使企业获得了更为广阔的市场。

二、"互联网 +"服务业企业的典型商业模式

现代服务业的四大类型为基础服务、生产和市场服务、个人消费服务和公共服务。各类服务业在互联网快速发展的同时,也在结合互联网的新技术和新思维,进行商业模式设计和创新。"互联网 +"服务业企业的典型商业模式包括以下 6 种。

（一）长尾模式

长尾模式不仅可以适用于传统的制造业企业,服务业同样可以利用它实现"互联网 +"的商业模式设计。互联网技术和信息技术的发展,使长尾模式对小市场的汇聚能力愈发增强。服务业特别是互联网服务业,在互联网上销售虚拟产品,其支付和配送的成本接近零,可以充分应用长尾模式。例如,美国一家图书出版网站 lulu.com,一改传统出版业的模式,不再设置较高的出版门槛,而把目标转向帮助小众甚至业余的作家把作品推向市场,向作家提供排版和印刷工具,并帮助他们推广作品。关注市场小众作品的长尾,很多小众作家利用此来发表和销售他自己的书籍,使网站获得很大成功。这种模式下,书籍只在订单产生的情况下才会被印刷出版,所以即使作品失败、无人关注都对网站没有任何影响,在未销售之前企业的服务边际成本几乎为零。

（二）多边平台模式

多边平台模式是将两个或更多相互联系又相对独立的顾客群体链接到一起。平台的意义就在于汇集不同群体的顾客,对于每个群体而言平台内都存在与其不同的群体。多边平台模式的打造基于的是网络效应,通过不同顾客群的互动来创造价值,吸引的客户群体越多其价值越高。例如,谷歌是一家以搜索引擎为起步的现代化信息服务业企业,其中谷歌搜索的核心业务为免费搜索服务。此外,谷歌还提供了 AdWords 广告业务及 AdSense 第三方内容变现服务。由于其免费搜索服务汇集了各种类型且大数量的用户,所以广告商就有很强的意愿希望利用此多边平台进行宣传,但谷歌不提供直接的广告位,企业需要在第三方网站上与广告关键词相关的搜索词条或内容竞价,竞价通过 AdWords

拍卖服务实现,而谷歌可以从中获取大量利润,以补贴免费的搜索引擎以及 AdSense 第三方内容变现服务,鼓励越来越多的用户加入平台。

（三）免费模式

服务业企业基于免费模式进行的商业模式设计,大多集中于顾客分类,即对一部分顾客群体提供免费服务,对其他顾客群体提供收取费用的服务以维持非付费顾客的支出,从而保持企业现金流的持续供给和正常运营。例如,Skype 是一个面对全球的语音沟通软件,有视频聊天、多人语音会议、多人聊天、传送文件、文字聊天等功能,拥有超过 6.63 亿用户,37% 的 Skype 用户将其用于商业用途。Skype 用户免费通话时长和计费时长累计已经超过了 2 500 亿分钟。Skype 对计算机之间的连线通话是免费的,而对计算机与固定电话及移动手机的通话是收费的,目的是利用其收费部分补贴其免费部分,以维持运营且收获利润。

（四）非绑定式

企业内部可能存在着不同类型的业务,业务的驱动因素、价值主张、价值创造、价值捕获等要素都是不一致的。每种业务都有不同的经济、文化和竞争规则。因此,企业应妥善安排其中的业务,进行一定程度的"分离独立"经营,避免因为冲突而损坏企业业务的利益价值。例如,法国电信等移动通信企业已将其部分网络运营及维护业务外包给了诺基亚—西门子、阿尔卡特和爱立信等设备生产商。这是因为设备生产商可以同时为多个运营商进行服务,电信企业由此可以获得规模经济产生的收益,从而做到以更低的成本运行网络。

（五）O2O 模式

服务业 O2O（online to offline）模式主要是线上利用提供消费便利性,线下靠其社区化而拉近与消费者之间的关系。例如,零售企业苏宁电器采用"线下配合 + 自建平台"模式,提供汇集产品销售、品牌宣传、金融和物流一体化的服务。滴滴打车,利用互联网平台,向消费者提供车辆信息的同时,也向司机提供消费者需求,从而将线下的业务转移到线上交易,既满足消费者打车的需求,又为司机提供了更多的客源,有效节省了时间,提升了出租车运营效率,因此广受顾客青睐,其用户量巨大,覆盖面较广。

（六）生态产业链模式

网络经济下顾客对服务业的需求逐渐增高,提供更加贴近生产需要的综合性配套服务,建立起更加和谐的供产销关系,形成紧密、顺畅的供应链和产业链,推动零售业提升运行效率,就是生态产业链模式。"互联网 +"强调开放和融合,服务业不再是单个封闭的企业,需要与消费者及其他价值链或价值网络中的其他企业互动,共同创造价值。由阿里巴巴首创并力推为上游供应厂商提供个性化定制服务,不仅整合 7–11、吉野家与星巴克的全时便利店,围绕生态产业链对企业商业模式进行塑造,更是与银行机构合作,塑造了一个集餐饮、服务、消费购物与金融等功能的多业态组合体。

三、服务业企业"互联网 +"商业模式创新的路径

"互联网 +"催生出诸如"开放连接""跨界融合""业务活动网络化"等多种新现象。面对互联网技术驱动的高速发展市场和日趋激烈的市场竞争,服务业企业若墨守成规,对

外部环境缺少及时响应,必将被市场淘汰。因此,"互联网+"为服务业企业商业模式设计和创新提供了场景和思路。

（一）围绕价值主张的商业模式创新

企业成功的价值主张,能诠释企业所提供的产品或者服务蕴含的顾客价值,以及企业产品及服务选择的目标顾客群体。互联网时代下市场竞争更为激烈,服务业企业的顾客需求更为多样化、个性化,传统的卖方市场及不完全的买方市场也已经发展成为了买方市场。为此,服务业企业产品及服务的价值主张更加重视顾客需求。因此,服务业企业"互联网+"商业模式创新,通常以顾客需求导向为起点,目标在于挖掘新顾客,不断满足市场中顾客的需求,在此基础上实现顾客价值创新。

1. 对现有顾客分类,定位顾客需求

企业的价值活动均是以满足顾客需求为中心展开的。对目标顾客的需求分析逐步受到企业重视,现阶段需求分析已成为商业模式创新的重点内容。企业在进行产品和服务的需求分析时,经常遇到的问题就是市场选择问题,在定位自身产品时,需要对现有顾客进行分类,对不同类别的顾客提供不同的产品和服务。精准的细分目标顾客,通过数据化的信息获得顾客的个人兴趣爱好、消费习惯、收入情况、价值观念等多方面的信息,帮助企业进行市场分析,创造满足顾客需求的价值主张。

此外,定位顾客需求要求企业对市场需求变化有足够的敏感度,有能力深入挖掘市场需求,能及时根据顾客需求变化来设计开发新产品和新服务,尽可能地满足市场需求,甚至在准确定位顾客需求的基础上创造新的需求满足方式。

2. 产品服务更新,创新提供方式

市场环境变化莫测,顾客需求的多样化使得企业不得不及时调整甚至更新产品和服务,从而满足顾客多样化、个性化的需求。由于市场更新速度较快,企业能否及时更新自身产品和服务已成为其建立竞争优势的必要条件。另外,服务业企业的销售不再仅仅停留在企业与顾客之间简单的一次性交易,而是会提升服务的附加值。因此,提供有效的顾客问题解决方案也成为了互联网时代商业模式创新的重要内容。

（二）围绕价值网络的商业模式创新[①]

价值创造是指企业生产、供应满足目标客户需要的产品或服务的一系列业务活动及成本结构。企业价值创造体现的是企业价值的创造方法及过程。围绕企业网络的商业模式创新途径主要包括以下两种。

1. 分拆企业的价值链,实现价值链层次的创新

对于大多数企业而言,在价值链各个环节都进行价值创造是一项非常困难的事情,为此服务业企业需要对自身价值链进行分拆或者重构,并在此基础上进行商业模式的创新。服务业企业可以利用互联网技术,将价值链分解为若干子模块,使价值链以此为基点重新组合,创造新的价值,从而实现商业模式的创新。京东以产品流为核心进行价值链整合,对企业价值链中物流配送一环进行创新,其改变以往的物流外包,建立了自主物流机构,而这更有利于京东的管理,还有效地提升了其配送的速度和质量,提升了品牌形象,满足

① 王琴. 基于价值网络重构的企业商业模式创新[J]. 中国工业经济,2011（1）:79-88.

了消费者对于线上购货配送速度和质量的要求。

2. 整合价值网络,发展价值生态系统

互联网时代的企业一改对价值链的认知,价值网络的思维打破了单一、线性的价值链特征。企业处在价值网络之中,所关注的内容不只是企业自身,而是更注重整体价值网络的发展建设。企业不仅要在与竞争者展开竞争的基础上获得价值,还要与利益相关者互利合作以实现共赢。许多互联网企业在考虑自身实力的基础上选择合作伙伴,建立合作机制,发挥协同效应,通过价值网络为顾客提供更多的价值。所以,价值网络建构也逐渐成为了"互联网+"战略背景下企业进行商业模式创新的重要方式。

需要企业注意的是,企业的价值网络的建构应当围绕顾客的需求而展开,这是价值网络建设发展的基础。企业可以整合自身资源和能力,与内外部的利益相关者,以合作协同共赢为目标,建立价值生态系统,实现企业价值的最大化。

（三）围绕价值获取的商业模式创新

价值获取机制主要用于解决企业盈利模式的相关问题的运行方法与结构关系。企业的价值获取主要关注的是企业收益来源和成本结构。企业持续发展的基础就是保持持续盈利,要有足够的现金流来支持企业的发展。服务业企业在进行价值获取层面的商业模式创新时,通常包含以下三种路径。

1. 免费模式

免费模式成了互联网时代众多服务业企业进行商业模式创新的选择。免费产品或者服务对于消费者而言是非常具有吸引力的,但是企业无法从免费的产品和服务中获得收益,企业该如何进行盈利? 如何进行价值获取? 如何塑造能盈利的免费模式? 企业进行免费模式商业模式创新必须关注这些问题。通常,企业实行免费模式是利用免费的基本产品及服务获取大量的用户对企业产品及服务的依赖。企业在提供免费基本产品和服务的基础上,提供可选的增值服务。其中大多数人不会成为付费用户,只有少部分的用户会为增值服务付费,而由于此类模式的免费用户的平均服务成本较低,这部分收入就成了企业收入来源。例如,百度云盘为广大百度用户提供有限的免费线上存储空间,而提高云储存空间、获得更高的下载速度则需要用户支付费用。

此外,免费模式可以集聚大量用户,利用此特点可以吸引更多的商家进行相关广告的投放,从而获得丰厚的广告费用。但值得注意的是,不匹配的广告反而会影响企业本身的形象,从而造成副作用。

2. 供应链联盟整合

企业通过对供应链上的企业进行有效整合以实现创造价值的目的。供应链联盟是指在同一条供应链中企业之间形成的合作伙伴关系,它们的资源、能力和核心竞争力都能结合在一起使用,从而获得设计、制造、产品或服务提供上的共同利益。因此,供应链联盟的形成是以供应链伙伴关系为基础,每个成员企业都在各自的优势领域为联盟贡献自己的核心能力,相互联合起来实现优势互补、风险共担和利益共享。不再以一家独大作为衡量企业实力的标准,多方合作才能令企业获得来源更广泛的资源,以丰富自身,提升价值。天猫国际与大润发等九大超市集团达成战略联盟,利用其自身的平台如天猫、聚划算、淘宝等帮助海外商品开发中国市场,从而在价格、渠道及供应链上与国际体系接轨。这一举措不仅为海外产品提供了理想的销售平台,也使天猫获得了充足的商品供应,实现了多方共赢。

3. 企业与顾客价值互动方式

互联网技术不仅带给了人们更便捷的沟通工具,同时也为企业与顾客直接互动创造了良好的条件。很多企业借助网络,将顾客融入产品或者服务的创新与开发中,这不仅有利于拉近顾客的关系,培养忠实的顾客,也有助于企业形成更好的市场反应能力,使企业能更好地创造顾客所需的产品和服务,及时满足顾客需求,同时也有利于企业获得更多产品和服务创新的智慧。小米粉丝社群的建设以及与手机用户的密切接触,实现了企业与顾客的价值互动。这一商业模式创新使得小米尽可能地以最低的成本挖掘和利用顾客价值,以最快的速度生产出满足顾客需求的产品。

本 章 小 结

"互联网+"是将互联网的创新成果与经济社会各领域深度融合,推动技术进步、效率提升和组织变革,提升实体经济创新力和生产力,形成更广泛的以互联网为基础设施和创新要素的经济社会发展新形态。互联网对传统产业的渗透越来越彻底,"互联网+"的应用出现在工业、农业、教育、医疗、金融业、交通与旅游业、零售业等众多行业。

一般来看,商业模式设计包括动员、理解、设计、实施和管理五个阶段,但这五个阶段的推进并不是线性进行的。商业模式设计的方法通常包括客户洞察、视觉化思考、模型构建、讲故事和场景,对制造业企业和服务业企业也具有适用性。

互联网对传统制造业企业的商业模式,特别是在顾客价值主张、业务活动系统、盈利方式等环节产生了多方面的影响。制造业企业"互联网+"商业模式创新可以沿着产出智能化、通过活动网络化来改造和重塑价值链以及打造O2O供需平台和大数据系统的路径进行。

互联网对服务业和服务业企业的商业模式具有多方面的影响,产生了长尾模式、多平台模式、免费模式、非绑定模式、O2O模式和生态产业链模式等多种典型的商业模式。服务业企业"互联网+"商业模式创新可以围绕价值主张、价值网络和价值获取等途径进行。

复习思考题

1. 如何理解"互联网+"?"互联网+"具有哪些特征?

2. 当前"互联网+"已经运用到了哪些行业?

3. 商业模式设计包括哪些基本流程?

4. 商业模式设计有哪些方法?请结合具体的商业模式设计进行应用。

5. "互联网+"对传统制造业企业商业模式具有哪些影响?

6. 制造业企业"互联网+"商业模式如何进行创新?请结合具体的案例采用商业模式画布进行分析。

7. "互联网+"对传统服务业企业商业模式具有哪些影响?

8. 当前"互联网+"服务业企业的典型商业模式有哪些?

9. 服务业企业"互联网+"商业模式如何进行创新? 请结合具体的案例采用商业模式画布进行分析。

即 测 即 评

请扫描二维码进行即测即评。

本章案例分析

"盒马鲜生"新零售商业模式背后的秘密

2016年1月,第一家盒马鲜生面世。2017年7月,盒马鲜生实现盈利,坪效①是普通超市的3~5倍。盒马鲜生在各大一线城市迅速扩张,截至2018年12月已经在14座城市开设了64家门店,消费者人数达到上千万。令业界震惊的是,其营业额增长强劲且盈利,每家相对成熟的店面坪效都超过5万元,单店的日均销售额达到80万元,通过线上销售的比例超过了60%。同时,盒马鲜生的会员数量也在稳步上涨,且逐渐带来了消费者黏性,会员的"线上+线下"的月平均消费达到了575元。这表明盒马鲜生的新零售②模式已经经受住了市场的考验,正在迅速发展。盒马鲜生属于阿里新零售模式探索的先行者,为支付宝渗透线下零售业提供助力,是在阿里对"生鲜超市+餐饮"新业态进行探索,以提升与腾讯、京东电商平台的竞争力的背景下产生的。盒马鲜生借助线下吸引顾客,线上下单配送的流量模式创新,在"好"与"快"两个要点上赢得口碑,成为异军突起的新零售代表。新零售的核心在于线上线下融合,更好地解决消费者的痛点,并以此来构建新的商业体系。无论如何定义新零售,新零售面向的目标群体是"80后""90后",他们身上展现出的是不同于上一代人的生活场景,这一点又决定了他们的消费习性。盒马鲜生的模式回答了如何打通线上线下两个平台、如何打通线上线下会员体系、如何衔接线上线下不同品类、如何共享流量、如何共享仓储物流等关键性问题。

1. 盒马鲜生的制胜关键

传统生鲜电商都存在成本高、损耗大、质量难以保证、配送时间长等问题。但是,新零售时代的生鲜企业往往选择源头直采,低价采购的同时还能够获得优质产品;线上配送短距离内高速送达,保障了商品的新鲜度和完整性;线下开设餐饮服务区,支持现场加工,增强客户体验感。盒马鲜生这类新型生鲜业态对"货、场、人"都进行了重构和优化,虽然是线上和线下的结合,却达到了1+1>2的效果。盒马鲜生设计的关

_____

① 坪效就是门店每平方米每年创造的收入。坪效=线下总收入/单店总面积。

② 2017年3月,阿里研究院给出了新零售的定义:以消费者体验为中心的数据驱动的泛零售形态。零售的本质是时刻为消费者提供超出期望的"内容"。新零售将通过数据与商业逻辑的深度结合,真正实现消费方式逆向牵引生产变革,将为传统零售业态插上数据的翅膀,优化资产配置,孵化新型零售物种,重塑价值链,创造高效企业,引领消费升级,催生新型服务商,并形成零售新业态。

键业绩指标有三条：① 线上销售单数一定要超过线下单数，因为再造一家传统超市是没有意义的。② 3公里内的线上订单量要实现每天5 000单以上。③ 线下要为线上引流。

在盒马鲜生成立之初，就确定了依靠现代物流，通过线上与线下结合，以社区为服务对象的概念，做到了半径3公里内30分钟内免费送达的智能物流体验。盒马认为，30分钟内是食物配送的最佳时间，一旦超过这个时间，人们感知上就和两三个小时一样。

"强制"要求消费者下载盒马鲜生App成为一个"撒手锏"。盒马鲜生线上和线下都需要通过App完成，且需要支付宝进行付款。App可以实现线上与线下互相的切换，购物更加便捷。新零售模式下消费者拥有四种任意组合：① 线下挑选，线下结算；② 线下挑选，线上结算，配送到家；③ 线上挑选，线上结算；④ 线上挑选，门店自提。同时，盒马鲜生也构建了一个更加立体的客户数据库。App可以根据社区覆盖范围内的用户习惯进行大数据优化，店内的食品可以做出相对的调整，优化出社区独有的消费者需求。这种模式可以逐渐提高消费者黏性，让在盒马消费成为一种习惯。通过在社区范围内不断发展，对3公里半径内消费者的渗透率也在持续增长。

盒马鲜生顶层设计的目标之一就是降低配送到家的冷链物流成本，提供生鲜全品类的商品服务。盒马鲜生门店的上方铺设了全自动悬挂链物流系统，这样能够第一时间分拣店中陈列的商品，快速送到后场出货。门店的后场更是一个交织的传送系统，传送线上的保温袋在各自的轨道上行进，把会员线上选购的商品传送到集中的分拣台进行统一配送。门店里有冷藏库、冰库等冷链，以切实践行"新鲜每一刻"的品牌理念。

2. 买手制重塑零售与供应关系热

国内传统的零售与供应关系，一直存在失衡现象，由于零售业是供应商主导，导致商品是供应商利益导向的，供应商给什么，零售商就卖什么。而买手制可以解决这一痛点，这样的"新零供"关系可以让服务回归到以消费者为中心的体验。盒马鲜生正在通过买手制构建和完善自己的供应链，做到建立与供应商信息的共享和互通，取消中间环节，提高供应链效率等。有望3年内使定牌定制商品占到50%的营业额。通过买手制，盒马也将逐渐完善农产品基地建设，构建自有的新鲜食品品牌体系。另外，盒马目前已经完成了农产品原产地的追溯体系，包括澳洲牛肉、挪威三文鱼等1 700种商品。强大的追溯体系可以让食品的生产与销售更加安全、便捷。

3. 餐饮与超市融合

盒马鲜生像一家超市，但在这个4 000平方米的购物场景中，还设置了占地面积40%左右的餐饮体验区，可以生熟联动。传统精品超市、社区超市、便利店，以店的规模、以人群的划分来定位。盒马鲜生是基于场景定位的，围绕吃这个场景来构建商品品类。盒马鲜生有3 000多种商品，包括肉类、水产、水果、南北干货、米面油粮、烘焙、熟食、烧烤以及日式料理等。为了配合精品超市的定位，店内还设有精品百货、鲜花等商品区，以满足人们的生活需求。表面上看，盒马鲜生是一家门店，但门店后面还"隐藏"着一个物流配送中心，支持线上销售。其核心逻辑是"仓店一体"，既是一个门店，也是一个仓库。毫无疑问，这是一家线下的物理门店,但是实时更新的电子价签保证了与线上价格的统一,透露出这是一家有着很强互联网基因的企业。门店内的餐饮区可以增加消费者到店的体验感,使消费者产生信任,之后,门店又能将多数快消品类通过 App 实现线上销售。所以,新零售就是看上去似像非像却从来没见过的商业形态。

盒马鲜生要颠覆传统餐饮业、零售业。餐饮不单单是盒马鲜生的体验中心,更是流量中心,带来了消费者的黏性。为了提高消费者的零售体验,使消费者成为新零售业态的参与者,提高消费者黏性,盒马还将餐饮和超市融合,门店内设有多个餐饮品类和餐饮区,消费者在店内选购了海鲜等食材之后,可以直接加工,现场烹饪。现场烹饪材料都源自盒马生鲜货架,这给了消费者试吃尝鲜的机会,而且通过生鲜品类和餐饮制作深度结合,解决了生鲜经营中最难的损耗问题。还可以借此对自家商品进行宣传,让消费者直接感受生鲜食材的品质,消除了消费者的顾虑。另外,消费者在超市进行购物时,难免产生疲倦或者饥饿感,盒马鲜生的餐饮场所恰好满足了消费者需求。纵观盒马模式,其实它已不是一个简单的超市模式,已形成一个强大的复合功能体。

4. 盒马模式发展前景看好

目前,高鑫零售的门店已开始采用盒马的技术和服务。高鑫旗下大润发亦与盒马成立"盒小马",以此在较低线城市探索多业态门店的扩展。此外,阿里与星巴克于 2018 年 8 月份达成全面的新零售战略合作,包括透过饿了么配送星巴克咖啡、与盒马推出"外送星厨"、与集团多个平台设立虚拟商店。这一战略合作证明阿里巴巴的新零售模式已形成规模,并展现出集团如何协助品牌伙伴更深入创新地与中国消费者互动。盒马已在全国 14 个城市拥有 64 家门店,服务超过 1 000 万消费者。至 2020 年年初,其门店已达 154 家,遍布全国 21 个城市,并继续规模化。欧美等发达国家的零售企业基本能覆盖生鲜市场的 30%~50%,但中国没有一家零售店能占比达 5% 以上。盒马鲜生计划在 2021 年进入中国所有一、二线城市及发达的地级市,服务 3 亿消费者。处于行业头部的盒马引领着整个新零售行业,可谓发展可期。

5. 盒马鲜生短时间内恐难以真正颠覆传统生鲜市场

盒马鲜生等新零售模式确实优势不小,但想要取代传统生鲜业态难度还很大,传统业态也不会坐以待毙。相关数据显示,2017 年中国生鲜市场交易规模达 1.79 万亿元,较 2016 年的 1.68 万亿元增长了 6.5%。但从 2016 年中国农产品流通各渠道占比来看,农贸市场占了约 73%,超市占了约 22%,生鲜电商只占了约 3%,超市和电商均有上升趋势。这些数据表明传统生鲜市场仍处于难以撼动的地位。如今,盒马鲜生和超级物种等角色的加入搅动了这个市场,虽然短时间内难以吃到大份额,但是却给传统生鲜市场传递了一个信号:不变就会被淘汰,不强大就会被吃掉。各大超市也重新审视并调整姿态,纷纷收回生鲜经营权,打通上游供应链。京客隆、物美、首航等自从收回经营权,超市生鲜业务从曾经的"鸡肋"变成了"熊掌"。

新零售不是颠覆传统零售,本质上依然是顺应消费升级的需求,提升消费者的生活品质。新零售是顶层设计,需要一整套零售体系的重构,如商品规划、服务与体验、物流、支付、信息系统和团队等,这不是在短期内能模仿的。所以盒马鲜生不是要开一个传统的以销售为导向的线下超市,而是要做到线上线下一体化运营,统一会员、统一库存、统一价格、统一营销,最终实现双向导流的封闭循环。总之,可以将盒马鲜生模式看作阿里提出新零售的基础实验,它是一个不断自我迭代的零售创新进化的超级物种。

案例来源:根据公开资料整理而成。

案例分析问题:

1. 新零售和传统零售的区别是什么?
2. 利用商业模式画布画出盒马生鲜的商业模式。
3. 盒马生鲜的商业模式能否带来持续的竞争优势?为什么?
4. 分析盒马生鲜商业模式的优势和劣势。
5. 盒马生鲜的商业模式对其他服务业企业商业模式的设计与创新具有哪些启示?

参 考 文 献

1. 亚历山大·奥斯特瓦德,伊夫·皮尼厄.商业模式新生代[M].黄涛,郁婧,译.北京:机械工业出版社,2018.

2. 艾庆庆."互联网+"下传统制造业商业模式创新路径及策略研究[J].经济研究参考,2017(58):74-79.

3. 高凯."互联网+"时代传统零售业商业模式创新路径[J].企业经济,2017,36(5):155-159.

4. 国务院印发《关于积极推进"互联网+"行动的指导意见》[J].电子政务,2015(7):52.

5. 克里斯·安德森.长尾理论[M].乔江涛,译.北京:中信出版社,2006.

6. 罗珉,李亮宇.互联网时代的商业模式创新:价值创造视角[J].中国工业经济,2015(1):95-107.

7. 田莉,尹全胜.互联网+的内涵及对我国经济社会的影响[J].现代商业,2016(27):74-75.

8. 王玖河,孙丹阳."互联网+"时代商业模式创新体系探析[J].企业管理,2017(5):112-114.

9. 王琴.基于价值网络重构的企业商业模式创新[J].中国工业经济,2011(1):79-88.

10. 王婷.互联网服务业的内涵和创新模式研究[J].科研管理,2012,33(7):24-32,105.

11. 吴晓波,姚明明,吴朝晖,吴东.基于价值网络视角的商业模式分类研究:以现代服务业为例[J].浙江大学学报(人文社会科学版),2014,44(2):64-77.

12. 邢纪红,王翔.传统制造企业"互联网+"商业模式创新的结构特征及其实现路径研究[J].世界经济与政治论坛,2017(2):70-90.

13. 郑志来.互联网金融对我国商业银行的影响路径——基于"互联网+"对零售业的影响视角[J].财经科学,2015(5):34-43.

课 后 阅 读

1. 郭鑫鑫,王海燕.大数据背景下基于数据众包的健康数据共享平台商业模式构建[J].管理评论,2019,31(7):56-64.

2. 王砚羽,苏欣,谢伟.商业模式采纳与融合:"人工智能+"赋能下的零售企业多案例研究[J].管理评论,2019,31(7):186-198.

3. 奥利弗·加斯曼,卡洛琳·弗兰肯伯格,米凯拉·奇克.商业模式创新设计大全:90%的成功企业都在用的55种商业模式[M].聂茸,贾红霞,译.北京:中国人民大学出版社,2017.

4. George G, Bock A J. The business model in practice and its implications for Entrepreneurship research[J]. Entrepreneurship Theory and Practice, 2011, 35(1): 83-111.

5. Osterwalder A, Pigneur Y. Business model generation: A handbook for visionaries, game changers, and challengers[M]. New Jersey: John Wiley & Sons, 2010.

6. Zott C, Amit R, Massa L. The business model: Recent developments and future research[J]. Journal of Management, 2011, 37(4): 1019-1042.

7. Dasilva C M, Trkman P. Business model: What it is and what it is not[J]. Long Range Planning, 2014, 47(6): 379-389.

第七章
共享经济的商业模式设计

学习目标

1. 理解共享经济的概念、本质与理念。
2. 理解共享经济给制造业、服务业以及新兴产业带来的商业机会。
3. 掌握共享经济背景下制造业、服务业以及新兴产业的商业模式设计。

开篇案例：

Airbnb：住房共享经济的商业模式

Airbnb 公司的全称为 Airbed And Breakfast，中文名为爱彼迎。它是成立于 2008 年的旅行房屋租赁网站，主要通过网络和手机应用来帮助旅客寻找合适的短租住房，同时也帮助有空余住房的业主将房屋出租，使业主的闲置资源有了变现渠道。从公司成立至今，Airbnb 的客户遍布全世界 160 多个国家和地区，覆盖了全球 9 000 多个城市，一度被业界称为"住房共享企业中的 Ebay"。

Airbnb 自成立伊始就不断受到外界的关注，2011 年 5 月 Airbnb 在 B 轮融资中募集了接近 1 亿美元，企业估值达到了 12 亿美元。2012 年伦敦奥运会前夕，Airbnb 收购了伦敦本地企业 Crashpadder，这一收购行为使 Airbnb 成为英国最大的本地住房共享企业。截至 2013 年年底，Airbnb 坐拥 1 000 万注册用户，并有近 30 万住房接入 Airbnb 的租赁社区中。2016 年 11 月，Airbnb 宣布成立"Airbnb 中国"，正式进入中国市场。

Airbnb 的出现，有效地解决了租客和业主之间的租赁交易问题，并在交易过程中创造了商业价值。从租客的角度来讲，最重要的是怎样租到便宜、便利的住房。一方面，借助 Airbnb 平台租赁到的房屋相对比较便宜。Airbnb 将业主的房屋租给租客，业主不同于酒店，不需要承担昂贵的酒店运营成本，因此房屋更加便宜。另一方面，Airbnb 平台上对接的业主分布更广泛。酒店、旅馆等多集中在人流量大的区域，而通过 Airbnb 平台的对接,可以实现房屋的全球覆盖,更加方便、快捷。从业主的角度来讲,通过 Airbnb 将手中闲置的房屋资源出租,其本身并没有承担很高的成本,反而可以通过出租的方式将闲置资源变现,获得相应的经济收益。

Airbnb 的盈利模式主要来源于手续费。在租客和业主进行交易时,Airbnb 会向业主收取 3% 的佣金,同时向租客收取 10% 左右的手续费。此外,Airbnb 也开始效仿谷歌等企业进行广告业务的拓展,通过向租客推荐房屋附近的餐馆和商店等收取相应广告费。

住房共享经济作为最先出现的新型共享经济模式,尤其是随着旅游休闲产业的繁荣发展,为住房共享经济模式带来了巨大商机。Airbnb 成熟的商业模式经验,拓展了商业模式创新理论的应用范围,为行业竞争愈发激烈的在线短租平台提供了商业模式上的参考。

案例来源:王晓雪. 共享经济背景下商业模式的变革与创新——基于三大典型案例的启示[J].商业经济研究,2018(03):30-32.

随着全球范围内产能过剩的加剧和人们消费观念的转变,以互联网等信息技术为基础的共享经济逐渐兴起,并在全球范围内迅速蔓延。我国现代化的快速发展,有效地推动了共享经济的发展,在共享经济运行模式下,企业之间实行资源共享互惠利用,并且在资源共享利用中有效地实现了共同的商业价值创建。因此本章对共享经济体系运行下的商业模式进行介绍,以便能及时把握适合共享经济商业模式发展的方向性转变。

第一节　共享经济的兴起与发展

一、共享经济的概念

1978 年,美国伊利诺伊大学社会学教授琼·斯潘思(Joe L. Spaeth)和得克萨斯州立大学社会学教授马科斯·费尔逊(Marcus Felson)在 "Community Structure and Collaborative Consumption: A Routine Activity Approach" 一文中首次提出合作消费的概念。他们提出的合作消费(collaborative consumption)的实质就是共享经济(sharing economy),又称分享经济,或合作经济(collaborative economy)。哈佛大学历史学和商务管理教授南希·科恩(Nancy F.Koehn)认为共享经济是个体之间进行的直接交换商品与服务的系统。[1] 这个交换系统理论上可以涵盖许多方面,包括闲置物品、闲置房间或闲置车位等物品或服务的共享。受益于互联网、移动互联网技术的迅猛发展,人与人之间实现了无时空限制的连接,从而保证了这种共享行为的便捷性与可行性。通过互联网技术,供给者与消费者能进行点对点的交换,实现更加便捷、实惠、舒适的商品与服务的消费。共享经济作为一种正在快速崛起的新型商业模式,先后出现了共享经济、合作消费、协作经济、临时工经济等内涵相似的

---

① Nancy F. Koehn. The story of American business: From the pages of the New York Times[M]. Boston: Harvard Business SchoolPress, 2009.

概念。虽然不同学者为了强调研究重点,或出于学术习惯而采用自己偏好的称谓,但从现有研究文献来看,学术界对共享经济内涵的界定、特征的认识有显著的趋同。[1]

首先,"使用而非拥有"是共享经济的基本特征,是共享模式的精要所在。博茨曼(Botsman R)和罗杰斯(Rogers R)将共享经济定义为基于如时间、空间和技能等物理或人类资产的使用而非拥有的一种经济行为。[2] 这个定义强调了在共享经济中"使用而非拥有"的重要性。而甘斯基(Gansky L)使该内涵得到了进一步的拓展,他认为共享经济的两个核心理念是"使用而非拥有"与"不使用即浪费"。[3] 从目前的研究文献来看,共享经济研究的基本起点已经成为"使用而非拥有",是被众多学者所接受的共享经济概念和理论的核心内涵。从法律角度来看,与"使用而非拥有"相对应的是"使用权而非所有权",从这点可以更直观地看出,在不转移所有权的情况下满足消费需求是共享经济的典型特征。因此,许多学者将共享经济的基本理念看成使用权而非所有权。此外,以使用或使用权为内核的生产或消费所构成的经济体系,最终的发展方向是我们所提倡的绿色经济。

其次,互联网技术驱动是共享经济模式创新与快速扩张的技术基础,是共享经济的重要特征之一。就共享现象自身而言,它与人类存在有着一样悠久的历史,但共享经济现象或协同消费产生于网络时代。[4] 这一观点已经被越来越多学者接受。例如莱斯曼(Leismann K)等认为,互联网的大范围使用和其提供的网络机会,在改变消费模式方面扮演着非常重要的角色[5],而协同消费(共享经济)的迅速发展正是得益于此。博茨曼和罗杰斯认为,共享是协同消费的核心,共享经济或协同消费是在互联网上发展的一种未曾出现过的商业模式。虽然他们只是将共享经济当做一种商业模式,但他们的研究突出了共享经济产生的时代背景与技术基础,即"互联网"的蓬勃发展。对此,塞奇(Sach A)更为直截了当地指出,共享经济是一种IT驱动的现象。[6]

最后,信任也被视为共享经济快速发展的必要基础,其实质是为互联网技术与商业模式创新提供的规则保障。在现有的文献中,大量学者把"信任"作为共享经济的基本内涵或重要特征之一,他们认为只有建立比传统经济更牢固的信任关系,陌生人之间才可以接受共享经济模式。唐·佩珀斯(Don Peppers)和罗杰斯提出比"可信度"层次更高的"必信力"(trustability)的概念,即"主动体现的可信度"。[7] 然而,基于共享经济模式创新来看,使用互联网技术可以创建科学的信任机制和评价机制,让陌生人之间通过互联网平台

① 杨帅.共享经济带来的变革与产业影响研究[J].当代经济管理,2016,38(6):69-74.

② Botsman R,Rogers R. What's mine is yours:The rise of collaborative consumption[J].New York:Horper Business,2010.

③ Gansky L. The mesh:Why the future of business is sharing[M].London:Penguin,2010.

④ Belk R. You are what you can access:Sharing and collaborative consumption online[J]. Journal of Business Research,2014,67:1595-1600.

⑤ Leismann K,Schmitt M,Rohn H,et al. Collaborative consumption:Towards a resource-saving consumption culture[J]. Resources,2013,2:184-203.

⑥ Sach A. IT-user-aligned business model innovation(ITUA)in the sharing economy:A dynamic capabilities perspective[C].ECIS 2015 Completed Research Papers,2015.

⑦ 唐·佩珀斯,玛莎·罗杰斯.共享经济:互联网时代如何实现股东、员工与顾客的共赢[M].钱峰,译.杭州:浙江大学出版社,2014.

的共享消费能够得到更加方便、安全,体验度更高的消费体验,同时这也正是共享经济模式能够存在并迅速发展的基础。因此,信任机制不但是共享经济的重要基础,更是共享平台必须提供的基本保障。

从以上共享经济的关键特征看,我们可以将共享经济简单定义为,以信任机制为基础,通过新兴技术平台分享闲置资源(包含利用不充分的资源)和能力,在满足社会需求的同时提高社会资源利用效率的一种绿色发展模式。

二、共享经济的本质

共享经济是指借助互联网技术发展形成的分享平台,将闲置的各种资源充分利用,形成"我中有你、你中有我"的互联互通关系,以此来满足不同的服务、技能、信息等需求,从而使整个社会的资源利用效率和资源再生产力得到提高。与传统资源投入—产出模式相比,通过提高社会闲置资源的利用率来实现价值的再创造是共享经济最本质的特征。这是一场不可估量的突破性社会变革,具体体现在以下方面。

(一)活跃个体之间的共享行为是共享经济发展的源泉

在共享经济中,商品或服务的供给者是拥有闲置资源的个体,而不是传统企业。个体是闲置商品或资源的供给者,但是他们可以并不完全以此为生,提供闲置资源的个体主要收入来源并不是共享经济的报酬所得。例如,每个合格的私家车主都可以注册为叫车司机,但叫车的收入并不是他的全部收入来源,而只是其部分额外的收入来源。每个人都参加共享活动,活跃的共享行为是共享经济发展的源泉。

不过,并不是所有以"参与者是活跃的个体"为特征的经济活动都可以归在共享经济模式的范畴中。例如,淘宝虽然采用 C2C 的模式,个体也是市场中的主要供给商与参与者,但是淘宝店主是专职的网络商家,他的网店收入是其主要收入,他所开的淘宝店与实体店没有实质性区别,仅仅是交易模式有所差异而已。目前最流行的共享单车在实质上也不属于共享经济范畴,它只是智能化升级了专业公司投资的传统租赁模式。

(二)完善的网络共享平台是共享经济发展的基础

在共享经济中,交易行为必须借助于第三方的网络共享平台来实现。第三方平台可以是商业机构、政府等主体构建的,他们主要提供的是统计供求信息、实现供求相匹配、提供资金结算方式等中介服务。共享经济得以运行的基本条件是数量巨大的潜在供需双方。共享经济商业模式的能量只有在潜在的巨大市场量达到一个临界值时才能得到充分发挥。基于平台的共享经济商业活动,依靠互联网技术,可以进行跨越时间、空间的供需对接。而共享汽车、共享空间、共享产品等的出现,是因为需求者和物品是分散存在于社会中,随机性太大。这些资源或知识由于一些相互间的联系而连接起来,从而不受物理地域的限制,可以广泛地分散在社会中。

因此,共享经济商业活动的第一大创新点是用户利用自身的平台对看起来毫无关系的物资和人员进行整合,进而将其展示在开放平台中。而拥有特定的资源又愿意共享出来的用户,也可以通过发布信息来加入其中。经由这种方式,使得平台上的资源越来越多,用户的自发性越来越强。

（三）闲置物品或资源的使用权分享是共享经济的核心

广义上，共享经济可以分享所有的闲置资源，无论是汽车、房屋、生产设备等固定资产还是金钱等金融资产，甚至包括时间、知识等无形资产。

闲置产能是在共享经济消费行为中最明显的特征。闲置产能往往是未得到充分使用的时间、空间、物品等，它们具有潜在的社会和经济价值。对于市场而言，如果共享经济市场中的参与者拥有的闲置资产能够吸引其他参与者，那就能以比较低的边际成本将闲置资源的使用权转让出去，并且获得比较可观的边际收益。但是很多商品的使用次数是有限的，或者不会被经常使用，对于这些个体用户来说，这些商品可能在别的时间对其他用户来说是有用的。

因此，共享经济能够帮助闲置的空间、时间、技能和物品等在合适的时间找到合适的需求用户，不仅降低了用户的使用成本，还极大地延长了物品的使用时间，使得物品的使用率得到了提高。这就是区别共享经济和智能租赁经济这两种不同商业模式的重要特征。

（四）信任机制是共享经济发展的纽带

现代社会交易行为大量地发生在陌生人与陌生人之间，共享经济活动也是建立在陌生人交易的基础上的。与熟人社会之间的交易不同的是，陌生人之间的交易必须解决信任问题。因此，共享经济商业活动的发展必须有一个完善可信的信任体系作为其得以维持的重要机制。

在一种新商业模式产生时，需要利用商业信誉去吸引用户使用，才能创造价值。例如，在网约车服务中，怎样保证用户对司机的信任是交易能否达成的主要约束条件。由于网约车司机的认证相对容易，所以信任机制问题必须由平台解决。提供公司信用，以此来消除乘客对自身安全的担忧。平台公司可以通过应用大数据、用户与平台之间的互动以及用户之间的相互评价来建立自己的信用评价体系。

（五）创造性破坏是共享经济发展的活力保证

创造性破坏是共享经济模式不断推陈出新的源动力。具有企业家创新精神的个体可以总结从偶然的共享行为中发现的商业机会，把这些个别的、偶然的交易行为模式化，创造出可以应用在陌生人之间的能够大规模推广的共享经济模式。

比如，顺风车最早出现在熟人之间的社交群体或者是社区网络平台，但存在商业嗅觉敏锐、拥有企业家特质的人升级了这种交易模式，开发出了专门约车的平台，打造了一个人人共享的网络平台，实现了陌生人之间轻松共享。顺风车的模式进一步发展成了网约车平台，成为风靡一时的共享经济模式。这不仅创造了一个崭新的商业模式，还给传统的出租车服务带来了巨大挑战。

虽然近来出现的一些安全事故引发了各界对顺风车的质疑，但也不能因此否定这种商业模式的积极意义，如促进出租车行业竞争、增加就业机会、缓解交通出行压力等。

（六）开放系统是共享经济的组织载体

共享经济模式需要将更多的个体纳入共享体系中，而体系本身就是一个人人为我、我为人人的共同分享系统。

开放系统的重要特点之一就是降低进入门槛，而不是限制人员进入，或人为地设置各种障碍。否则,阻碍系统对多数个体开放会导致资源枯竭,从而使系统失去活力。开放系统要求对共享经济要有制度的灵活性,以低成本扩张,实现闲置或冗余资源的有效共享。

三、共享经济的理念

共享经济之所以在短短数年间成为我国经济运行的有机组成部分,成为提升资源配置效率的一种新范式,是因为其具有独特的运行理念。共享经济的运行理念涉及共享产品与服务的所有权与使用权分离、需求池与供给池匹配、去中介(再中介)与连接机制构建、信息脱域与信用约束缓释以及规模经济与边际成本递减等核心环节,是一个复杂的资源配置系统。①

(一)所有权与使用权分离

共享经济的基础是暂时分离所有权和使用权,强调激活存量和更有效地利用闲置资源。其本质是以信息技术为支撑,以信息终端为载体,使社会资源被公平、高效地共享,使供需双方共同支付相对较低的成本,共同享受红利;同时也是闲置资源所有权和使用权的分离和闲置资源的所有权的暂时转移。此外,闲置资源的利用一般具有重复性强、频率高、效率高等特点。从宏观角度来看,共享经济可以有效地减少个人对资源要素的规模和时间要求,减少资源和能源在经济社会发展中的压力。通过共享使用权作为交易对象,共享经济形成了个人所有权和社会化使用权的有效结合。

互联网技术大大扩展了商品的使用时间和使用区域。货物所有权和使用权可能发生暂时分离,所有权和使用权界限变得模糊。第一,互联网技术使得信息的使用成本非常低,使用权在一定程度上比所有权更有价值;第二,大量闲置资源集群的存在,使所有权的独占性呈现出"竞争状态",所有权的价值逐步降低;第三,如果闲置资源没有得到有效使用,其所有权价值几乎接近于零;第四,独占所有权演变为共享所有权。排他性所有权解决了激励问题,但也不可避免地存在资源闲置和资源效率低下的问题,在保障所有权法律地位下的同时,通过临时转让使用权来实现所有权的"共享"。

在共享经济的发展中,不再需要所有权的定义,因为非有形资源的使用已成为一种日益流行的共享经济模式。此时,共享经济变成一种非有形资源或服务的供需匹配模式。

共享经济可分为利益分享经济和非营利共享经济。非营利共享经济的突出表现是闲置资源的个性化再使用或再分配,强调的是供给方与需求方之间的供需匹配经验,而不是价格因素。如滴滴快车具有拼车功能,但参与者不一定注重服务的价格、服务的所有权,而是关心与需求者的通信体验。这种变化与消费者对所有权和使用权的认知密切相关。换句话说,消费者更关注产品和服务的使用,而不是产品的价格和所有权。

(二)需求池与供给池匹配

协同消费(collaborative consumption)对需求池形成支撑,而其概念能帮助我们理解需求池与供给池的关系。在共享经济中,协同消费被认为是共享经济发展的需求基础。共同消费超越所有权,以部分使用权为支撑,以特定平台为中介,消费产品和服务不需要永久持有其所有权,只须承担相关义务。协同消费中的消费者被称为消费变革者

---

① 郑联盛.共享经济:本质、机制、模式与风险[J].国际经济评论,2017(6):45-69,5.

（transumers）。更重要的是，协同消费通过相应的平台，使分散的个性需求形成集聚效应，从而对没有所有权的产品和服务形成规模效应，强调使用权，避免资源闲置或专给专用。分数产品和服务（如租赁）是具有成本效益的可持续商业模式。在产品和服务的使用效率中，协同消费比买断消费有更多的优势。协同消费是共享经济中共享产品和服务需求池的基础。

协同消费的迅速发展得益于其本身具有的三大特征。一是消费便利性。由于消费者行为便利性大大提升，共享经济也被一些人认为是"懒人经济"。诚然，协同消费对人类社会发展本身的影响有待进一步观察，但不可否认的是：技术创新使服务供给高效、低廉、便捷，符合消费者行为导向。二是消费主动性。在传统的消费模式中，消费行为往往是被动的，营销、打折、获取顾客等成为推动传统消费模式的重要手段。但是，在协同消费模式中，消费者依靠互联网信息技术有效地解决了服务信息不对称的问题，消费者更加注重主动性，更加注重消费"主权"和消费"控制"。三是消费者剩余。对消费者而言，消费协同的一个潜在驱动力就是消费者剩余。在共享经济中，消费者愿意为一定数量的商品或服务支付的最高价格与这些商品的实际市场价格之间的差异，已成为推动消费者参加的基本动力。这种以价格差异衡量的消费者剩余在内涵上可能更加丰富，例如消费体验更难定价，消费者有时甚至愿意花费超过产品和服务市场价格的数倍获得体验。

与需求池相对应的是供给池，其基础是平台的集聚功能。在成本方面，共享经济通过技术创新、过程创新、机制创新和组织创新，逐步降低交易成本，直至生产成本低于目标，使交易成为一种创收方式。因此，共享经济的本质是交易成本的最小化。在极端情况下，共享经济可以通过技术优势使边际成本接近于零，从而可以共享产品和服务。同时，互联网技术大大降低了服务获取信息的成本。信息支撑下的社会网络集聚效应使服务提供者更容易获得规模效应和专业细分，由此供应商可以发挥其专业化优势，突破边际成本和边际效益的瓶颈。

（三）去中介（再中介）与连接机制构建

互联网出现前，由于信息不对称等原因，资源需求者难以获得闲置资源的有效信息并加以利用。在互联网时代，特别是在专业的平台集聚功能的发挥中，通过信息交互、平台分类、多人参与、自动匹配、重复交易，闲置资源可以转化成为有效的社会资源，可以不排他地被使用而呈现一定程度的公共性。网络平台是共享经济的核心支撑。基于网络技术的优势，共享经济中的闲置资源在供给双方都得到有效配置，实现"利用最佳"和"按需分配"的价值目标。

平台的功能是将"分散的需求"和"分散的供给"集中并且连接起来。分散需求的集中过程相当于需求池的构建，分散供给的集中过程等同于供给池的构建，平台功能是建立两个池子的互联机制，从而促使不需要转让所有权的供应商和供应商之间建立共享机制，这是传统中介机构的去中介过程。该平台是共享经济的核心载体。它是连接供求双方的核心节点，是具有特定网络外部性和多宿主的真实或虚拟组织。正向外部性使得平台具有规模效应的正反馈机制，多归属则使服务需求方具有多重选择的机会，摆脱传统中介机构点对点的链条模式。平台的正反馈机制与平台的供求双方数量紧密相关，当供应商数量达到一定水平后，信息收集、分类和互动将更加有效，供需匹配将更加顺畅，并使成本收益变得可持续。从本质上看,在技术、反馈机制以及匹配交互的支撑下,平台又成为一个具有新中介功能的主体,即再中介化过程。

实质上,共享平台是去中介化和(或)再中介化的第三方实体或虚拟组织。这类组织的建立有四个要素:雄厚的技术基础、庞大的人数和相关需求、成本效益模型、有效的信息披露和征信机制。在共享经济中,共享平台削弱了传统服务中介的功能。例如,在互联网金融中,新兴平台削弱了传统支付清算组织和银行等信贷服务中介的作用,具有去中介功能;然而,共享平台实际上还是一个"中介",只是削弱了传统机构的功能。若加强中介功能,便形成了共享服务需求和供给的新平台。

(四)信息脱域与信用约束缓释

产品、服务的使用权和所有权分离后,多边平台的集聚和连通性促进了需求与供给的匹配互动机制。然而,共享经济是陌生社会成员之间基于技术和信任发展起来的商业模式。共享经济平稳运行的一个潜在先决条件是建立信任或信用机制。新兴技术的使用和信息的非地域化导致新的信任机制的建立,使共享经济中的信任和信用问题得到了极大的缓解。

在共享经济标的特别是非有形资源的供给与服务过程中,信任和信用是供需匹配的关键,这主要取决于四个方面:一是共享平台的信息收集、审核和开放的有效性;二是共享标的使用者的评价体系;三是共享目标供应商的信用水平;四是违约的有效选择和惩罚机制。

信托机制的建设和完善是共享经济可持续发展的核心基础。用户评价机制、信用信息采集、平台信用功能和外部信用导入是共享平台健全信任机制的基本配置。为了解决信任机制问题,美国一些平台设置了四个重要的信任功能模块:第一层是基础层,主要是用户名和地址的认证;第二层是账户信息,主要是基于开放式的问题调查机制;第三层是拓展层,主要鼓励用户完善自身信息;第四层是保障层,主要引入保障机制,让第三方为用户提供保障,形成最高层次信任机制。

从美国的经验来看,这种信用约束机制还没有摆脱传统的信用征集和信用担保制度。然而,新兴的共享经济商业模式基本上是基于互联网技术的发展的。互联网技术的核心优势是解决信息不对称问题的可能性。例如,在没有直达快车之前,一些城市的"黑车"较多,许多乘客的人身和财产受到侵害。然而,滴滴快车在登记个人身份信息和汽车身份信息的基础上,将司机的相关信息在服务过程中向用户公开,从而大大减少了司机违法行为的发生。在信息时代,大数据支持的信息披露机制可以增强共享经济中市场参与者的信用透明度。

在技术上,共享经济中的信息透明过程是一个"分离"或"脱嵌"(disembeding)技术,它将陌生人群之间的信任问题转化为个体之间的信任或信用问题,并将其转化为抽象系统。在共享经济平台的信息集成和离域技术的支持下,原有的个人或组织特征可以转化为标准化模块,并可以快速复制,即将随机的面对面机制转化为标准的自动匹配机制。

(五)规模经济与边际成本递减

如前所述,共享经济可分为营利性、非营利性两类。非营利性共享经济强调闲置资源的个性化重用或再分配,侧重于与需求者的供需匹配经验,而不仅仅是价格因素。因此,其对供求双方的规模以及连接机制的效率要求并不高。与之形成鲜明对照的是,营利性共享机制虽然也强调服务的个性化和多样化,但更加注重规模经济、标准化服务和高频快速匹配,对于规模效应要求更高。

共享经济通过技术创新、过程创新、机制创新和组织创新,逐步降低交易成本,使交易成为一种创造利润的途径。在所有权的交易过程中,交易一旦完成,交易成本就成为沉淀成本。信息搜索、协商、合同、性能监控和违约处置等都构成了交易成本,在一些交易中,甚至由于交易成本过高而无法进行。信息不对称被认为是交易成本上升的核心来源,使得供需双方的利益失衡,最后导致交易成本居高不下、交易不公平和资源配置效率低下等问题。在以信息技术为支撑的网络社区中,资源使用、分配和管理的成本可能低于实际市场或管理系统中的交易成本。

共享经济利用互联网技术构建服务平台,形成共享目标集群,规模效应突出,并使经济服务共享的边际成本不断降低。由于市场组织模式的不同,共享经济在交易成本上具有系统优势,主要体现在信息成本和执行成本上。在信息成本方面,由于其开放性,信息管理、资源配置、报告制度等都是集约化和差异化的,例如,管理水平只是信息管理的一个环节,而不是明确要求具体参与者采取具体行动。在实施成本方面,共享经济依赖于非正式社会关系和平等互惠机制来取代执法方法,以降低实施成本。互联网从技术角度实现了使用权共享的"超高效市场"。

第二节　共享经济带来的商业机会

社会资源的优化配置与高效利用是经济学研究的核心问题,而共享经济正是互联网时代社会资源高效配置与利用的一种新兴模式。[①] 然而,从产业发展角度看,共享经济却是一把双刃剑,在短期内无疑会对传统产业带来显著冲击,传统产业会因共享经济的快速发展而迎来一段转型阵痛期。但是,在中长期内,共享经济将会加速推动产业的绿色发展,乃至整个经济社会的绿色转型与可持续发展。本节从制造业、服务业以及新兴产业三个方面分析共享经济带来的商业机会。

一、共享经济下制造业的商业机会

制造业作为国民经济的支柱,是科技创新的主战场。随着新一代信息技术和计算机技术的普及与突破式发展,全球制造业正处于重塑发展理念、调整失衡结构、重构竞争优势的重要节点。互联网与制造业的深度融合成为生产方式变革的重要方向,数字化制造开始向智能化制造跨越,为制造业转型发展注入了强大动力。面对新一轮制造业革新,作为全球制造业大国的中国既面临巨大发展机遇,也面临严峻挑战,正处于转型升级的重要阶段。中国目前是制造业产值第一的大国,虽然有规模大、体系完整的优势,但互联网与制造业的融合仍处于起步阶段,互联网在制造业各环节的应用尚不够深入。共享经济模

---

① 雷切尔·博茨曼,路·罗杰斯.共享经济时代:互联网思维下的协同消费商业模式[M].唐朝文,译.上海:上海交通大学出版社,2015.

式向制造业领域的深入渗透、全面融合以及再次创新,是重构中国供给侧生产结构的重要途径,是壮大中国经济内生动力的重要渠道,也是激发中国经济未来潜力的重要因素之一。而且,共享经济作为一种新业态、新模式,为制造业提供了转型方向,同时共享经济未来的稳定发展也为制造业带来了一定的商业机会,具体表现在以下四个方面。

（一）提升生产设备利用效率,催生经济增长新动能

目前,共享经济的实践与研究主要集中在消费领域,社会各界已经逐渐意识到共享模式在消费领域带来的变革性影响。同样,生产领域利用不够充分的设备与生产能力也广泛存在,共享模式在生产领域的应用推广无疑也能大幅提升各类生产资源的利用水平。[1]因此,可以预见,闲置生产设备与能力的共享将成为未来制造业企业一种重要的生产和制造模式,并将成为许多产业实现绿色转型发展的重要途径。事实上,根据共享经济共享"使用权"的主要特点,在当前的研发、生产与制造领域流行的云制造、众包（创）等新模式也可以被视为生产领域的共享模式。例如,第二航天研究所开发推广的云制造模式就是一种典型的生产共享模式。通过云制造平台的建设,实现集团公司600多个单位生产能力和资源的内部共享,优化不同生产单元的生产能力,提高了集团公司的生产效率。海尔集团搭建了众包平台——HOPE（海尔开放创新生态系统）,连接了全球各领域的100多万名专家和数以千计的世界级研发（R&D）资源,通过有效利用全球优质R&D资源,显著提升了企业研发效率。与消费共享产生的"正负"双向影响一样,生产共享不仅可以实现社会闲置的生产资源与能力的挖掘潜力,而且能在一定程度上降低装备制造产业的市场需求。绿色生产无疑是经济社会发展不可逆的主流趋势,只有主动转型才能使制造企业保持持久的市场竞争力。

共享经济与制造业的一体化发展将进一步提升劳动力、资本、技术、管理等要素的配置效率,提高产业供给的能力和水平,继续为经济增长注入新动力,并扩大新的产业发展空间;工业云、物联网、人工智能等支撑制造业发展的关键设施将成为产业投资的热点,并将进一步推动制造业信息化基础设施建设及智能化工厂改造;制造体系中研发、设计、制造、运输、服务等各个环节都将汇聚在共享平台当中,从而大大地降低交易成本,提高产能利用效率。

（二）构建制造业供需结构,缓解淡旺季产能失衡

共享经济开放性、个性化、灵活性、合作性等特征,能够推动制造业体系向完整、高价值、高效率的制造业体系转型,扩大有效的中高端供给,推动产业结构升级。共享经济改变了制造业的运作模式,消费者已经成为生产制造过程的深度参与者,并且可以准确定位个性化的消费者需求,增强供给结构对需求变化的适应性和灵活性。

淡季订单短缺,劳动力、设备等闲置率高,而旺季生产压力大,劳动力供应紧张,生产成本提高,是当前制造业企业面临的重要问题。共享经济能够在更大范围内调度未充分利用的制造资源,更好地匹配供需双方,在旺季降低生产成本,帮助企业更好地应对淡旺季需求波动。

① Matzner M, Chasin F, Todenhöfer L. To share or not to share: Towards understanding the antecedents of participation in IT-enabled sharing services[C]. Twenty-Third European Conference on Information Systems, 2015.

（三）重塑人力资源管理职能，激发创新活力

移动互联网时代，消费者与生产者的角色逐渐融合。企业员工获取信息更便捷，更容易掌握企业的核心技术和商业信息，进行自主创新；也更容易聚合一批消费者，快速地发现市场的需求变化趋势。企业组织结构的中心消失，每一个员工和消费者都可能成为信息的节点，从而大大削弱了领导的职能。一方面共享经济的发展增加了就业渠道与岗位，提供了很多全职和兼职就业机会，培育了许多自由职业者，促进了就业。共享经济使从业者的就业方式更加灵活，从业者可以自由地进入或退出社会生产过程，同时也改变了传统的企业劳资关系对雇佣工人的约束力。员工与企业之间不再需要稳定的隶属关系，使企业的人力资源管理面临新的挑战。另一方面，共享经济模式提高了企业经营决策调整的灵活性，弱化了企业承担的劳资义务，如奖金、保险、退休金等。传统的人力资源管理的职能如人员培训、选拔、留人等将会被逐渐削弱。

与此同时，共享经济正在推动制造业创新主体、流程和模式的深刻变革，重构制造业体系中的分工、合作和协同关系，降低创新门槛，不断激发全社会的创新活力，成为制造业转型升级的新动力。创新组织也将变得更小、更分散化和更创客化。

（四）促进制造业企业的绿色发展，推动其智能转型

充分利用资源和减少环境污染，一直是制造业科学发展必须面对的核心问题。如何抓住新工业革命的机遇，推动中国制造业升级改造和产业结构优化，加快制造业节能减排工作，实现制造业的绿色发展，是关系到我国经济能否持续健康发展的重大战略问题，也是促进供给侧结构性改革的重要举措。共享经济是闲置资源的充分利用，将闲置资源提供给有需求的人，创造新的价值。互联网共享平台让用户的需求变得更加透明化，让市场上的信息变得对称起来，在更大范围内进行供需匹配，提升资源的配置和利用效率，降低交易成本，同时也有利于化解产能过剩。重复交易和高效利用闲置资源可以减少人类占用更多资源，从而减少对环境的破坏。共享经济旨在有效和可持续地利用资源，将已是沉没成本的闲置资源进行再利用，能解决产能过剩问题，有效提高资源利用效率，契合资源节约、环境保护的绿色发展理念，为经济的可持续发展提供一种新的商业模式。共享经济的核心思想是最大化利用现有资源，符合"创新、协调、绿色、开放、共享"的发展理念，有助于促进制造业企业的绿色发展，对我国目前解决产能过剩问题，推进供给侧结构性改革，激发社会创业、创新活力，实现经济的可持续发展具有重大战略意义。

利用移动互联网的思维和技术，融合制造业与互联网，通过互联网实现生产要素的有机整合，改造现有的商业模式，实现整个价值链的上下游协同，提升产品的附加值。智能化生产、网络协同制造、大规模个性化定制已成为制造业转型的必然趋势。制造业企业的智能化转型能有效整合制造业价值链中的研发设计、生产控制、市场营销、供应链管理等各个环节，形成产业链横向集成、跨产业链交汇融合的开放式的柔性组织形态。[①]制造业企业必须转变传统的经营思维，通过跨界来开辟新的领域。智能化通过互联网突破了地理空间的限制，模糊了研发与制造、消费和服务之间的边界，有助于促进生产制造模式的转变。通过分享经济理念，按需配置制造企业各价值链环节的富余资源，促进制造业研

---

① 刘明达,顾强.从供给侧改革看先进制造业的创新发展[J].经济社会体制比较,2016(1):19-29.

发、生产、销售、管理、服务等价值链环节的创新,推动制造业企业从以产品为中心向以用户为中心转变。在物流、消费、服务和回收等领域应用共享经济,丰富优化消费手段和服务种类,使物流配送和回收体系更加便捷、合理,也能够提高制造业企业的运转效率。

二、共享经济下服务业的商业机会

2016年政府工作报告显示,我国经济结构调整取得了突破性进展,服务业占据经济总量的比例达到50.5%,超过制造业成为第一大产业,也是国民经济中就业的主要来源。在经济增长高位下行条件下,我国就业形势总体稳定,城镇新增就业1 312万人。这与服务业高速发展有密切的关系,未来服务业将与先进制造、战略性新兴产业一起,成为我国经济发展的主要动力。服务业的快速发展离不开我国当前流行的共享经济模式,共享经济模式给服务业带来了新的机遇和进一步发展的可能。以下以旅游业作为服务业的代表来分析共享经济给服务业带来的商业机会,以更好地理解和认识共享经济对一个行业的改变,因为旅游业在整个服务业的经济发展中占有重要地位。值得一提的是,最早结合共享经济的两家世界知名企业,即提供预订租赁用车服务的Uber、提供家庭旅店服务的Airbnb都与旅游相关。

（一）增加旅游服务供给方式

随着信息基础设施的日益完善和网络通信技术的不断进步,互联网将更好地集成旅游目的地居民拥有的零散闲置资源,并与旅游者建立起需求的桥梁。在旅游共享经济场景中,旅游地居民通过网络平台将个人闲置的空间、时间、资产、技能等化为接待能力,以满足游客多样化的消费需求。例如,一些游客想寻找当地人生活背后的真实故事,就不再满足于星级酒店、快捷酒店、古镇客栈等同一的房间、设备和服务,而共享经济住宿短租平台正好可以帮助游客入住旅游目的地居民的家中,为他们提供当地文化的深度体验。此外,共享经济还将产生很多以前不存在的交易和服务,促进旅游业的创新。旅游共享经济是"旅游+""互联网+"的体现,是实施"旅游+互联网"行动计划的载体。除了在线房屋租赁、在线旅游租车平台和其他共享平台,特殊私人厨房(家庭餐厅)、家庭接入点和旅游制造商基地等新模式正陆续出现。

（二）促进旅游发展方式转型和产品升级

首先,改变单一的"景点旅游"发展模式,克服景区依赖型旅游经济的"孤岛效应",促进旅游产业从景区向广大的旅游目的地社区延伸,实现"景区""社区"与"生活"的融合,使旅游从景点旅游向全域旅游转变,从单一景点景区的建设和管理向综合目的地全面发展转变。其次,旅游市场主体的多元化和旅游服务供给由单一的"产业增量"转变为"产业增量"和"活动存量"两条腿走路,不但可以提高社会资源的利用率,对于初期的旅游目的地来说,还可以降低大型接待设施建设所造成的市场风险和旅游季节性波动造成的接待设施闲置问题。最后,调动旅游目的地居民的积极性、主动性和创造性,有利于增加收入、增加知识、丰富经验、开拓视野,有利于建立旅游发展共享机制,实现旅游企业、个人与社会的共享。

此外,共享经济将旅游目的地社区纳入旅游业经营资源的范畴,将闲置资源的居民转变成为旅游服务的"生产者",有利于社区文化体验、乡村度假、城市休闲旅游产品的开发和利用,实现旅游产品从观光主导向观光与休闲度假并重转变。值得指出的是,共享平台将成为兴趣爱好相同的游客的交流纽带,许多平台还建立了在线社区供用户互动。这些以兴趣为核心的社区组织会在共同的喜好驱使下进行从线上到线下的互动。这不仅有利于促进长尾市场需求优势的发挥,而且有利于开发专门的利基旅游产品。

（三）增加了旅游就业创业形式

共享经济不仅改变了旅游服务的生产方式,还将影响人们的工作方式。它允许人们根据自己的日程安排工作,而不是让工作来安排自己的日程。传统的旅游企业雇佣具有专业知识、技能和经验的员工。员工签订劳动合同后被配置到特定岗位上,并在规定的时间、地点按照行业标准和企业规章制度进行工作并领取报酬。在旅游共享经济模式下,"员工"不属于旅游企业,没有固定的工作场所,没有约定工作内容的合同,工作时间灵活多变,属于非常规就业人员。新一代工作者注重平衡工作和生活,强调工作的乐趣、挑战感和富于变化,而这种就业形式具有的独特优势。

（四）提高旅游主客体之间的亲密度

社区是旅游目的地资源的基本来源和地方文化的重要载体,社区居民是目的地相关利益群体的重要组成部分,社区参与、和谐共赢历来被视为目的地发展的基本战略。传统的社区参与渠道主要包括参与旅游环境保护和清洁卫生、参与旅游接待服务、参与企业经营管理,而旅游共享经济场景中,目的地居民以自己的闲置资源作为资本,通过共享平台来参与接待服务,具有更强的自主性、选择性和创造性,尤其是依托家庭住宅、汽车、技能进行的参与。他们不仅仅为了赚外快、寻找其他的收入来源,还寻求结识朋友、寻找归属感、追求梦想等高层次需求的满足。这种参与方式的出现,丰富了目的地社区参与的渠道和方式,提高了社区参与的收益,还有利于兼职从业人员更加妥善地处理本职工作和社区参与之间的关系,提升目的地居民的获得感和幸福感。

同时,共享经济为游客与目的地居民全面接触、深入交流创造了条件,打破了原有的服务人员与服务对象之间的简单关系,有利于新时期陌生人之间的信任关系的构建,培育新的客源关系,增强旅游业发展的社会资本。

三、共享经济下新兴产业的商业机会

目前,共享经济的理念已广泛渗透到生产、生活的各个方面,也在某种程度上推进了产业创新与转型升级,同时为共享经济发展模式的创新与应用提供更多可能。当前战略性新兴产业发展的主流是集聚发展、协同发展、创新发展,而在共享经济的背景下战略性新兴产业如何进行多主体协同创新发展,将具有更重要的研究价值。战略性新兴产业的发展离不开政治、经济、社会、技术等环境的影响,在当今共享经济风靡全球的背景下,战略性新兴产业协同创新也有了新的发展机遇。

（一）共享经济为新兴产业发展提供新动力,有效促进产业转型升级

新一代信息技术领域,出现了 WiFi 万能钥匙及多种共享资源的 App;高端装备制造领域"i5 智能化数控系统"实现了 i5 云制造平台的机床闲置时间共享;生物医药产业领域,涌现出了天山新医药产业技术创新战略联盟、广州市生物医药科技创新平台等。共享经济利用网络技术将分散的资源进行优化配置,并改变人们的生产生活方式。与传统模

式相比,在共享经济模式下,企业可以更容易地利用其在线平台和大数据系统获取和积累闲置资源信息和需求信息,实现供需最优匹配,集成离线资源。整合资源是多种多样的,从最初的交通、旅游、住宿到现在的餐饮、美容、娱乐等方面日常生活。

（二）共享经济本身的快速发展能够较好地完善产业结构

结合目前战略性新兴产业的发展状况,共享经济的发展前景广阔,在依靠互联网技术和信息技术平台的基础上,能够降低生产、运营成本,同时也能在更大的范围内实现生产、销售的有效对接。和传统模式相比,共享经济的中端是一个共享平台,共享平台与供求双方没有任何依附和约束关系。网络企业以技术为基础,没有过多的人力和物力成本,小而精的中间方使得供求双方可以使用最小的成本来匹配,降低了成本。第三方平台利用不断改进的技术加快了匹配速度,又进一步降低了双方的时间成本。对于供应方而言,固定企业不但可以减少管理费用,还可以有效地利用其闲置资源,并通过将闲置资源投入市场,增加市场供应并降低均衡价格。对需求方来说,供给的增加导致市场价格的下降,直接降低了产品或服务的使用成本。这些在一定程度上能够有效地挖掘经济供给的潜力。

（三）共享经济能够有效促进新兴产业的协同创新

对于战略性新兴产业协同创新而言,从研发、设计、生产到产品的推广、技术标准的建立,以及新技术的开发,都离不开社会文化的影响,特别是社会受教育程度和文化水平的影响,因为高素质人才对于发展共享经济和战略性新兴产业的协同创新发展至关重要。另外,战略性新兴产业协同创新的核心是先进的技术和前沿的理论。在关键领域的共性技术、专有技术、专业知识的创新有利于战略性新兴产业共享平台的发展和抢占制高点,还有利于带动传统产业转型升级。因此,在共享经济发展背景下,战略性新兴产业协同创新在政治、经济、社会和技术等方面都具有可行性。

第三节　共享经济背景下的商业模式设计

一、共享经济背景下制造业商业模式设计

有效的商业模式是企业发展的关键,在制造业领域,基于产能共享视角设计共享经济背景下制造业未来的行业模式将是本书主要的侧重点。制造业产能共享是指以使用权共享为特征,围绕制造过程各个环节,整合和配置分散的制造资源和制造能力,最大化提升制造业生产效率的新型经济形态。从共享的范围来看,制造业产能共享贯穿于设计、研发、生产、管理、服务等制造活动全链条;从共享的对象来看,制造业产能共享涵盖设备工具、物料、仓储、知识、技术、人力等制造资源,以及设计、试验、生产、管理、维护等制造能力;从共享的效果来看,有利于打造产业链纵向集成、跨产业横向交融的制造业生态圈。

通过对制造业领域典型共享平台的调研与案例研究,根据平台在产能共享过程中发挥的主要作用,综合考虑平台主体特征、业务模式、共享内容等因素,可以发现当前我国制造业在共享经济背景下的主要发展模式。

（一）中介型共享平台

中介型共享平台是指为制造的供需双方提供对接服务的第三方平台。该平台本身没有设备、厂房等制造资源，而是通过充分整合多方资源，促进供需双方对接。需求方可以找到多个生产商来实现众包生产，生产者也可以根据自己的生产能力同时接受多个订单。目前，典型的中介型平台包括阿里巴巴旗下的淘工厂、硬蛋科技等。

中介型共享平台有以下特点：首先，"多对多"。需求商可以选择多个生产供应方，供应商也可以同时接受多个订单。其次，轻资产。通常由互联网企业建立，平台通常没有制造资源。最后，平台承担交易撮合、安全、纠纷解决及相关服务。例如，阿里巴巴平台上的"淘工厂"，主要为淘宝卖家提供产品生产服务，实现生产供需对接，整合工厂闲置资源，实现协同生产，更好地满足需求方的需求。该平台通过金融信贷和担保交易的方式，解决了交易中资金不足和资金安全的问题。同时，通过多维度的数据分析，将工厂进行分类，以促进供需信息的快速准确对接。

中介型共享平台灵活、参与门槛低。但由于缺乏与制造业相关的经验，互联网企业在研发、技术服务、行业理解等方面存在明显不足。

（二）众创型共享平台

众创型共享平台通常是大型制造企业建立的开放平台，通过整合研发、制造、物流、分销等平台上的能力，以及人力、金融等服务，为企业和社会创造一个创新和创业生态系统。大型制造企业构建众创共享平台，一方面，汇聚了行业的优势资源，激发了企业内部的创新活力，促进了企业运营和组织向平台化的转变，满足了企业转型发展的内在需求；另一方面，向社会开放有利的资源，搭建起"人人创客"的企业生态系统，帮助中小企业创新和创业，降低社会创新创业成本。目前典型的平台有海尔海创汇、航天云网等。众创型共享平台有以下特点：一是主要由大型制造企业建立，依托自身的优势资源，为创业者提供全过程解决方案。二是线上平台和孵化器的结合，将企业家、项目合伙伙伴、企业家导师以及供应链、渠道和政府等资源汇集在一起，为创业者提供线上和线下的孵化服务和资源支持。例如，海尔集团的海创汇依靠海尔生态产业资源和开放的社会资源，全面开放海尔的研发、供应链、销售网络、物流、服务和资源，并提供9个创客孵化服务，实现创新与创业、线上与线下、孵化与投资的系统集成，为创客提供一站式孵化服务。

众创型共享平台既有助于传统企业转型和提升企业内部创新活力，又有助于中小企业创新创业，成为产业升级的重要推动力。这种模式更适合于本身拥有优质资源和强大运营能力的领先制造企业。

（三）服务型共享平台

面向服务的共享平台通常由工业技术企业构建，以工业系统、软件、智能控制、工业云等技术服务共享为核心。通过智能设备，实现对生产过程的全面控制，提供全方位的生产服务。

在面向服务的共享平台中，设备共享是基础，一般情况下，平台通过租赁、计时计费、逐件计费、增值服务等方式把设备租赁给不同的生产厂家，从而降低中小企业用户设备的闲置率，降低其生产成本。除了提供设备租赁服务外，平台还会为制造过程提供各种技术服务，包括信息共享、设备和工厂维护、生产控制和产品管理。这些能发挥互联网对于资源的整体整合能力,使企业根据数据调整产品结构和服务类型,让行业质量、效益升级。国内较为典型的服务型平台如沈阳机床厂 iSESOL 云平台。该平台基于工业互联网,统一连接工厂机床,实现智能装备的在线互联,提供机床档案获取、维护保养、网络监控、机床再制造等设备全生命周期服务,有助于企业在产能上相互帮助、上下游协调互补,以及跨区域、跨行业的协作,成就"万能工厂",打造制造业新业态。

服务型共享平台有以下特点:第一,平台运营方主要是拥有完备工业信息技术或智能化设备的制造企业。第二,服务对象主要是信息化程度不高,对智能化转型有需求的制造企业。第三,依靠智能化设备和系统为用户提供全方位的技术服务。基于服务的共享平台通过技术服务和技术出口,帮助制造企业加快技术升级、实现产业转型。服务型共享平台的建设对产业技术要求较高,需要有较完善的产业技术服务体系、较高的管理能力和专业人才等。

（四）协同型共享平台

协同型共享平台指由多个企业共同使用云服务、生产设备、工厂生产线、办公空间、工人等资源构建的平台,利用该平台可以与其他企业共享订单、协同生产。搭建协同型平台通常有两种方式:一种是由第三方企业进行主导,在平台上承接大量订单,对订单进行需求拆解再外包给小型制造企业,比如生意帮等;另一种是由一些小微企业共同出力搭建的资源平台,在该平台上通过租赁和购买的方式共享资源,如"共享工厂"。以当前的实践情况来看,参与到协同型平台的伙伴主要是处于同行业或同区域的中小企业。原因主要是以下三方面:一是处于同一行业的制造企业在生产流程和标准方面具有相似性,因此在工序的分离和协同生产方面可以更好地与其他企业实现对接;二是处于同一区域的中小企业更容易进行空间、设备、生产线等方面的共享,而且在物流方面可以大幅度地降低成本,进而有利于上下游产业的集成;三是中小企业通过参与协同型平台可以减少在云服务系统、工厂以及设备等方面的投入,进而降低了企业生产成本。协同型共享平台的特点主要体现在:一是平台体现了区域和行业集中性;二是平台的参与方多为产业链中的中小企业;三是在该平台可以对区域内某行业进行完整的产业链协同。

协同型共享平台的优点主要体现在通过利用地域和行业优势能够较快地实现产业链协同。其不足体现在由于在协同和共享过程中较多地依赖于企业间线下协调,不利于跨地区大范围的制造生产共享。

二、共享经济背景下服务业商业模式设计

前文中我们以旅游业为代表分析了共享经济给服务业带来的商业机遇,接下来我们将继续以旅游业为例探讨服务业面对共享经济时应该重新构建的商业模式。共享经济在旅游业的快速发展,已经成为无法忽视的现象。它与旅游业的融合发展,必然会给旅游业带来各种机遇与挑战。虽然共享经济不可能在短期内彻底颠覆传统旅游业的运行模式,但在未来,它将与传统旅游业运行模式共存。因此,如何让旅游业更好地拥抱和适应共享经济平台,需要旅游业管理部门、研究机构和共享经济平台相关机构共同努力,搭建一个以诚信、安全、规范的旅游共享平台运行和监管体系为基础的新型商业模式。

（一）建立和完善共享经济诚信体系

共享经济的核心主要体现在"共享"二字,比如分享旅游产品意味着旅游者可能需要在陌生人的家里住宿,享受陌生人提供的餐饮和服务,这一过程可能会带来一定的风险。尽管通过在平台上进行身份认证和增加用户评价体系可以降低共享经济平台的风险,但是从全球各地共享经济平台的安全事件来看,还是需要在共享平台上采用更加有效的诚信体系和安全体系,从而提高平台信息的透明程度,以确保平台的使用者在经济和人身方面的安全。普华永道的一份报告指出,在被调查者中有69%的人明确表明除非他们信任的人向他们推荐该平台,否则不会信任共享经济平台。因此,在完善旅游共享经济平台的过程中不仅要充分考虑平台消费者的信任机制和信任来源,更要搭建多方来源在平台上进行诚信认证体系,从而进一步促进共享经济平台市场的扩展。

（二）多元化、个性化与标准化、专业化的并存

在共享经济平台上的旅游产品呈现出多元化和个性化的特点,这既是其优势也是其劣势。共享经济平台上的旅游产品由于具备多元化和个性化的特点而有别于传统的旅游产品,属于创新的旅游产品和服务,因此具备更高的吸引力。但是,这些创新的产品在专业性和标准化方面,与传统旅游产品无法抗衡。普华永道的报告表明,共享平台使用者中有72%的人认为他们对创新产品和服务的体验并不总是一致的。

一方面,共享经济平台通过分析大数据和消费趋势变化,进而挖掘客户的偏好,以提高产品和服务的质量,为客户提供标准化的服务和增值服务,从而提升客户体验。例如,蚂蚁短租根据客户的偏好,建立了一套可以评估非标准住宿产品的体系,该体系由房源品质、房屋设施、房东服务3大维度构成,涉及9大标准27个细节[①],大幅度提升了客户的体验感。不仅如此,共享经济平台还在其他方面做出了更多的质量标准化尝试,如食品安全、卫生标准方面,这类尝试会进一步促进共享经济平台旅游产品的品质。

另一方面,传统旅游行业需要继续保持优质的服务和体验,这使得专业旅游产品与共享旅游平台的部分非专业旅游产品是有区别的。受到 Airbnb 的冲击,一些对市场敏感度极高的在线旅行社已经开始做出反应,开始与共享经济平台展开合作,比如世界最大的在线旅行社 Expedia 就开始在 Home Away 网站上发布住宿房间,Priceline 旗下的 booking.com 也开始在欧洲平台上启动公寓和度假屋租赁业务,加入到共享平台的市场竞争中。这种做法非常有利于将传统旅游产品与共享旅游产品区分开,凸显出传统旅游产品和共享旅游产品各自的优势,进而便于消费者进行比较选择。

（三）制定旅游监管政策

旅游业在应对政策方面越完善,受到共享平台的冲击会越小。很明显,现有的旅游监管政策无法适用于共享经济平台。目前不少国际组织已经开始着手制定关于旅游共享经济平台的相关政策,但是我国旅游业还没有任何国家级和地方级的监管和应对政策。有鉴于此,我国相关旅游监督部门应尽早出台一些关于共享经济平台的监管政策,主要应涵盖以下方面:第一,共享平台供应者准入政策。设置对供应者的准入政策,并对供应者的营业执照、职业资格、食品安全、环境保护等方面进行明确的规定。第二,共享经济平台的

----

① 肖阳.分享经济盛行,旅游业能"分享"到什么? [N].南方都市报,2016-03-24.

公平、安全和售后保障政策。促进市场公平竞争,保护传统旅游经营商的正当权益,保障消费者的安全和权益。第三,税收与保险政策。目前共享经济平台的税收和保险仍然处于灰色地带,亟须建立并完善。第四,共享经济平台就业保障政策。从目前加入共享经济平台的企业来看,不少企业属于小微企业,这些小微企业只拥有少量员工,而且就业保障体系并不完善。目前共享经济平台完全基于网络发展,想要对其进行监管,在技术上并不是难事。恰当的技术监管和政策监管与其相配合,将有利于共享经济平台在旅游业的健康发展。

（四）引导和培育共享平台的消费习惯

引导和培养共享平台消费习惯,能够更好地促进共享平台与旅游业的融合发展。共享经济平台通过提高环境保护和提高资源利用率来促进旅游业的可持续发展。一方面,应该以政策鼓励共享平台旅游企业在中国本土的发展,推进共享平台的试点和改革,发展多元化的共享经济旅游平台,促进行业健康自律发展。另一方面,应该加强对市场主体的培育,引导消费者发掘共享经济平台的利用价值。

三、共享经济背景下新兴产业商业模式设计

战略性新兴产业是包含了当代科技发展前沿成果、引导产业结构优化升级、提升国民经济素质和竞争力的先导产业。国际金融危机后,为重塑国家竞争优势,美国和欧洲等国家选择把发展战略性新兴产业作为突破点。为抢占新兴产业制高点,美国、欧盟、英国、俄罗斯等分别制定"智慧地球""绿色经济""高科技生物"以及"纳米技术"等战略,力争将新兴产业培育为推动世界经济发展的主导力量。[①]

我国为积极应对面临的国际金融危机,采取主动迎接新科技革命的挑战,加快经济发展方式的转变,根据现阶段国情,提出要重点培育八大战略性新兴产业,将引导我国科技创新与产业未来的发展方向,对加快转变经济发展方式、实现经济结构的战略性调整、提升产业整体创新能力、提高我国国际竞争力具有十分重要的意义。世界主要国家抢占新一轮经济和科技发展制高点的焦点都是发展战略性新兴产业。因此如何将共享经济与战略性新兴产业的发展结合起来,构建出新兴产业的协同创新模式将是我们关注的重点。

（一）协同创新主体

共享协同创新是在协同创新主体,即战略性新兴产业的龙头企业、特色高校、研究院、政府、第三方机构、协同创新共享平台等多主体的共同参与下,加入了共享平台这一主体因素,而形成的具有更加开放、民主、万众参与的新型开放式创新模式。政府在战略性新兴产业协同创新过程中具有协调、支持和监督作用。第三方机构是指专门为客户提供专业咨询、沟通管理、售后服务等的中介组织,其主要的职能是发挥协调和监督作用。

（二）协同创新动力

基于共享经济的协同创新是指由个人和组织、知识机构、中介机构和用户等共同参与的,为了实现战略性新兴产业的协同发展而进行的重大跨度的模式创新,其动机有以下

---

① 李峻.中国战略性新兴产业融资与并购策略［EB/OL］.赛迪顾问网,2012-02-23.

几点。

（1）降低创新成本。由于其性质的特殊性,战略性新兴产业对创新技术、资源、资金和人才的投入要求较高,但是其产出较低。例如,节能环保产业、新一代信息技术产业和新能源等创新的前期大量的技术研究、专利申请、专业人才的培养都需花费较高的成本。如何通过共享平台有效的协同创新是关键所在。

（2）有效配置资源。共享模式的本质是实现资源的优化配置,即使商品、数据、材料、服务以及知识和技术等实现共享渠道的平台运营管理模式。共享经济利用 P2P、O2O、C2C、B2C 等平台和模式来促进信息的高效流通,增强信息的对称性。例如,Uber 公司是属于 O2O 的第三方运营公司,其可通过平台共享信息和数据服务,为客户提供专业化的个性定制服务,从而提高资源配置效率。

（3）提高社会正效益。共享经济不仅影响人们的出行方式,还将改变人们的社交和生活,带来社会正能量和正效益。① 共享模式中个人既可以作为消费者又可作为生产者,这开阔了组织边界,是对传统消费模式的颠覆式创新;② 共享模式能够提升创新能力,众多的生产者、消费者可以在共享资源中进行相互交流合作,促进产业创造力的提升;③ 共享经济发展模式实现了"循环再利用型"的生产生活方式,能够满足可持续发展的基本需求。

（三）协同创新平台

协同创新平台有利于知识、技术在平台内的交流和共享。共享经济背景下的创新共享平台包括协同创新平台和共享平台,拥有物联网、云技术、大数据提供的丰富资源、技术和知识,有助于实现协同创新中各类资源和信息的共享,进而实现资源的有效配置。共享平台的各类主体可以不受空间、时间、身份、学历等的限制,人们可以随时随地参与到自己喜欢的创新活动中。

（四）协同创新过程

共享经济背景下战略性新兴产业协同创新是由参与主体在第三方机构的配合下,依托共享平台和协同创新平台进行信息交换和资源整合,完成确定目标、组建团队、明确权责、解决问题、运用成果的过程。即首先确定协同创新要达成的目标,接着在共享平台上寻找有用的资源、信息、技术和有意向合作的人员、企业和组织,进而达成合作,组建团队,然后进行分工合作,并明确权限职责,共同配合平台的运行机制进行协同创新,最后再完成成果的转化运用。另外,共享平台和协同创新平台之间是相互联系的,当创新过程的某个环节出现问题时,例如,创新目标发生改变或者权责分配不够细致等,都可以及时反馈给共享平台,然后在共享平台内进行沟通、协调、修正,这样就构成了一个完整的协同创新过程。

（五）协同创新模式

协同创新已成为当今世界科技创新和技术发展的新趋势。在共享经济背景下,要将新兴产业的主体、动机、平台和过程进行协同创新,在建立战略性新兴产业协同创新模型的基础之上,将创新资源高度融合,在提高战略性新兴产业的创新效率的同时优化产业结构和促进产业转型升级。

政府政策的支持和保障是促进战略性新兴产业的形成、发展以及壮大的重要因素。目前仅仅依靠市场力量发展战略性新兴产业是远远不够的。首先,需要进一步加强发挥政府的引导、规划、支持和保障作用。其次,各个主体间要不断进行协调,认识到共享资源的价值增值并分享合作经验,为以后更好地合作奠定基础。平台共享可为大部分闲置资源提供交换平台,对于专业性强、共享难度较高的资源,应建立有效的合作共享制度和信任机制。再次,协同创新多主体参与的特点决定了其利益分配的复杂性,在基于共享经济的前提下,人们参与协同创新的目标也各不相同,所以须建立合理的利益分配机制分配既得利益,按照贡献不同建立价值评估、贡献评估、协商制度进行分配。另外,协同创新离不开有效的管理机制,建立健全的共享制度、明确职责是必备条件,只有不断积聚技术、人才和信息才能在一系列的计划、组织、协调和控制活动中实现高效的资源共享,进而建立相应的安全信用制度。最后,应及时反馈和调节组织协调、利益分配或管理运行某一方面出现的问题。为了保证协同创新机制的稳步运行,反馈调节机制是必不可少的。

本 章 小 结

共享经济作为一种正在快速崛起的新型商业模式,是指以信任机制为基础,通过新兴技术平台分享闲置资源(包含利用不充分的资源)和能力,在满足社会需求的同时提高社会资源利用效率的一种绿色发展模式。共享经济最本质的特征在于,通过提高社会闲置资源的利用率来实现价值的再创造。共享经济的运行理念涉及共享产品与服务的所有权与使用权分离、需求池与供给池匹配、去中介(再中介)与连接机制构建、信息脱域与信用约束缓释以及规模经济与边际成本递减等核心环节,是一个复杂的资源配置系统。

共享经济作为一把"双刃剑",短期内会给传统产业带来冲击和转型的阵痛,在中长期内,将会加速推动产业的绿色发展,乃至整个经济社会的绿色转型与可持续发展。共享经济对于制造业、服务业以及新兴产业能够带来新的商业机会。

有效的商业模式是行业发展的关键,但是共享经济下商业模式的设计没有统一的模板。制造业、服务业以及新兴产业应根据各自的产业特征,设计适合各自产业发展的共享经济下的商业模式。

复习思考题

1. 如何理解共享经济的概念、本质与理念?
2. 共享经济给制造业、服务业以及新兴产业带来了哪些商业机会?
3. 共享经济背景下制造业、服务业以及新兴产业应该如何设计其商业模式?
4. 在共享经济背景下,设计一个你熟悉的产业的商业模式。

即 测 即 评

请扫描二维码进行即测即评。

本章案例分析

货车帮：如何构建共享经济平台？

贵州货车帮科技有限公司是中国最大的公路物流互联网信息平台，致力于做中国公路物流基础设施，目前已建立中国第一张覆盖全国的货源信息网，主要提供全国公路物流信息及交易服务、货车金融及车辆后服务。货车帮通过移动互联网大数据精准匹配车源和货源，促进快速达成交易，减少货车空驶，创新中国物流行业车货匹配模式和物流园区建设模式，极大地减少了公路物流的资源浪费，提升了货运效率。据测算，每年货车帮为中国节省燃油费超过 600 亿元，减少碳排放 3 300 万吨。

货车帮作为一家颇具中国特色的"互联网 + 物流"领域的平台型企业，2008 年通过自主研发 GPS 硬件，开始建设"中国公路物流 GPS 运力资源整合平台"；2011 年正式定名为货车帮，上线了国内第一个同时面向司机和货主的货运交易平台；2014 年借智能移动终端在物流业开始普及、贵州大力发展大数据之势，货车帮在贵州贵阳正式注册成立。货车帮凭借对互联网的深刻理解，开启国内"互联网 + 物流"的整合之路，并迅速形成燎原之势。

1. 货车帮公路物流信息平台介绍

货车帮通过物流 QQ 和货车帮 App 应用软件，集信息资讯、电子商务、商品交易、物流服务、咨询服务为一体，已建设成为一个以电子商务等先进控制手段指导传统商品运输与流通业务的平台系统、一个具有整合力和包容性的物流平台、一个拥有强大自我服务能力和辐射力的全国性物流枢纽网。货车帮业务将覆盖全国各地的物流领域，帮助传统物流行业的商业活动各环节实现电子化、网络化、信息化。目前主要产品包括物流 QQ—计算机端、物流 QQ—App、货车帮—App。

（1）物流 QQ—计算机端。针对货主推出的"物流 QQ"计算机客户端，服务涵盖找货找车、发布货源、发布车源、身份验证、货运保险、在线车库、车辆定位、物流名片、钱包金融等。

（2）物流 QQ—App（即物流 QQ 手机版）。针对货主端推出的"物流 QQ"App，服务涵盖找货找车、发布货源、发布车源、身份验证、货运保险、在线车库、车辆定位、物流名片、钱包金融等。

（3）货车帮—App。针对司机端推出的"货车帮"App，服务涵盖查找货源、发布空车、货运保险、车辆保险、新车团购、钱包金融、二手车交易、维修救援、汽配购买、代收回单。

2. 货车帮构建"互联网 + 物流"共享经济平台

（1）货车帮改变传统物流行业模式。货车帮通过大数据、云计算、移动互联网等现代信息技术手段，构建中国公路物流的基础设施——社会公共运力池，为货主与车主提供最直接的交易平台，实现了中国物流行业的两个重大改变。

一是车货匹配模式的改变。在货车帮严格的诚信体系支持下，货车帮 App 和物流 QQ 让司机随时随地可查找最近的货源、发布空车信息、享受维修汽配服务，帮助货主迅速找到最合适的车辆并全程跟踪货物，破解了"企业找车难，司机找货难"的问题，改变了目前国内货运车辆大量空驶乱跑的原生态配载经营模式。货车帮在线上用户数量全面领跑同行业的同时,线下触角也在不断延伸。如今,在全国23个省份、5个自治区及全国各二级城市,货车帮布局的线下车辆后服务网店已达1 000家,为搭建"中国货运车辆共享运力池"奠定了坚实基础。

二是物流园区建设模式的改变。货车帮通过建立呼叫中心、信息展示大厅、货车综合后服务区、货车司机生活服务区为一体的物流数字港,改变了以往物流园区传统的物流地产模式,规避了园区信息闭塞的问题,打通了线上、线下信息服务及货车后服务,使物流园区不再成为城市发展的瓶颈,而成为城市有机和谐的组成部分,为全国未来10年物流园区的建设树立了一个先进样板。目前货车帮已布局并建成两大物流示范园区——货车帮贵阳物流数字港和武汉首拓物流数字港。在树立样板模式之外,货车帮还依托线上170万的认证司机用户和超30万的货主用户,与众多物流园达成战略合作,为各地陈旧的物流园注入新鲜血液,带来技术的创新和品牌认知度的提升,成为当地"互联网+"物流园的范本。这不仅降低了物流成本,同时也得到了当地政府的大力支持。

(2)货车帮创新商业模式。围绕平台人、车、货三大要素,货车帮将通过以上全产业金融渗透,做基于大数据的物流风控体系下的供应链金融闭环,更加深入挖掘价值,带动物流产业上下游发展。

一是基于货车本身的货车采购、货车挂靠托管等业务。其中,货车采购包括新车团购和二手车交易,通过抵押贷款、信用贷款、消费金融和融资租赁等金融手段,每年可拉动约2 700亿元的产值(新车每年交易50万辆,每辆价格约30万元,共计约1 500亿元;二手车交易每年约1 200亿元)。

二是基于运费保理、货车保险等业务。其中货车保险业务的保险收入每年约750亿元(预估货车会员300万,每辆车每年约2.5万元的保费);运费保理业务可沉淀至少3万亿元的资金量(预估货车会员300万,每辆车每年约100万元的保理业务收入)。

三是基于车后服务的ETC代缴代扣、油费代缴代扣、汽配(轮胎、机油)代缴代扣、车辆维修、道路救援等业务。以汽配周边业务为例,可通过消费金融、供应链金融等手段拉动约3 000亿元产值(预估货车会员300万,每辆车每年汽配消耗约10万元)。

凭借货车帮全力打造的全国公路物流领域的安全交易平台和形成的庞大司机社区,货车帮将努力打通全国公路物流产业链,为整个物流行业的小微企业提供从保险到支付、收单、保理、融资租赁、小额贷款等全方面的物流全产业链金融服务,支持中国公路物流转型,并最终致力于发展为全国最大的汽车金融公司。

案例来源:根据公开资料整理而成。

案例分析问题:

1. 构建以信息技术为基础的共享经济平台需要满足哪些条件?

2. 货车帮把握了货主和车主的哪些需求特征从而成功构建了"互联网+物流"共享经济平台?

3. 货车帮为货主、车主、社会以及合作伙伴创造了哪些价值?

参考文献

1. 孙凯,王振飞,鄢章华.共享经济商业模式的分类和理论模型——基于三个典型案例的研究[J].管理评论,2019,31(7):97-109.

2. 杨帅.共享经济带来的变革与产业影响研究[J].当代经济管理,2016,38(6):69-74.

3. 郑联盛.共享经济:本质、机制、模式与风险[J].国际经济评论,2017(6):45-69+5.

4. 刘根荣.共享经济:传统经济模式的颠覆者[J].经济学家,2017(5):97-104.

5. 唐·佩珀斯,玛莎·罗杰斯.共享经济:互联网时代如何实现股东、员工与顾客的共赢[M].钱峰,译.杭州:浙江大学出版社,2014.

6. 雷切尔·博茨曼,路·罗杰斯.共享经济时代:互联网思维下的协同消费商业模式[M].唐朝文,译.上海:上海交通大学出版社,2015.

7. 董秋云.分享经济下制造业的发展对策[J].改革与战略,2018,34(4):93-98.

8. 刘明达,顾强.从供给侧改革看先进制造业的创新发展[J].经济社会体制比较,2016(1):19-29.

9. 蔡丹旦.打造"制造业+共享经济"的创新融合——浅析中国制造业产能共享的运营模式[J].中国经贸导刊(理论版)2018(17):81-83.

10. 曹丹.论共享经济对旅游业发展的影响及其应对[J].四川师范大学学报(社会科学版),2017,44(1):56-66.

11. 王欢芳,张幸,宾厚,李密.共享经济背景下战略性新兴产业协同创新机制研究[J].科学管理研究,2018,36(4):28-31.

12. Gansky L.The mesh:Why the future of business is sharing[M].London:Penguin,2010.

课 后 阅 读

1. 李庆雷.共享经济理念对旅游产业发展的影响[N].中国旅游报,2016-03-21(B05).

2. 肖阳.分享经济盛行,旅游业能"分享"到什么?[N].南方都市报,2016-03-24.

3. Botsman R,Rogers R. What's mine is yours:The rise of collaborative consumption[M]. New York:Harper Business,2010.

4. Sach A. IT-user-aligned business model innovation(ITUA)in the sharing economy:A dynamic capabilities perspective[C].ECIS 2015 Completed Research Papers,2015.

5. Matzner M,Chasin F,Todenhöfer L. To share or not to share:Towards understanding the antecedents of participation in IT-enabled sharing services[C].Twenty-Third European Conference on Information Systems,2015.

6. Belk R. You are what you can access:Sharing and collaborative consumption online[J]. Journal of Business Research,2014,67:1595-1600.

7. Leismann K,Schmitt M,Rohn H,et al. Collaborative consumption:Towards a resource-saving consumption culture[J].Resources,2013,2:184-203.

第八章
区块链情境下商业模式设计

学习目标

1. 理解区块链的基本原理。
2. 熟悉区块链在不同商业领域的应用。
3. 了解特定领域与区块链相关项目的商业模式特征。

开篇案例:

区块链的商业应用场景:电子发票

深圳市税务局与腾讯公司 10 日共同发布消息称,"区块链 + 税务"探索取得进展,位于深圳国贸大厦的一家餐厅当天开出了基于区块链的电子发票。

在当天的信息发布仪式上,深圳市税务局与腾讯公司介绍了区块链电子发票的开具流程:依托腾讯公司提供的区块链平台,企业可以在区块链上实现发票申领和报税,交易完成后,系统自动生成发票内容与金额,实时开票。

腾讯区块链业务总经理蔡弋弋说,发票流转参与方多,流转周期长,信息存在被篡改的风险。对此,区块链技术可以发挥两个重要作用:一方面确保从领票、开票到流转、入账、报销的全环节流转状态完整可追溯;另一方面,税务部门、开票方、流转方、报销方可以共同参与记账,发票信息难以篡改。

2018 年 5 月,深圳税务部门与腾讯公司联合成立了"智税"创新实验室,双方计划利用云计算、人工智能、区块链、大数据等技术,在税务管理、电子发票应用研究、风险诊断预警、税收服务优化、税收政策与制度的知识图谱建设等方面探索解决方案,其中,区块链电子发票是该实验室的重点项目之一。

案例来源:李天军.深圳开出首张区块链电子发票[EB/OL].搜狐网,2018-08-11.

大约十年前,当比特币的发明者中本聪开发出第一块比特币时,谁也没有想到这一领

域在十年后的今天会以前所未有的速度发展。越来越多的投资者、创业者以高度的激情参与到这个领域。在书店里,比特币和区块链的书籍被放在了最显眼的位置。区块链到底是什么? 它如何商业化? 它是否能够实现稳定的商业模式? 这些问题是本章所要回答的核心问题。

第一节　区块链的概述

一、比特币的发展

区块链的核心思想是去中心化的交易模式。比特币是区块链的一个重要应用领域。要理解区块链,可以从理解比特币的逻辑开始。[①]

(一) 货币与交易

在政府和货币出现之前,人们以物物交换的方式进行市场交易。A 部落的人用粮食和 B 部落的工具进行交换。在交易结束后,双方都得到了效用的提升。不过,物物交换的方式天然存在着很多弊端。随着市场交易活动的逐渐发展,出现了形形色色的货币,比如,在中国古代,就曾经出现过贝壳、龟甲、盐、丝绢、金属等各类材质的货币。随着人类文明的发展,逐渐建立了更加复杂而先进的货币制度。

在现代,纸质货币已经成为世界各国普遍使用的货币形式。和传统的以贵金属为代表的货币相比,钞票(纸质货币)具有非常鲜明的优势:第一,印刷钞票的成本比铸造金属货币的成本低;第二,避免了铸币在流通中的磨损,防止贵金属无形流失;第三,可以避免因不法之徒切削或熔解金属而带来的流通不畅现象;第四,钞票比金属货币更容易保管、携带和运输,因此有利于开展交易。

随着交易的日渐频繁以及现代科技的发展,网络交易成为当前人类社会中非常普遍的方式。大量的人群通过网络购买各种各样的产品或者服务,网络支付也成为很多人日常生活中的一部分。网络支付使得纸质货币也逐渐退出了交易舞台。在中国的很多地方,不需要携带现金就可以购买食物、享受各类服务,只需要随身带着手机即可。

显然,在网络支付的时候,存在着两种主要的方式:一种是用户直接通过网络平台提供的支付窗口支付费用,比如在京东上使用银行卡进行付款。此时,京东需要搜集用户的借记卡或者信用卡的信息,连同支付的信息一起传递给银行,经银行批准后实现支付(当然这种批准都是由计算机操作的)。另一种则是通过一些支付中介来实现的。比如,很多商户的支付是通过微信或者支付宝来实现的,商户本身并不搜集用户的支付信息,用户通过微信或者支付宝平台进行支付。此时,商户和用户都要在支付平台上注册信息,才能够顺畅完成支付。

① Jesse Y H, Deokyoon K, Sujin C, et al. Where is current research on blockchain technology?—A systematic review [J]. PLOS ONE, 2017, 3, 1–27.

上述两种方式是对现实支付流程的简化。在这两个流程中,用户都不可避免地要向其他人提供自身的用户信息(包括支付信息)。实际上,在电子商务如此发达的今天,很少有人会去思考,上述过程是否存在信息泄露的风险。大家似乎都默认了现有的这些支付手段至少看起来是安全、可靠的。但是还是有相当多的一群人在探讨如何规避这些信息泄露风险的方法。

传统的支付方式依赖于安全电子交易协议(secure electronic transaction, SET),这一协议由威士(VISA)国际组织、万事达(Master Card)国际组织创建,是结合了 IBM、Microsoft、Netscope、GTE 等公司制定的电子商务中安全电子交易协议的一个国际标准。

安全电子交易协议是一种应用于互联网环境下,以信用卡为基础的安全电子交付协议,它给出了一套电子交易的过程规范。通过 SET 协议可以实现电子商务交易中的加密、认证、密钥管理机制等,保证了在互联网上使用信用卡进行在线购物的安全。

在 SET 中,消费者在选择支付方式后,确认订单签发付款指令,SET 要求消费者使用双重签名技术保证商家看不到消费者的账号信息。商户接受订单后,把相关信息发送给消费者所在银行,信息通过支付网关被传到收单银行,再被传到电子货币发行公司进行确认。交易被批准后,确认信息被返回给在线商店。在这一过程中,与用户和支付相关的信息都以加密存储的方式放在本地的计算机上,商户也无法解密这些信息。这一系统在一定程度上保护了用户的隐私信息。

不过在分析了 SET 的大致流程之后,仍然可以看出这一系统可能存在的问题。这一系统对于支付过程提出了更高的要求,他们所提供的信息认证必须是难以破解的,否则就将是一场灾难,所以 SET 所涉及的认证环节和过程非常烦琐。由于各地网络设施良莠不齐,因此,完成一个 SET 协议的交易过程可能需要耗费更长的时间。另外,由于 SET 的设计初衷就是为了解决电子商务中商户和消费者之间的授信问题,但是当面临更大范围内的支付问题时,其就有些力不从心了。比如,如果一个人在网络上发布了一项工作,另一个人完成了这项工作。那么前者如何向后者支付劳务费呢?显然,让双方去注册 SET 是不现实的。

(二)比特币的逻辑

从目前来看,比特币在设计上的思想是能够用于处理多样化的网络支付需求的。我们首先介绍比特币的基本设计逻辑。

1. 哈希指针与数据结构

哈希指针(hash pointer)是比特币内在运行的一个核心的数据结构。当然,本书并不是专业的数据结构教材,我们尽量用通俗易懂的文字来阐释这一结构的重要性。哈希指针来源于哈希函数和哈希算法,它能够指向数据的存储位置,同时,它还能揭示数据是否被篡改过。因此基于哈希指针就能够创建一个数据的链条。[1] 如图 8-1 所示。

---

① Zyskind G, Alex P, Nathan O. Decentralizing privacy: Using blockchain to protect personal data[C]. 2015 IEEE Security and Privacy Workshops(SPW), 2015.

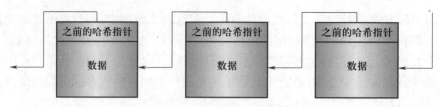

图 8-1　哈希指针与数据链

在这个链条中,数据的链条是以串联的方式联系在一起的,它通常就被称为区块链(block chain)。在每一个数据块中都包含有数据,以及一个指向上一个数据块的指针。这个指针实际上就是一个哈希指针。根据哈希指针的定义,它不仅提供了每个数据块的信息,还能够防止数据被篡改。

假设某个黑客篡改了数据块 K。由于哈希指针的存在,很容易发现数据块 K 中的新数据和块 K+1 中的哈希值不一致。当然,攻击者也可以通过继续修改块 K+1 的哈希去掩盖 K 中的篡改。这种篡改将是没有尽头的直到黑客改到最后一个值。但是只要系统保存好链表最后的那个数据块和哈希指针,就可发现是否有人篡改了区块数据。

2. 数字签名与公钥

数字签名是密码学中的一个重要成分,它构成了比特币的基础。数字签名顾名思义也就是对个体纸上签名的数字化模拟。一般来说,数字签名有两个重要的特征:一是数字签名与个体是一一对应的。只有自己才能制作自己的签名,但其他人可以验证数字签名的真伪。二是特定的数字签名仅仅用于一份文件,这也就限制了数字签名被盗用。

数字签名是否有效依赖于它所使用的算法。一般来说,为了解决数字签名所面向的实际问题,我们更应该考虑随机的签名算法,同时还需要考虑数字签名所涵盖的信息量,因为信息量太少往往被破解的可能性大大上升。比特币所使用的数字签名方案是椭圆数字签名算法。这一算法经过多年的密码分析,一般被认为是安全的。

有了数字签名,就可以生成一对公钥和私钥。用户可以自行注册一个或多个身份,而无须通过一个中央的机构认证。如果用户对已有的身份厌倦,也可以随时随地放弃。这实际上就是比特币去中心化的方式。在比特币系统中,身份也被称为地址。

2008 年比特币创始人中本聪发表了一篇论文,在论文中针对第三方平台的不透明、不可控、花费高的缺点,提出了区块链技术模型:去中心化、不可增发、无限分割。2008 年11 月 1 日,比特币正式在网络上发行。应该注意到的是,虽然很多人会把比特币看成一种货币,但是究其实质,比特币不是线下法定货币的替代物。它是由互联网基础协议和严格的加密技术所保护和支持的去中心化的网络货币。它的规则和体系不同于已有的货币,但是可以与线下货币进行买卖或兑换。和现有货币相比,比特币的特点如下:

一是去中心化(安全 + 透明)。比特币的每一笔交易都不是由某个组织或者机构来处理的,而是分布在网络上的所有用户来处理的。这是由比特币之所以存在的规则和算法所决定的。

二是无法篡改和伪造。因为比特币的每一笔交易都是所有用户共同处理的,所以每一块比特币的来龙去脉都是公开的,这就保证了比特币是无法伪造的。

三是不会通货膨胀。比特币的产出量是由程序和算法决定的。目前还有一些机构和个体使用矿机来挖掘比特币,可是在不远的将来,这种挖矿的效率将越来越低。因为比特币的总量是有限的。当然这些信息和数据也是完全公开透明的。

由于很多经济或者社会因素的影响,比特币与现实货币的兑换价格出现了非常剧烈的大起大落(见图8-2)。

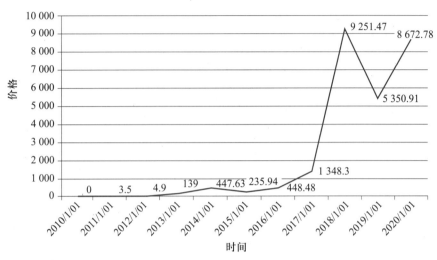

图 8-2 比特币历史价格(单位:美元)

资料来源:根据公开资料整理而成。

二、区块链的原理与运行规律

在介绍比特币的来源时,其实我们已经介绍过了区块链的一些基本特征。本质上,比特币是区块链领域最为成功的应用案例,但是区块链本身不同于比特币。区块链技术的应用远远不止于虚拟货币领域。这里我们系统回顾一下区块链的概念。

(一)区块链的概念

区块链是一个去中心化的分布式数据库。在这一数据库中存在一系列数据区块,它们是通过密码学方法计算得到的,并且由哈希函数的规则有序连接在一起。区块链的核心构成包括三个内容:区块(block),也就是对一段时间内发生的交易和状态结果的记录,是对当前数据状态的一次共识;链(chain),由一个个区块按照发生顺序串联而成,链的状况反映了系统整个数据状况的变化情况;交易(transaction),是用户对于区块链的一次操作,导致数据状态的一次改变。[1]

区块链不是单一的技术,它涉及了密码学、数学、网络科学、大数据等多学科的知识和技术。这些技术整合在一起,形成了一个去中心化的数据记录和存储体系。正如比特币相对于传统货币的优势那样,区块链省去了传统数据系统烦琐的认证或是审查程序,很多交易可以非常透明而且便捷地开展,从而提升了整个社会的运行效率。整体来看,目前区块链被公认为具备如下几个方面的特点:

---

① Swan M. Blockchain: Blueprint for a New Economy[M]. O'Reilly Media, Inc. 2015.

（1）去中心化。区块链的核心就是去中心化的数据链接。由于在整个体系中数据是分布式核算和存储的，不存在一个中心化的硬件或管理机构（这一点正是传统的数据库所强调的）。在这样的体系内，任意节点（也就是任意身份所对应的数据库地址）的权利和义务都是均等的，它们共同来维护整个区块链稳定运行。

（2）去信任。传统的交易往往依赖于双方的信任，因为在特定的边界内，总是存在信息不对称和代理成本。由于区块链的去中心化特征以及所有的交易都是公而告之所有节点的，整个体系内部是公开透明的，也就不存在信息不对称性。因此交易的形成无须信任作为媒介。

（3）开放性。区块链是一个开放的系统。当然它的开放性并不意味着参与者的信息容易为他人所获知。正如在上一部分所介绍的，比特币的持有者仅仅在体系内注册一个身份即可，身份背后的真实信息是保密的。在区块链上，所有的节点信息是面向所有参与交易的人公开的，整个体系高度透明。

（4）自治性。正是因为区块链是一个去中心化的体系，它不依赖于一个中心组织来组织和协调交易的发生。在区块链内所有的交易依赖于区块链的自治规则。而这一规则是由计算机代码实现，由区块链协议保障其自动运行，根据既定条件自动触发实现的，任何人为的干预都不起作用。

（5）信息不可篡改。这一点也许还有些许争议。但是无论如何，一旦信息经过验证并添加至区块链，修改就具有很大的难度。除非是篡改者能够掌握整个区块链中大多数的子数据库（按照算法的话也就是超过 51% 的子数据库）。此时，区块链信息也具备被修改的可能性，不过随着更多的人参与区块链，子数据库的数量将呈指数上升，这种修改也就越来越难。

（二）区块链的运行原理

想象一个市场上存在着两家企业，他们面向一般的消费用户开展业务，企业之间也发生着频繁的业务往来。由于是独立的组织，他们需要建设独立的运营系统来管控企业间的业务往来，如图 8-3 所示。

这是目前市场上常见的企业间资金结算方式，每个企业分别与各自的用户进行资金结算。每一笔交易都记录在案，每个组织或者每个个体都能够清楚地掌握各自的交易记录。不过从整个社会的角度来看，这样做存在着两个问题：其一，因为每个组织或个体都要记录各自的交易，所以同一笔交易至少记录了两次，整体上造成了资源的浪费和社会不经济；其二，如果某一项交易由于某个参与者违约造成交易金额未履行，很难去追查交易的原始状况（可以想象如果没有支付宝的存在，用户在淘宝上买到东西后坚持自己没有收到所以不付款将会怎样）。

为了在一定程度上解决这个问题，现在的普遍做法是交易各方寻找一个可靠的

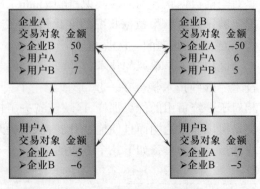

图 8-3 传统的市场交易方式

中介组织。这一中介组织的存在使得各项交易都要在中介平台上记录（见图8-4）。这能够避免多个组织或个体重复记账的资源浪费（当然，企业出于管理的需要还是会自行记录）。另外，由于交易都是在平台上备案的，也避免了可能的纠纷。

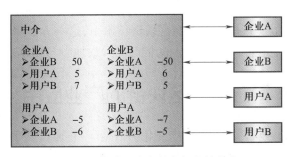

图8-4 依赖于中介的市场交易方式

目前淘宝平台、信用卡组织、京东商城等组织，实际上都在某种程度上扮演着中介组织的角色。依托于这样的平台，用户和商户都很容易体会到交易的便捷性。不过，这样做的方式仍然可能出现一些问题，比如中介平台是否具备足够的操守，它们是不是存在泄露用户或者企业信息的可能，它们是否对不同的企业或者用户存在歧视性的处理策略。实际上，目前国内一些大型的平台已经在不同程度上暴露出上述问题。另外，中介平台本身的安全性有时候也是需要关注的，如果发生黑客攻击或是战争等物理攻击，会怎样影响到交易的形成。如果不能较好地解决上述问题，这一类型的交易方式仍存在着很大风险。

在区块链技术下，上述交易的形式发生了很大变化。如图8-5所示。

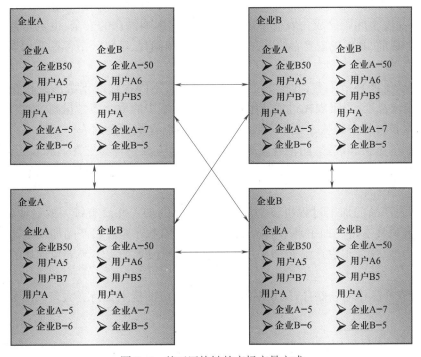

图8-5 基于区块链的市场交易方式

这是一个典型的小型区块链结构。在这个体系内,企业与用户通过公钥和私钥的方式参与交易,这降低了交易的复杂性,并且能够实现交易的透明性。所有的交易记录都复制在所有的参与者手上。此时的系统是最安全的,因为很难单独篡改某个组织手上的交易记录。在传统技术方案中,这也许是不经济的,因为每个组织或个体都需要获知其他组织或个体的交易是难以实现的。但是在区块链技术下,这一方案将变得轻而易举。每个组织或个体能够更自主地管理自己的隐私,同时更开放地参与到体系的交易中。

第二节 区块链的产业应用

正如前面所说的,区块链是一个去中心化的数据库,它通过分布式账本实现了点对点交易,从而削弱了中介控制作用。不仅如此,区块链还能够对用户身份和交易数据进行加密处理,使数据实现永久记录、难以篡改,从而提高了数据的安全性,也提升了数据使用的便捷性,减少了交易成本。[①] 区块链的这些特点使得区块链的未来应用前景十分广阔。它为人们提供了一种全新的思维方式,能帮助许多行业解决痛点,并且很可能会带来一种全新的商业模式。无论是传统的农业、教育、医疗还是新兴的慈善、社交媒体、文娱产业等行业都已经开始探索将区块链技术应用到现有的产业运营过程中,以提升企业的效率、实现企业的创新和发展。

一、区块链在传统领域的应用

(一)区块链在农业中的应用

农业作为传统行业,主要满足人们的生存问题。农业的发展与人们的生活息息相关。然而,农产品安全问题已成为农业发展中的痛点,它影响民众的安全,也阻碍着农业的可持续发展。目前,我国的农产品在生产、加工、运输和储存、销售环节都存在相当大的安全隐患。

首先,从生产环节来看,我国的很多地方存在着不同程度的土壤污染和农药污染问题。为了追求高产,很多农民过量使用化肥,致使土壤中的重金属含量高,造成土壤污染。农作物在生长过程中将从土壤中吸收大量的污染物,这势必会对农产品造成污染。为了促进农产品的生长和成熟、防治各类病虫害,很多地方滥用各类催熟剂和农药,这使得农产品的农药残留超标,成为"有毒"产品。这些农产品一旦进入市场,会对消费者的健康带来危害。

其次,农产品的加工过程也较为混乱。农产品的加工并没有统一的行业标准,也缺乏相应的高科技支持。加工环节的透明度不高,再加上外界对农产品加工也缺乏相应的监督管理力度,这使得农产品在加工过程中掺杂劣质或者加工不当导致损坏的情况时有发生。

再次,农产品运输和储存,以及零售过程缺乏相应的技术支持。大多数生鲜产品对运

---

① Viriyasitavat W, Xu L D, Bi Z, Sapsomboon A. Blockchain-based business process management (bpm) framework for service composition in industry 4.0 [J]. Journal of Intelligent Manufacturing, 2018: 1-12.

输、储存过程中的环境有相应要求,需要科学、合理地配置相应的设备来保证农产品在运输和储存过程中的产品品质。当前,农产品流通过程中的配套技术并不健全,农产品保质措施并不科学,导致农产品在流通环节存在一定程度的二次污染。

区块链技术的引入正好能解决农业发展过程中所存在的问题。区块链是一个去中心化的分布式账本,其记录的数据信息有时间戳并且难以篡改,这就使得它能够实现数据的追踪溯源。也就是说,利用区块链技术建立农产品溯源管理系统,可以实现农产品在生产、加工、运输和储存、销售各个环节全程实时监控。生产环节中的种植、施肥、病虫害防治相关数据都自动实时上传,确保了农产品在生产源头的品质。加工环节中企业可以通过制定统一科学的标准,及时摒弃不符合标准的产品,并为每一产品赋予相应的信息查询标签,记录产品相关信息。在运输和储存过程中,配合全程冷链等技术,实时记录并上传农产品流通过程中的数据信息,确保运输过程中农产品质量。在销售环节中,消费者通过农产品的信息查询标签来了解农产品的"前世今生",进一步了解其安全性,实现放心消费。

此外,区块链技术的运用使得农产品从生产到市场的各个环节形成了一条完整的链条,这有利于整个农业产业的标准化和专业化,提高了农产品从生产到市场的运作效率,降低了农产品流通过程中的成本。这个专业、完整的链条提高了农产品的质量,提升了农产品的品牌价值,有利于传统农业向纵深领域发展。

案例 8-1

众安科技的步步鸡项目

农业是第一产业,是与普通人生活息息相关的产业。近年来,随着居民消费水平的提高,绿色保健食品越来越受到重视。在超市里,还有许多自称绿色有机健康食品在出售。然而,如何确定摆在桌上的食材是纯生态绿色保健食品,仍是消费者普遍关注的问题。这种担忧来自于消费者对食品生产过程缺乏了解。在传统的生鲜配种系统中,对畜牧养殖过程中的环境(空气、土壤、湿度等)、饲料、饮用水源、健康状况、屠宰检疫、物流配送等方面的大部分信息进行了纸面记录,有些干脆不记录或虚假记录。如果消费者想要追踪产品的源信息,就需要时间来调查它,而且在许多情况下是不可能实现的。

针对这一问题,众安科技在区块链技术的帮助下,推出了"步步鸡"项目,实现了从牧场到餐桌的自由散养鸡的可追溯性防伪。这也是众安科技将区块链技术应用于农业的一次尝试。

众安科技是由蚂蚁金服、腾讯、中国平安联合发起的众安保险旗下的子公司,成立于 2016 年 11 月,主要从事大数据、物联网、区块链、人工智能、云计算等技术的研发。

之所以选择鸡作为区块链的突破点,是因为鸡是中国餐桌上最常见的肉(其次是猪)。第三方统计显示,中国人一年要吃掉近 50 亿只鸡。巨大的市场需求为鸡肉生产提供了强大的空间。

步步鸡的第一站选在了安徽省寿县的茶庵镇。在这里,步步鸡养殖整合了物联网、区块链、人工智能,以及具有国际专利的防伪技术。步步鸡的养殖当然是由农户来实施的。众安科技承担着技术输出、供应链整合和产品运营的角色。步步鸡项目的核心——鸡牌——每一只鸡的物联网身份证则是由众安科技提供的。鸡牌可以记录每只步步鸡在喂养、屠宰、运输等环节中的数据,如鸡的运动状态、位置轨迹等。

为了有效地记录步步鸡的位置、运动轨迹、养殖环境(温湿度)等数据信息,众安科技在当地建立了传感器、基站等物联网设备,可以跟踪鸡的相关信息,并且实时上传区块链。基于区块链不可篡改、物联网设备自动采集的特点,该养鸡过程可以确保从养鸡场到餐桌的每只鸡所生成的数据都被进行了记录,从而实现防伪溯源。消费者可以使用手机应用进行防伪信息查询和追溯,了解鸡近100天的数据,包括品种、位置、生长轨迹、屠宰等信息。这消除了消费者对食品安全不确定性的顾虑。

众安科技的运作模式不仅限于此。众安科技联合公益组织、物流企业、加工厂等产业链合作伙伴,整合了鸡苗的采购、屠宰、运输和销售等环节,为农民提供了一整套原生态鸡生产和销售渠道服务。凭借众安科技的财务优势,众安科技还计划根据农民的经济状况提供贷款融资和保险等金融服务。

在传统模式下,当农民为养殖鸡投保农业保险时,风险评估人员需要对养殖资产进行现场检查,并对养殖鸡会不会死亡、收入损失有多大进行评估。这一过程既烦琐又昂贵。在步步鸡项目中,由于农户的鸡使用区块链防伪溯源,农户养殖了多少鸡、过去3个月的死亡率等信息,只要使用区块链上的数据就可以实时了解到。这降低了保险和信贷风险控制的风险和评估成本,增加了保险公司对农民和水产养殖资产的保险热情。除了农业保险,银行还可以基于区块链上的资产数据对农民贷款进行风险评估,促进农业养殖贷款的解决,大大降低了农民获得金融服务的门槛。

此外,步步鸡项目的布局侧重于贫困的城市和县。根据规划,步步鸡项目未来3年将覆盖数千个贫困乡镇,建设近10万亩生态养殖基地,每年预计增加农民收入27亿元,间接帮助15万农村贫困人口摆脱贫困。此外,步步鸡销售收入中的一定比例资金也将捐赠给公益组织,以支持农村的发展。所有公益金也将使用区块链记录,以实时跟踪其使用情况。

案例来源:1. 上方文 Q. 众安科技首创区块链养鸡:"步步鸡"全程追踪[EB/OL].快科技网,2017-10-15.

2. 每日经济新闻.探访众安科技区块链落地项目"步步鸡"如何打破农产品信任围墙[EB/OL].微信公众平台,2018-03-05.

3. 亿欧.步步鸡:众安科技的区块链农业尝试[EB/OL].搜狐网,2017-12-27.

(二)区块链在教育领域的应用

随着科学技术的不断发展,特别是互联网信息技术的发展,智能校园、智能教育得到了发展。然而,当前的智能教育仍存在一些问题。

首先,在信息化背景下,教育系统数据大多是通过中心化的信息化管理平台来储存的。这些海量数据的储存对中心化数据库的硬件和软件都提出了很大的挑战。同时,中心化的数据库容易受到黑客攻击,造成大量信息泄露,给师生信息安全带来较大威胁。区块链是一个分布式账本,它能够将教育数据实时记录并储存在由亿万节点构成的数据网中。它通过时间戳和密码签名保证了教育数据的真实性和安全性。此外,要想攻击和篡改分布式账本构成的信息网络难度巨大,需要十分强大的算力和成本,这就确保了整个教育数据网络的安全性,解决了仅仅依靠中心化的系统平台来维护网络安全所产生的弊端。

其次,教育资源共享有限。随着互联网技术的发展,一些教育资源被共享在互联网上,如一些世界著名高校的公开课等。然而,这些教育资源只是被共享在某些中心化的管理平台上,共享的数量和范围都十分有限,共享者的权益也不能得到保障。区块链系统最主要的特征之一就是去中心化,系统中的每个用户都是一个节点,每个节点都有高度自治的特征,点对点之间可以自由交易,整个系统是开放、平等的,不再存在一个强中心。这一特征能够促使教育资源得到共享。师生或者教育从业者可以将课程信息、学习笔记等教育资源信息分布储存在区块链中,有偿公开自己的教育资源,而需要者可自主与发布者进行交易。这就极大丰富了教育资源的数量和范围,能促进教育资源的有效利用。另外,资源在发布的同时就会被盖上时间戳,并且无法篡改,这能够明确教育资源的权属,有效保障共享者的合法权益。

最后,现有教育数据信息的真实性存疑。传统的教育数据很多是通过人工记录、储存并监管的,这不可避免地会出现信息错误、信息泄露等问题,还很有可能出现数据伪造等情况。这些都给教育产业的信息安全带来挑战。区块链作为一个去中心化的数据储存系统,系统中每个节点的数据一经上传就永久记录,并且记录都是防篡改的,这就解决了数据造假和篡改问题。这些数据都掌握在每一个发行者手中,通过私钥来打开或分享教育资源,确保了资源所有者的权益。

（三）区块链在医疗领域的应用

医疗行业可以从区块链技术中获益。当前,全球的医疗行业发展迅猛,如何更好地保障人们的健康、加快疾病的防治成为摆在医疗行业从业者面前的重要问题。虽然全球的医疗保健事业发展强劲,但仍存在一些亟待解决的问题。

首先,目前,医生对患者的诊断信息都会被记录在以该医院为中心的信息储存系统中。但各个医疗机构之间的信息是不能共享的。如果病人在不同的医院之间转换,患者的基本信息和患病史将被一再记录。这不仅会造成医疗资源的浪费,降低医治效率,还很有可能导致医疗信息出错而延误治疗时机或者产生错误诊断。区块链技术能使电子病历被保存在一个去中心化的区块链上,数据一旦被记录就能实现在患者同意情况下的全网范围的数据访问。由于区块链中的数据难以篡改,保密强度高,数据的访问环境也十分可靠,所以每一个患者的所有就诊信息都会按时间戳的顺序永久被记录,真实、可靠,这就免除了人们因病历本的丢失或者相关信息泄露等而带来的麻烦。同时,整个过程也促进了对个人医疗隐私的保护。

其次,各个医院虽然都记录了大量的医疗信息,但都只是信息孤岛。这些数据之间不能共享,使得海量数据价值不能得到深入挖掘,这不利于现代医学研究的发展。区块链技术的应用能够实现各个医院之间海量数据的共享,支持在隐匿患者敏感信息的前提下对大数据进行交互引用和探索开发,为现代医学研究提供数据支持,促进新的、更加有效的医疗产品问世,促进人类健康事业的发展。

此外,区块链技术能够实现对医药品的防伪追踪。同在农业领域中对农产品的溯源类似,区块链技术的运用能实现药品从生产到销售的全程监控和记录。药品从生产到进入市场的整个过程都有唯一的编码,通过这一编码就可以查询到药品生产、销售的各个环节,使得药品从原材料到成品的整个过程变得更加透明。这就杜绝了市场上制假、贩假的可能性。

二、区块链在新兴领域的应用

除了上述传统领域,近年来,随着技术的发展以及全社会范围内人们认知和消费心态的转变,出现了很多新兴的发展领域。在这些领域,区块链也有很大的用武空间。

(一)区块链在慈善行业的应用

近年来,在整个世界范围内,慈善事业的发展都非常迅速。慈善事业是建立在社会捐献基础之上的民营社会性救助事业。大力发展慈善事业,对于落实共享发展理念、促进社会进步具有重要意义。不过,由于众所周知的一些原因,目前在中国的慈善事业正面临着较大的挑战,民众对慈善机构的信任度较前几年有所降低,投身慈善事业的积极性在不断下降。

前几年由"郭美美事件"而牵出的中国红十字会问题,使得民众对红十字会这一慈善机构的运营和监管产生了质疑和很大的不信任。这使得红会当年收到的个人捐助非常少。从全国来看,在事件发生的当月和随后两个月,全国慈善组织共接收捐赠 8.4 亿元,相较于前三个月的捐赠总额降幅达到 86.6%。[①] 该情况的发生是由于当前对慈善事业的监管体系不健全、不完善,同时也是因为慈善机构并没有使善款的使用透明化。受技术限制,现有的善款使用信息被各个慈善机构记录,做到全部公开可能会产生巨大的成本。另外,为了慈善机构自身的利益,相关信息被篡改泄露的可能性也很大。

区块链是一个去中心化的分布式账本,将区块链技术应用到慈善事业中,所有捐助者的捐助信息和善款动向都会被实时记录和储存在区块链系统中。区块链数据的难以篡改性和保密性保障了捐款信息的安全性和准确性。分布式账本保证了数据在网络节点间的共享、复制和同步。区块链与慈善相结合,能够增加慈善机构的透明度,在很大程度上减少善款的滥用情况,进而增加民众对慈善组织的信任。

此外,现有慈善捐助往往需要通过第三方中介机构,这就不可避免地出现中间损耗。区块链的智能合约是基于区块链数据难以篡改的特性,可以自动化执行预先设定好的规则和条款。这使得捐助者在协议条件下,可自主实现对受助者的捐款,不再需要第三方中介机构的参与。区块链的公开透明性、保密性和难以篡改性能使每一个捐助者实时查看自己的善款动向,明了善款的使用情况,确保善款被用在了希望被使用的地方。这就有效降低了慈善捐款的中间损耗,杜绝了善款滥用。

(二)区块链在社交领域的应用

随着互联网特别是移动互联网的发展,网络社交媒体始终占据着创业与投资的前沿

---

① 安苏.全国慈善组织接受捐赠 6 至 8 月份降幅达 86.6%[N].北京青年报,2011-09-14.

地位。门类繁多的社交平台提供了功能多样的场景以满足人们维护人际关系、了解生活热点、休闲娱乐的需求。

然而，现有的社交平台供应商都是中心化的。这些供应商掌握了大量的用户信息，但却不具备保护这些数据不被外泄的强大功能，甚至在某些情况下，为了谋取私利，供应商还可能将用户的数据故意泄露或出售给他人，给用户的生活带来困扰。例如，用户在某些网站上消费了某些产品，这些信息很快就会被平台分享给其他平台，骚扰短信、电话便接踵而至，这给用户的生活带来了大量的持续不断的骚扰。更为严重的是，用户关键信息的泄露还可能带来巨大的财产损失。

区块链技术是去中心化的分布式账本，将其用在社交领域，能为社交平台提供一个去中心化的点对点的社交平台，既能保障用户数据的安全，还能增加用户的自主权和对自己信息的控制权。另外，区块链技术的智能合约特征，使得用户间的互动变得更加智能，交易也更加自动、便捷。

除此之外，当前社交平台只是为人们的社交提供了一个平台，而由于用户量增大产生的广告等收入也没有给予用户相应的利益。这不利于社交平台与用户形成利益捆绑，实现更加深入的合作和平台进一步的发展。利用区块链技术，用户作为一个节点可以链接到整个网络中，形成点对点的互联，实现对数据的自主权和控制权。用户根据意愿分享自己的信息和资源，同时获得相应的报酬。这既能保证用户信息的安全，又能为用户带来收益，增加了用户信息分享的积极性。

（三）区块链在文娱产业的应用

当前网络文娱产业发展迅猛，形式也多种多样，极大丰富了人们的休闲娱乐生活。游戏、综艺、音乐等娱乐产业也逐步向数字化过渡。区块链技术的应用能够为它们的顺利发展提供解决思路和方案。

比如，当前游戏产业存在游戏开发商、发行商利益分配不均的问题。游戏开发商以中小企业为主，虽然其是游戏的创造者，但由于并不具备在市场上发行游戏的实力，只能将游戏卖给有实力的发行商，赚取从创造到发行这一价值链条上很少的一部分收入，有实力的发行商则获得了大部分利益。这不仅打击了游戏开发商产品开发的积极性，也不利于整个游戏行业的良性发展。区块链是一个去中心化的分布式账本，每一个用户都可以作为一个节点链接到整个网络系统中，并将自己的资源储存、分享给其他节点。数据掌握在用户自己手中，同时时间戳和难以篡改性保障了用户对自己数据的所有权。这样，游戏开发商便可利用区块链系统自主发布自己的游戏，而不再需要游戏发行商这一中介，由此保障了开发商的合法权益。同时，区块链的智能化合约能实现交易的自动化，节省了大量的交易成本。

此外，游戏总是层出不穷的。在一款游戏中，用户为游戏付费，获得虚拟财产，但转换到另一个游戏，这些财产便不再有用。区块链技术可以帮助建立一个去中心化的游戏平台，并使在这些平台中的用户的游戏资产实现在游戏之间的自由转换。同时，还可以实现用户之间游戏资产的自由交易。这些都维护了用户的权益，提高了用户参与游戏的积极性，同时满足用户的娱乐需求。

这一思路同样有助于完善现有音乐产业。现有音乐产业存在数字音乐版权溯源困难、收益低的情况。众多的音乐人和音乐公司都汇聚在音乐网络平台上,给广大音乐爱好者提供了更加广泛而又便捷地接触音乐的渠道。然而,这也给数字音乐的版权认证带来较大的困难,音乐人的权益易受到侵犯。区块链技术特有的实时记录、时间戳和难以篡改性使得音乐作品的溯源和认证成为可能。通过对音乐作品的追踪,便能发现作品的首发者和创作者,从而保障音乐人的合法权益。同时,区块链技术也能为音乐人和用户提供直接交易的平台,省去第三方平台,节省交易成本,增加音乐创作者的收入。

第三节　区块链的商业模式

区块链的本质是去中心化,而根据中心化的程度可以分为完全去中心化和部分去中心化。当前,比特币、瑞波币等虚拟货币属于完全去中心化;基于区块链的试验或者应用则属于部分去中心化,它们主要服务于行业或企业的部分业务流程改造,如对传统金融业全球支付汇兑业务的改造等。[①] 下面介绍基于区块链技术的两种商业模式。

一、比特币产业链条的盈利模式

比特币作为区块链的第一个应用,基本体现了区块链技术的基本功能:去中心化和分布式记账。区块链记录比特币网络上的整个交易数据,这些数据被比特币的所有节点共享,通过数据区块可以查询每一笔比特币的交易历史。比特币是一种源代码可以为公众使用的、基于网络的、点对点(peer-to-peer, P2P)的匿名数字货币。点对点则意味着去中心化。比特币/数字货币行业链条上的利益相关者的盈利模式分别如下:

(一)矿机厂商

正如前文所述,比特币内在运行的一个核心数据结构就是哈希指针(hash pointer),哈希指针源于哈希函数和哈希算法,它能够指向数据的存储位置。所有的交易记录要打包分块并计算哈希值,只有特定哈希值的块能被网络承认,每个块又包含上一个块的哈希值,从而形成链。这个计算特定哈希值的过程就是挖矿的过程,求到的特定哈希值就是一个比特币。换句话说,比特币的生成原理就是按照一定的规则,通过一组复杂的算法得到特解,这个特解帮助全网记录储存交易数据,而求得特解的人获得比特币。这个求特解或者求特定哈希值的过程就是"挖矿","挖矿"的本质就是计算。挖矿的人在世界各地进行操作,没人能对整个网络具有控制权,这就是所谓的去中心化。

比特币出现早期,个体运用自己的计算机便可参与挖矿。但随着参与挖矿的人数越来越多,以及比特币数量随时间递减,挖矿越来越艰难,个人计算机的 CPU、显卡的计算能力已经达不到挖矿的要求(消耗的电力可能大大超过获取比特币带来的收益)。这时便出现了专门用于"挖矿"的芯片,称为矿机。这些矿机的计算能力大大增强,并且一直在更新换代,矿机厂商的盈利模式就是销售矿机,本质上同一般的商品销售模式无差别。

---

① Hamida E B, Brousmiche K L, Levard H, Thea E. Blockchain for enterprise: Overview, opportunities and challenges [C]. The Thirteenth International Conference on Wireless and Mobile Communications (ICWMC 2017), 2017.

（二）矿工

矿工就是"挖矿"的主体。矿工购买矿机，购买具有强大算力的显卡，不断给整个数字货币网络提供算力。矿工的主要成本分为两个部分：购买矿机、显卡；运行矿机所耗费的电费。随着矿机、显卡的更新换代，矿工需要不断更新矿机，增强算力，算力越强，获得比特币的可能性越大。此外，运行矿机需要耗费大量的电力，并且这个成本是持续上升的。矿工得到的是数字货币，把数字货币换成法币，就赚到钱了。随着矿工拥有矿机规模的增大，就变成了"矿场"。比特币作为数字货币可以被兑换成法币，这就是矿工的收益。

（三）矿池

当前，全球比特币矿工越来越多，但比特币随着时间在逐渐减少，越来越难以挖到。这样，单独个体挖矿的风险逐渐加大，挖到比特币的概率变得越来越低。这时，便出现了将单独挖矿者聚集起来，使所有挖矿者共负盈亏的矿工组织——矿池。如果说"挖矿"就像买彩票，是个随机的事情，而矿池的角色是组织大家"合伙买彩票"的机构。该机构分担（乃至独立承担，有些模式下无论"彩票是否中奖"，都要给每个矿工发币）每个矿工风险，给所有矿工分配得来的收益，从中抽一些手续费。此外，矿池还可以通过加速交易等增值服务来获得服务费用。

（四）比特币交易所

比特币交易所就是将比特币这一数字货币和法币进行兑换的平台。比特币本身是维护区块链、提供算力的一种奖励。如果维护区块链不需要代价，那么比特币就没有价值，而不需要维护代价的区块链就会变得非常脆弱，很容易被攻击。也就是说，比特币的价值是随着维护区块链的成本而变化的。区块链要想实现其强大的功能，则必然需要强大的算力来维护，那些提供强大算力的节点获得的比特币价值就越高，这也使得全网的总算力越强，网络就越安全，越不易受到攻击。所以，现有比特币之所以能兑换法币很大程度上因为市场对区块链技术及其发展前景的认可。交易所提供比特币兑换法币的业务，并收取交易手续费。交易所不控制比特币价格，只是提供了货币交易的平台，所以无论是买进比特币还是卖出比特币，只要有交易就能收取手续费。

近年来，比特币的迅速发展引发了社会各界人士的关注。由于比特币的市场价格波动剧烈，很多人出于跟风或者投机的心理肆意炒作比特币，这引发了一些非理性的行为。一些个体或机构甚至试图利用比特币洗钱，这也引起了有关部门的注意。2013 年 12 月，中国人民银行等五部委发布《关于防范比特币风险的通知》，要求各金融机构和支付机构不得开展与比特币相关的业务；提供比特币登记、交易等服务的网站应当在电信管理机构备案，并切实履行反洗钱义务。不过，中国也始终在积极策划数字货币这一新兴事物。中国人民银行在 2014 年就成立了一个专门的数字货币研究小组，研究数字货币发行和业务运作的框架。

二、去中心化的区块链应用模式——以 Ripple Labs 公司为例

Ripple 本质上是一套在互联网上进行交易的协议。就如同 SMTP 协议使得人们能够在互联网上发送电子邮件一样，Ripple 协议使得人们可以在分布式网络中转移价值。这套互联网协议能够有效解决银行间转账低速、汇款手续昂贵的问题，使用户的全球汇兑更加便捷，成本更加低廉。

Ripple 协议维护着一个全网络公共的分布式总账本。Ripple 系统每几秒会生成一个新的分账实例，产生新的交易记录，并根据共识和验证机制迅速被验证。这样的一个个分账按照时间顺序排列并链接起来就构成了 Ripple 系统的总账本。任何人都可以查看总账。作为一种互联网协议，Ripple 和电子邮件一样，免费、开源，不属于任何人，也没有中心管理者，因而是去中心化的。

网络的安全性保障则依赖于 Ripple 系统的两大核心要素：Ripple 币和网关。Ripple 币是 Ripple 网络的原生货币。同比特币一样，Ripple 币也是基于数学和密码学的数字货币，在 Ripple 系统中起到桥梁货币和保障网络安全的功能。桥梁货币的作用主要体现在用户甲将任意类型的一定量货币兑换成一定数量的 Ripple 币，再将一定数量的 Ripple 币兑换成想要兑换的货种。网关是资金进入 Ripple 网络的进出口，是货币存取和兑换机构，一个网关就是一个 Ripple 账户。这个进出口使得陌生人之间的转账变为可能，大大促进了交易过程的便捷。网关确保了资金的进入。常见的网关可以是银行、货币兑换商或其他任何金融机构。Ripple 系统要求每个 Ripple 账户——网关至少持有 20 个 Ripple 币，每进行一次交易就要销毁十万分之一个 Ripple 币，这一费用几乎可以忽略不计。但对于那些制造海量虚假交易的攻击者来说，将有大量的 Ripple 币被销毁，这对攻击者来说是一个巨大损失。这保障了 Ripple 网络的安全性。

我们使用商业模式画布分析 Ripple Labs 公司的商业模式，如图 8-6 所示。

图 8-6　基于区块链的 Ripple 商业模式

价值主张指能为客户提供价值的产品或服务，它满足了客户的需求或帮助客户解决了问题。Ripple 协议能够有效解决银行间转账低速、汇款手续昂贵的问题，使得用户的全球汇兑更加便捷，成本更加低廉。传统的全球支付主要依赖 SWIFT 系统，该系统只为世界各国的会员银行提供支付服务。该系统下全球支付的实现主要依赖于信任。有合作关系的银行间要想实现支付，需要首先获得一定的支付款、汇费和电信费，然后需要通过 SWIFT 网络直接发送电报告知对方，基于一定的信任，对方银行代为支付。合作银行间会定期进行清算。没有直接合作的银行间要想实现支付，需要寻求第三方——即与这两家银行都有合作的银行，通过给自己的合作银行发电报来实现。当然，如果恰好没有这样的第三方，就需要找第四方、第五方等通过递进的方式来实现支付。整个过程需要耗费大量的时间，并且手续费用十分高昂。这不利于国际汇款，尤其是小额汇款业务的发展。

与之相比，Ripple 协议为支付体系提供了一种实时、免费、去中心化的一套支付规则。

Ripple 协议除了通过桥梁货币实现支付外,还有一种更为广泛使用的模式:用户先将一定数量的任意币种的货币给 Ripple 网关,网关再将这些货币转到 Ripple 账户,进入 Ripple 网络。在 Ripple 内置的交易市场会进行类似于挂单的交易,自动寻找最优兑换路径,将原来的货币兑换成希望兑换的等量币种。这个交易过程是根据协议自动实施的,只需要支付很少的交易费用(十万分之一个 Ripple 币),几乎可以忽略不计。此外,该过程的完成只需要几秒,大大缩短了支付时长。

客户细分指的是企业想要为之服务的目标人群或机构。确定一个群体是否为客户群体需要企业仔细思考能否为该群体创造价值,能否通过可行的方式更好地满足该群体的需求,并愿意为该群体的利益而支付一定的成本。更重要的是,在满足了该群体的需求时,客户能否给予可观的利润。对于 Ripple Labs 公司而言,他们发明的互联网交易协议较现有的全球支付汇兑所采用的 SWIFT 系统速度更快(Ripple 系统中,整个交易过程只需几秒;SWIFT 系统的交易则需要耗费一天到几天不等)、成本大大降低(Ripple 系统,整个交易的费用只是十万分之一个 Ripple 币,非常低廉;SWIFT 系统的交易费用则包括电讯费和汇费,较 Ripple 的费用可以说是非常昂贵了),它能很大程度上满足需要全球支付汇兑的客户更快、更廉价的要求。只要有互联网,在 Ripple 协议下,想要进行全球支付汇兑的顾客能够很方便地实现支付汇兑。

当然,Ripple Labs 公司发明的 Ripple 协议肯定也耗费了一定的物力和财力,然而 Ripple 协议系统产生的原生货币,以及它强大的功能给持有大量 Ripple 币的 Ripple Labs 公司带来较大收益。并且参与该系统中的客户越多,交易越多,使用 Ripple 币的客户就越多,销售和持有该币带来的收益也就越多。

渠道通路是企业向客户传递价值主张的方式或者渠道。基于互联网的交易协议本身就是通过互联网来完成的,也就是说,只要有网络,交易的渠道就已经具备。虽然 SWIFT 系统也可以通过网上银行这种方式来实现,但其运行中的核心机制还是依靠银行间的电报(费用较高),整个过程也只是减少了用户从居住地到实体银行网点间的时间和人力成本,但整个交易过程所要耗费的时间、金钱成本并没有多大改变。

Ripple 协议则更深刻地改变了交易方式,只要有互联网连接就可以使用 Ripple 这套互联网交易协议,并且整个交易的时间、资金成本大大降低,这极大地方便了用户,也促进了互联金融的发展。

客户关系描述的是企业与客户建立和保持的关系类型。客户可能有不同的层次,企业与不同层次的客户想要建立的关系类型也会有所不同。例如,银行、航空公司的 VIP 客户和一般客户因为与企业的关系深浅不同,因而所接受的服务类型也有所差异。

对于 Ripple 用户来说,由于 Ripple 本质上是一套互联网交易协议,同电子邮件一样,免费、开源,不属于任何人,也可以为任何人使用,所以在遵循相关协议原则的情况下,Ripple 网络便能实现极速、几乎无成本的交易。Ripple Labs 公司无须直接维护与客户的关系,而只是为客户提供自动服务所需要的渠道,即给客户提供的是一套自助服务。

收入来源就是收益源于何处的意思,是企业为客户创造价值而获得的报酬。Ripple Labs 公司是 Ripple 协议的开发者,但互联网协议是免费、开源的,因而 Ripple 网络不能给公司带来收入,能给公司带来收入的主要是公司发行的 Ripple 币。

　　Ripple 币作为 Ripple 协议的原生货币与上述介绍的比特币不同,它是有实在功能的,主要有两个功能:一是桥梁货币;二是安全保障功能。其中,最为重要、不可或缺的功能就是安全保障功能。Ripple 系统上的每笔交易都要耗费十万分之一的 Ripple 币,以抵制恶意攻击者制造的海量虚假账户和交易信息。因而,每个网关都至少需要持有 20 个 Ripple 币(硬性要求)以支持大量交易的顺利进行。Ripple 协议会产生 1 000 亿 Ripple 币,但因为每笔交易都会销毁一部分,因而总体上 Ripple 币是不断减少的。随着使用 Ripple 协议的客户越来越多,会进一步推动网关对 Ripple 币的需求。需求逐渐增大,Ripple 币逐渐减少,这样 Ripple 币的价格就会逐渐上升。Ripple Labs 公司作为 Ripple 协议的开发者持有大量的 Ripple 币。在 Ripple 系统推出的前期,公司会赠送大量的 Ripple 币给用户、战略伙伴。即便如此,随着 Ripple 币被大量使用,币值将会不断增高,这样,Ripple Labs 公司的收入前景就十分可观。

　　核心资源指保证某一商业模式顺利开展的重要资产。这些资源使企业能够提供给客户价值并获得报偿。核心资源可以是人、财、物或者服务资源中的任何一种,也可以同时包含多种。对于 Ripple Labs 公司而言,其给客户提供的价值就是 Ripple 协议以及由此产生的原生货币 Ripple 币,而这个互联网交易协议的发明者或者团队就是该公司的核心资源。他们通过不断地探索和实验,开发出 Ripple 协议这个能够给客户提供价值并且更为安全的互联网交易协议。

　　关键业务指能够保障某一商业模式顺利开展的最重要的事情。Ripple Labs 公司主要通过免费开放 Ripple 协议,以及发行 Ripple 币来为客户提供价值主张、获得市场、获得收益。Ripple 协议作为一种开源、免费的互联网交易协议能够解决现有全球支付汇兑的弊端,更好地满足客户的要求,能够很好地传达企业的价值主张。从使用前景看,能被需要进行全球汇兑的客户广泛接受和认可。随着使用 Ripple 协议的用户越来越广泛,保障 Ripple 协议安全的原生货币——Ripple 币的作用也会越来越大,价值也就越来越高。

　　关键合作指的是保障一个商业模式顺利持续展开所需要的合作伙伴,这些伙伴提供一定的资源支持。Ripple 协议运行的两个核心因素就是网关和 Ripple 币。其中,网关就是货币进出 Ripple 网络的关口,就如同现实中的银行一样,能够提供和保存法币,并将这些法币变为电子货币。网关主要用来保障真实资金进入 Ripple 网络。网关可以是银行、货币兑换商或其他任何金融机构。这些网关是保障 Ripple 协议顺利进行的重要因素。Ripple Labs 公司如果想让更多的用户使用 Ripple 协议进行交易,以通过发行和销售 Ripple 币来获利。网关越多,越多样化,能够提供的交易货币币种和货币量就会越多,想要通过该协议进行交易的用户就会越多,这样 Ripple 币的价值就会越高,公司的获益也就会越高。

　　对于网关来说,就如不同的银行,通过 Ripple 协议,它们之间的支付汇兑交易变得更加快捷、成本更低。同时,网关还可以利用用户存在网关的账户余额(暂未使用资金)来进行其他相关的交易,获得收益。总之,网关能为 Ripple 协议提供重要的资源,自己本身也能获得收益,因而是 Ripple Labs 公司的重要合作伙伴。

　　成本结构指顺利运营商业模式所发生的全部成本。理论上看,目前整个 Ripple 协议的成本就要分成两个部分:开发成本、安全成本。开发成本属于一次性投入的成本,随着 Ripple 协议的发明,相应的投入就不再进行。安全成本则是持续不断的。Ripple 协议要求每进行一笔交易,就要销毁十万分之一个 Ripple 币,这个费用是用来保障 Ripple 系统安全的,是安全成本。保障安全的功能体现在,虽然这个费用对网关来说几乎可以忽略不计,但对于那些制造海量虚拟账户和交易信息的恶意攻击者来说,销毁的 Ripple 币数量将相当可观,对他们来说是一笔巨大的开支,恶意攻击的后果将得不偿失。这样恶意攻击就会大大减少,从而保障了协议的安全。

本 章 小 结

区块链是一个去中心化的分布式数据库。在这一数据库中存在一系列数据区块,它们的产生是由密码学方法计算得到的,并且由哈希函数的规则有序地连接在一起。区块链涉及了密码学、数学、网络科学、大数据等多学科的知识和技术。区块链省去了传统数据系统烦琐的认证或是审查程序,很多交易可以非常透明而且便捷地开展,从而提升了整个社会的运行效率。

正是由于区块链去中心化、数据加密、难以篡改等特征,使得区块链能帮助许多行业解决痛点。无论是传统的农业、教育、医疗还是新兴的慈善、社交媒体、文娱产业等行业都已经开始探索将区块链技术应用到现有的产业运营过程中,以提升企业的效率、实现企业的创新和发展。

本章还介绍了区块链的两类典型商业模式:比特币产业链上不同利益相关者的盈利模式,以及 Ripple Labs 公司去中心化的区块链应用模式。值得注意的是,区块链的发展还远未到达成熟阶段,还有大量新的应用场景值得开拓。本章所涉及的产品、项目、企业目前也都处于起步阶段,未来完全会发生新的变化,甚至会被其他应用所取代。有兴趣的读者可以跟踪这些例子,查阅它们的最新动向。

复习思考题

1. 区块链技术相对于传统的互联网技术的优势是什么?
2. 请列举一个区块链技术的应用领域,按照商业模式画布的模块设计,绘制出其商业模式。

即 测 即 评

请扫描二维码进行即测即评。

本章案例分析

京东的区块链试水

1. 企业背景

在内蒙古自治区通辽市科尔沁左翼后旗长胜镇塔林村,农户王根柱将一头 3 岁口龄、重 608 公斤的西门塔尔牛从养殖场交到加工厂后,兽医徐凤金对这头牛进行了全面检疫检查。

之后,这头牛经过屠宰,被制作成菲力牛排从内蒙古全程冷链运至北京,进入京东仓库,等待消费者下单。

"科尔沁牛肉从养殖、屠宰到货运、派送等环节,各种设备自动化采集的信息会写入区块链链码,谁产生信息,谁签名认证,做到信息来源可查、去向可追,无法被篡改。"京东大数据与智慧供应链事业部、区块链防伪追溯平台负责人张伟说。

这是京东与科尔沁牛肉利用区块链技术进行防伪追溯的合作。在京东,类似的案例不在少数。

京东布局区块链始于 2016 年 10 月。当时,清华大学、IBM 和沃尔玛合作,计划用区块链技术做食品溯源。京东 Y 事业部负责人参加了此次会议,回去之后,他便让手下了解区块链技术,看看能在京东哪些业务场景下应用。

对于区块链技术,京东 Y 事业部的职员并不了解。事实上,当时国内真正懂区块链开发的人才处于急缺状态。Ifoods Chain 创始人、董事长卡隆称,真正懂的人不超过3 000 个。

但 Y 事业部还是进行了两个月的调研,最后发现区块链技术最好的落地是在商品防伪追溯上。"之前的很多防伪是品牌方、企业自己出于打假目的或监管要求主动做的,京东参与到这个链条中以后,恰好发挥了流通、零售主体的监管责任,补全了全流程的防伪追溯管理漏洞。"京东 Y 事业部区块链应用产品负责人刘文婧表示。

有了一定的研究成果后,Y 事业部负责人在写给刘强东的周报中重点提及了区块链溯源。巧合的是,当时生鲜事业部写的周报中,亦提及了区块链溯源问题。

刘强东看到了两份周报后,当即邮件回复,指示 Y 事业部、生鲜事业部以及京东云三个部门一起研究区块链技术。

"三个部门分工不同,生鲜事业部是业务方,它们提需求;京东云提供区块链底层应用;Y 事业部做技术方面的平台和区块链的研究。"张伟说。

2015 年 2 月,京东区块链项目组成立,开始开发平台。5 个月后,京东正式对外发布区块链防伪追溯开放平台,面向京东生态内的品牌商免费开放。

2. 行业概况

《2018 中国区块链产业白皮书》(以下简称《白皮书》)显示,截至 2018 年 3 月底,中国以区块链业务为主营业务的公司数量已经达到了 456 家,产业初步形成规模。其中,2017 年是近几年的区块链创业高峰,新成立公司数量达到 178 家,占到了以区块链为主营业务的公司数量的近 40%。

从 2016 年开始,区块链领域的投资热度出现明显上升,投资事件达到 60 起,是2015 年的 5 倍。2017 年是近几年的区块链投资高峰期,投资事件数量接近 100 起。在2018 年第一季度,区块链领域的投资事件数量就达到了 68 起。"从目前趋势来看,由于区块链技术的落地速度也在加快,市场开始趋于理性,股权投资人更愿意投资能看到有具体落地场景的项目,预计今年区块链领域的投资会是一个高峰期。"

目前,随着互联网巨头的入局,中国区块链产业快速发展。另外,区块链技术具备分布式、防篡改、高透明和可追溯的特性,非常符合整个金融系统业务的需求,因此目前已在支付清算、信贷融资、金融交易、证券、保险、租赁等细分领域落地应用。

不过,虽然区块链技术的价值被越来越多的企业所发掘。但《白皮书》提示,技术滥用导致产业发展存在一定的风险,不可忽视。一方面是合规性风险。在区块链发展的早期阶段,由于它本身具有传递价值的属性,因此引来了一些不是专注于技术应用,而是热衷于通过首次代币发行(initial coin offering,ICO)进行非法集资、传销甚至是欺诈的行为。另一方面是技术层面的风险。尽管区块链融密码学、分布式存储等多项技术于一身,但这并不意味着它本身没有漏洞。例如,存在 51% 的攻击、自私挖矿等攻击方式;私钥和终端安全问题等。

3. 未来挑战

区块链防伪追溯开放平台发布后,由于京东提供免费服务,因此京东在商品溯源上得到了不少商家的青睐。

为了推广"跑步鸡",京东特意为河北武邑县的生产合作社开发了 App,对方把养鸡信息通过 App 传到公有云的节点上,然后由京东把这些信息展示给消费者。

"这样就缩短了信息呈现的链条。"刘文婧说,"我们的整个思路是先把业务跑起来,跑的过程中会发现问题、积攒经验,然后才能有改进和提升。"

在 2018 年的"618"上,京东区块链防伪追溯平台在母婴、全球购、酒类等品类重点发力。6 月 1 日到 6 月 18 日期间,京东总计售出的区块链防伪追溯商品同比增长超过200 倍。

2018 年 1 月 31 日,京东物流加入全球区块链货运联盟(BiTA),成为国内首个加入该联盟的物流企业。BiTA 成立于 2017 年 8 月,由经验丰富的物流技术和货运管理人员组成,目标是开发物流及货运行业的区块链应用标准并将其推广。

目前,包括 UPS、联邦快递等超过 200 家国际物流与技术企业加入。

不过,在区块链 BaaS 平台的搭建上,京东显然已经落后。在京东之前,BAT(B 指百度,A 指阿里巴巴,T 指腾讯)已相继推出了自己的 BaaS 平台。BaaS 为应用开发提供后台的云服务。

BAT 中最早推出 BaaS 平台的是腾讯,它在 2017 年 4 月份公布了区块链方案白皮书,并在时隔 7 个月后上线了区块链 BaaS 平台。

在腾讯之后,百度于 2018 年 1 月入局,宣布以百度金融平台尝试为主,被应用于资产证券化、资产交易所等业务。而蚂蚁金服也在不久后宣布,将打造区块链 BaaS 平台。

刘强东在不同场合提到过要用技术打造无界零售模式,并把技术作为京东下一个 12年发展的核心。不过在区块链应用上,京东依然面临着与其他巨头相同的场景难题。

3 月 22 日,京东正式对外发布《京东区块链技术白皮书(2018)》。白皮书显示京东将在几大场景中应用区块链技术:供应链、网络安全、信用积分、公共服务、政务领域、金融。目前,京东仅在供应链和金融上有所布局。张伟透露,Y 事业部在 2018 年的任务,便是落地 2~3 个以上的场景。

卡隆认为,区块链应用的场景太广,其中溯源是最适合的场景。在他看来,京东做防伪溯源,其实是在革自己的命。"对京东来说,最核心的应该是它的大数据,如果采用区块链技术做溯源,那势必将自己的技术公开。"卡隆说。

卡隆认为,京东做联盟链可能还将面临另一个难题——成本。并不是所有企业都愿意做一个联盟链的节点。在与京东合作的400多家商家中,真正有节点的并没有那么多,但这些商家的数据又必须上链。为此,京东为它们在京东云上开辟空间,免费供其使用。

案例来源:1. 徐天晓. 工信部报告:区块链公司已达456家,产业规模初步形成[N].证券日报,2018-05-22.

2. 严凯. 京东抢滩区块链[J]. 中国企业家,2018(13):60-63.

案例分析问题:

1. 京东布局区块链技术的主要优势是什么?

2. 未来京东在区块链技术上的主要挑战是什么?

参 考 文 献

1. 亚历山大·奥斯特瓦德,伊夫·皮尼厄. 商业模式新生代[M]. 黄涛,郁婧,译. 北京:机械工业出版社,2018.

2. 陈伟利,郑子彬. 区块链数据分析:现状、趋势与挑战[J]. 计算机研究与发展,2018(9):29-46.

3. 长铗,韩锋,等. 区块链:从数字货币到信用货币[M]. 北京:中信出版社,2016.

4. 韩秋明,王革. 区块链技术国外研究述评[J]. 科技进步与对策,2017(2):160-166.

5. 韩璇,袁勇,王飞跃. 区块链安全问题:研究现状与展望[J]. 自动化学报,2019(1):208-227.

6. 孙毅,范灵俊,洪学海. 区块链技术发展及应用:现状与挑战[J]. 中国工程科学,2018(2):35-40.

7. 王朝阳,郑步高. 互联网金融中的RIPPLE:原理、模式与挑战[J]. 上海金融,2015(3):46-52.

8. 姚前. 区块链研究进展综述[J]. 中国信息安全,2018(3):92-95.

9. 章峰,史博轩,蒋文保. 区块链关键技术及应用研究综述[J]. 网络与信息安全学报,2018(4):26-33.

10. 张亮,李楚翘. 区块链经济研究进展[J]. 经济学动态,2019(4):112-124.

11. 张元林,陈序,赵熙. 区块链+:开启智能新时代[M]. 北京:人民邮电出版社,2018.

课 后 阅 读

1. 唐塔普斯科特,亚力克斯·塔普斯科特. 区块链革命:比特币底层技术如何改变货币、商业和世界[M]. 凯尔,孙铭,周沁园,译. 北京:中信出版集团,2016.

2. 张浪. 区块链+:商业模式革新与全行业应用实例[M]. 北京:中国经济出版社,2018.

3. 向凌云. 区块链的逻辑[M]. 北京:中国商业出版社,2018.

4. Jesse Y H, Deokyoon K, Sujin C, Sooyong P, Kari S, Houbing S. Where is current research on blockchain technology?: A systematic review [J]. PLOS ONE, 2016.

5. Sun J, Yan J, Zhang K Z K. Blockchain-based sharing services: What blockchain technology can contribute to smart cities [J]. Financial Innovation, 2016.

6. Angraal S, Krumholz H M, Schulz W L. Blockchain technology: Applications in health care [J]. Circulation Cardiovascular Quality and Outcomes, 2017.